司法文明的底线

——非法言词证据排除规则研究

李学勤 著

燕山大学出版社
·秦皇岛·

图书在版编目（CIP）数据

司法文明的底线：非法言词证据排除规则研究 / 李学勤著. —— 秦皇岛：燕山大学出版社，2025.7.

ISBN 978-7-5761-0688-6

Ⅰ. D925.013.4

中国国家版本馆 CIP 数据核字第 2024VP4589 号

司法文明的底线

—— 非法言词证据排除规则研究

SIFA WENMING DE DIXIAN

李学勤 著

出 版 人：陈　玉	
责任编辑：孙志强	策划编辑：孙志强
责任印制：吴　波	封面设计：刘韦希
出版发行：燕山大学出版社	电　　话：0335-8387555
地　　址：河北省秦皇岛市河北大街西段 438 号	邮政编码：066004
印　　刷：秦皇岛市墨缘彩印有限公司	经　　销：全国新华书店

开　　本：710 mm×1000 mm　1/16	印　张：15
版　　次：2025 年 7 月第 1 版	印　次：2025 年 7 月第 1 次印刷
书　　号：ISBN 978-7-5761-0688-6	字　数：244 千字
定　　价：75.50 元	

版权所有　侵权必究

如发生印刷、装订质量问题，读者可与出版社联系调换

联系电话：0335-8387718

非法言词证据排除规则与酷刑
（代序）

非法证据排除规则（exclusionary rule）通常指执法人员及其授权的人员通过非法方法所集的证据不得在刑事审判中被采纳为证据。非法证据排除规则源自英美法，于20世纪初产生于美国。当今世界各国及国际组织，大都制定有非法证据排除规则。"非法"者，本为非法取得之意；"排除"者，初指非法证据不得在刑事审判中采纳为不利于被告的证据，后扩大到包括在审前程序中不得以非法取得的证据为根据签发逮捕证和搜查证等司法行为，以及被告方可以法院未排除非法证据为由进行上诉和请求审查案件。

非法证据排除规则从表面上看是刑事司法中的一项证据规则，实质上它的意义远不止于此，它还是一项宪法性的规则，其作用是通过法院在刑事诉讼活动中不采纳非法证据的做法，保护了宪法所规定的个人的权利，特别是人身权，非法证据排除规则体现了司法程序正义的核心要义。

《中华人民共和国刑事诉讼法》早在2012年就确立了非法证据排除规则，明确规定，公安机关和人民法院、人民检察院都有对非法证据进行认定并依法排除的职责。非法证据分为两类：一是非法言词证据，二是非法实物证据。非法言词证据主要是指采用刑讯逼供、威胁、引诱、欺骗等非法方法收集的证人证言、被害人陈述以及犯罪嫌疑人、被告人的供述。这类证据因为收集手段非法，可能严重影响证据的真实性和可靠性。非法言词证据通常以口头或书面陈述的形式存在，如审讯笔录、书面供词等。这些证据的内容是陈述人直接或间接感知的案件事实。非法实物证据则是指收集物证、书证等实物证据时不符合法定程序，可能严重影响司法公正。非法实物证据的非法性主要体现在收集程序上，而不是证据本身的内容。非法实物证据以各种实物形态存在，如物证、书证等。这些证据通过其物理属性、特征或者内容来证明案件事实。非法言词证据无证据能力，必须严格排除。对于非法实物证据，采取相对排除模式，即单纯收集证据不符合法定程序并不一定导致该证据被排除，而需要根据个案情况进行综合判断。非法言词证据排除规则的首要价值在于保障人权，特别是保护犯罪嫌疑人、被告人的合法权益，对于维护司法公正具有重要意义，对执法机关提出了更高的要求。它要求执法人员在收集证据时必须遵循法定程序，确保证据的合法性和有效性，是法治精神的重要体现。

中国早已确立有关非法取得的言词证据不得作为定案的证据的规定，《刑事诉讼法》在2012年就确立了非法证据排除规则，其中第56条规定："采用刑讯逼供等非法方法收集的犯罪嫌疑人、被告人供述和采用暴力、威胁等非法方法收集的证人证言、被害人陈述，应当予以排除。"《最高人民法院关于执行〈中华人民共和国刑事诉讼法〉若干问题的解释》第61条规定："严禁以非法的方法收集证据。凡经查证确实属于采用刑讯逼供或者威胁、引诱、欺骗等非法的方法取得的证人证言、被害人陈述、被告人供述，不能作为定案的根据。"《人民检察院刑事诉讼规则》第365条规定，以非法方法收集的证据，不得作为提起公诉的依据。2010年中国最高人民法院、最高人民检察院、公安部、国家安全部、司法部联合制定的《关于办理死刑案件审查判断证据若干问题的规定》和《关于办理刑事案件排除非法证据若干问题的规定》（以下分别简称《死刑案件证据规定》和《非法证据排除规定》，合称两个《证据规定》），初步建立起了非法证据排除的程序框架，从侦查、起诉、辩护、审判等方面明确非法证据的认定标准和排除程序，切实防范冤假错案产生。

中国目前非法收集言词证据的手段为：刑讯逼供、暴力取证或者威胁、引诱、欺骗等。中国《死刑案件证据规定》第19条规定："采用刑讯逼供等非法手段取得的被告人供述，不能作为定案的根据。"《非法证据排除规定》也在第1条明确规定："采用刑讯逼供等非法手段取得的犯罪嫌疑人、被告人供述和采用暴力、威胁等非法手段取得的证人证言、被害人陈述，属于非法言词证据。"

但是，对于"刑讯逼供"一词，究竟应当如何理解和解释呢？中国之前的刑事诉讼法和司法解释以及此次颁布的两个《证据规定》未给出明确的定义，亦未列举典型的行为样态，中国《刑事诉讼法》第43条虽然明确禁止"刑讯逼供"，但并未进一步解释何谓"刑讯逼供"，而《中华人民共和国刑法》第247条虽然规定司法工作人员对犯罪嫌疑人、被告人使用肉刑或者变相肉刑，逼取口供的行为，构成刑讯逼供罪，但亦未明确何为"肉刑"、何为"变相肉刑"。因此，所谓"刑讯逼供"一词，虽耳熟能详，但要解释其准确内涵，却并没有明确的国内法上的规范依据。其实，"刑讯逼供"纯系中国立法上之用语，国际上更为通用的是"酷刑"。

目前，对"酷刑"最权威的定义，来自1984年12月10日联合国大会通过的《禁止酷刑和其他残忍、不人道或有辱人格的待遇或处罚公约》（The United Nations Convention Against Tortureand Other Cruel，Inhuman or Degrading Treatment or Punishment，CAT）（以下简称为《禁止酷刑公约》）。该公约于1987年6月26日正式生效。该公约是联合国主要国际人权公约之一，也是20世纪国际社会禁止酷刑运动的主要成果。

《禁止酷刑公约》第1条第一款即明确规定："'酷刑'是指为了向某人或第三者取得情报或供状，为了他或第三者所做或涉嫌的行为对他加以处罚，或为了恐吓或威胁他或第三者，或为了基于任何一种歧视的任何理由，蓄意使某人在肉体或精神上遭受剧烈疼痛或痛苦的任何行为，而这种疼痛或痛苦是由公职人员或以官方身份行使职权的其他人所造成或在其唆使、同意或默许下造成的。纯因法律制度制裁而引起或法律制裁所固有或附带的疼痛或痛苦不包括在内。"在此，《禁止酷刑公约》明确将"酷刑"一语解释为"蓄意使某人在肉体或精神上遭受剧烈疼痛或痛苦的任何行为"，而这一定义基本可以覆盖司法实践中常见的"肉刑""变相肉刑"以及"精神刑讯"等各种样态的刑讯逼供行为。因此《禁止酷刑公约》对酷刑的定义，作为中国司法实践中解释和认定刑讯逼供的规范依据，以辅助适用两个《证据规定》。

《禁止酷刑公约》要求各缔约国必须采取各种有效的方法避免酷刑的存在与发生。中国于1986年12月12日签署《禁止酷刑公约》，并于1988年10

月4日批准并加入该公约，中国在1996年和1997年先后进行的《刑事诉讼法》和《刑法》的修改也将禁止酷刑列为修改目的之一。《禁止酷刑公约》确立的国际刑事司法准则是世界文明发展进程中司法文明的象征，受到国际社会普遍的重视与遵守。该条约定义在目前来看仍是国际范围内最具权威性，也是最为人们所普遍接受和援引的定义，共识度较高，在找不到公认的、更为合理的其他定义之前，该定义仍应具实用性。该定义基本可以覆盖中国司法实践中常见的各类刑讯逼供行为，具有司法上的可操作性。根据国际法上的"条约必须遵守"原则，正式缔结的条约自当对当事国创设约束性的义务，国际条约一旦生效，各缔约国就应当善意地、严格地履行条约规定的义务，而不得违背。

《最高人民法院关于执行〈中华人民共和国刑事诉讼法〉若干问题的解释》第317条明确规定："中华人民共和国缔结或者参加的国际条约中有关刑事诉讼程序具体规定的，适用该国际条约的规定。但是，我国声明保留的条款除外。"中国已于1986年签署、1988年批准加入《禁止酷刑公约》，因此，《禁止酷刑公约》在中国已经具有正式法律渊源的地位，因此，以《禁止酷刑公约》中的"酷刑"定义来解释"刑讯逼供"，并无任何不妥之处。据此，无论采用何种刑讯手段——肉刑抑或变相肉刑、肉体折磨抑或精神强制，只要是使犯罪嫌疑人、被告人"在肉体或精神上遭受剧烈疼痛或痛苦"者，皆属刑讯逼供，因此而取得的证据材料应当视为非法证据而予以排除。

但是应当注意，"酷刑"的外延广于"刑讯逼供"，并非所有酷刑行为皆构成刑讯逼供。《禁止酷刑公约》对"酷刑"一词的定义在外延上是比较宽泛的，以实施酷刑的目的为标准。而非法证据排除规则中的"刑讯逼供"，虽然不要求刑讯行为在主观目的上一定是为了"逼供"，但却要求刑讯行为与所获口供之间存在着因果关系，即该口供系采取刑讯的方式非法获得的。对于刑讯逼供的解释、认定，除了应当按照《禁止酷刑公约》中的酷刑定义进行考察，还必须考察酷刑行为与所获口供之间是否存在客观上的因果关系，只有与口供之间存在因果关系的酷刑行为，才能被认定为刑讯逼供，进而排除其所获证据。

中国对禁止酷刑表现出坚定的决心和态度，先后确定了一系列禁止酷刑制度，如非法证据排除、废除收容审查、废除劳动教养、同步录音录像、国家赔偿等，在一定程度上起到了遏制酷刑的作用。2004年，通过宪法修正案，"国家尊重和保障人权"正式载入《宪法》，这具有里程碑的意义。2009年4月，中国制定并颁布了第一个以人权为主题的国家规划《国家人权行动计划（2009—2010年）》。这是落实"国家尊重和保障人权"宪法原则、全面推进中国人权事业发展的一份纲领性文件，是中国第一次制定的以人权为主题的国家规划，表明了中国政府促进尊重和保障人权的决心。该文件由国务院新闻办公室发表后，引起国内外舆论的高度关注和广泛好评。中国先后制定实施了四期《国家人权行动计划》对司法权力予以切实保障。

虽然中国在禁止酷刑方面作出了积极努力，中国司法机关对司法改革表现出重大决心，但是近年来仍发生了湖北京山佘祥林案、河北唐山李久明案、河南周口胥敬祥案等冤假错案。这些案件背后的刑讯逼供——典型的酷刑，使得中国刑事诉讼理论与实务界工作者受到极大触动，因此对《禁止酷刑公约》进行深入研究是中国国内法学理论和司法实践形势发展的需要。从国际刑事诉讼法角度来研究禁止酷刑，即非法言词证据排除的不多，因此本研究具有必要性、迫切性和现实性。

本书通过对非法言词证据排除的国际刑事诉讼法规则及国内实践研究，以及对非法言词证据排除规则实施进行分析，立足于我国实践对我国非法言词证据排除规则提出建议，以期对我国进一步完善非法言词证据排除提供理论支持，推进"以审判为中心"的改革，促进司法公正。

目　录

- 第一章　禁止酷刑的确立和发展 ·· 1
  - 第一节　禁止酷刑的理论基础 ·· 6
  - 第二节　禁止酷刑国际标准的确立 ·· 12
  - 第三节　禁止酷刑国际标准的发展 ·· 30

- 第二章　禁止酷刑的内容 ·· 35
  - 第一节　禁止酷刑的基本含义和内容 ····································· 35
  - 第二节　与禁止酷刑有关的国家义务 ····································· 49

- 第三章　禁止酷刑的实施 ·· 61
  - 第一节　禁止酷刑的国内实施 ··· 61
  - 第二节　禁止酷刑的国际实施 ··· 65

- 第四章　中国禁止酷刑的接受与实施 ·· 91
  - 第一节　中国禁止酷刑的历史发展 ·· 91
  - 第二节　《禁止酷刑公约》在世界各国的具体实施 ···················· 126
  - 第三节　《禁止酷刑公约》在中国国内的实施分析 ···················· 143

- 第五章　中国加强非法言词证据排除的路径 ······························ 148
  - 第一节　加强禁止酷刑相关立法和实践的研究 ························ 148

第二节　构建科学刑事评价制度及惩处制度 …………… 156
　　第三节　完善禁止酷刑机制 ……………………………… 160
　　第四节　国际层面加强交流合作 ………………………… 174
　　第五节　推动禁止酷刑文化建设 ………………………… 185

结论　中国推动非法言词证据排除任重道远 ……………… 191

参考文献 ……………………………………………………… 194

附录 …………………………………………………………… 201
　　附录一　禁止酷刑和其他残忍、不人道或有辱人格的待遇或处罚
　　　　　　公约 ……………………………………………… 201
　　附录二　国家人权行动计划（节选）（2021—2025 年）……… 213

第一章　禁止酷刑的确立和发展

采用刑讯逼供等非法手段取得的犯罪嫌疑人、被告人供述，和采用暴力、威胁等非法手段取得的证人证言、被害人陈述、被告人供述等，均属于非法言词证据。各国刑事诉讼法中的非法证据排除规则不尽相同，但设立这一规则的目的和初衷都是保障人权。易言之，非法证据排除规则的目的不是（至少主要目的不是）保证获取证据的真实性，而是维护证据收集过程中对人权的保障。非法证据排除规则在建立和适用过程中也必然要面临权衡和选择：一边是证据的证明价值，以实现追求真实、惩罚犯罪之目的；一边是人权保障，只有当某一证据的取证手段侵犯了犯罪嫌疑人、被告人的基本权利时，排除这一证据才能实现人权保障的目的。

"酷刑"一词来源于拉丁文中的 torquere，本义为弯曲身体，起初只用于对付奴隶，后发展成为历代国家的司法专制的工具，是人类历史上大部分法典的主要内容，也成为与人类文明和法治背道而驰的罪恶行为。一般而言，酷刑是指公职人员或以官方身份行使职权之人为了某种特定目的，蓄意实施的或在其唆使、同意或默许下实施的使某人在肉体或精神上遭受剧烈疼痛或痛苦的行为。酷刑是现代国际公认的严重国际犯罪之一，享有充分禁止酷刑保障是长期以来人类追求的理想，在任何情况下，任何人即使是真正的罪犯也都应享有免于酷刑的自由、刑事诉讼权利以及人道待遇。这是禁止酷刑原则的宗旨，是现代司法文明的底线，也一直是国际社会高度关注和争论的焦点。

酷刑至少在过去 3000 年里是合法的，各种酷刑构成了世界上几乎所有法典的重要组成部分。《十二铜表法》和《摩奴法典》在人类法律文化史上占有重要地位，都有典型的充满血腥和暴力的酷刑。前 18 世纪，古巴比伦王国第六代国王颁布的《汉谟拉比法典》，其中就规定了烙印、焚烧、刺伤、绞刑、体罚、割耳、毁眼、断骨、击齿等酷刑可以对受害人或其亲属进行惩罚，甚至不必经过法院的判决。

7世纪末的《罗马法典》将酷刑作为一种司法工具。口供是判刑和定罪的必要依据，为了获得口供，各种各样的刑讯逼供手段伴随产生。中世纪在天主教会的宗教判决中对罪犯的折磨被认为是对上帝愤怒的解脱，或者是对破碎的上帝秩序的恢复，旨在净化他们的罪恶和拯救他们的灵魂。

直到1252年，教皇伊诺森佐四世正式下令，如果供词中有重大怀疑或矛盾，应在审判异教徒时使用酷刑。但是应充分控制酷刑的程度，以产生威慑作用。英国通过肢解那些被判叛国罪的罪犯来惩罚他们，直到1640年时废除酷刑，但是踏刑除外，踏刑在1772年才被废除。1740年普鲁士废除酷刑。18世纪末的法国大革命也重申了人权的重要性，认为每个人都有上帝赋予的不可侵犯的权利。法国《人权宣言》规定："任何人在其未被宣告为犯罪以前应被推定为无罪，即使认为必须予以逮捕，但为扣留其人身所不需要的各种残酷行为都应受到法律的严厉制裁。"

20世纪堪称酷刑史上最黑暗的时期。1933年到1945年间，欧洲的纳粹分子对囚犯实施了大量的酷刑。当时存在着基于种族、宗教和政治歧视而对公民权利和自由的普遍否定，强迫劳动，公开地和秘密地对人群或"不合意"的个人或"颠覆分子"的流放，没收财产，常规的和系统的拘押与对囚犯实施的酷刑，滥杀无辜以及种族灭绝的极端暴行。① 二战结束后，酷刑仍然普遍存在，一度成为通用的审判方式。《人类酷刑史》介绍了欧洲以及远东地区巧妙残忍地对同类实施的酷刑。②

酷刑和虐待是令人厌恶的、让人憎恨且不道德的行为，违反了最基本人道法的观点，是对人道法尊重人类生命和尊严基本原则的违反。这种价值观的推广认识，促使禁止酷刑的发展势不可挡，国际社会逐渐认识到，酷刑是

---

① [英]奈杰尔·S罗德雷.非自由人的人身权利：国际法中的囚犯待遇[M].毕小青，赵保庆，译.上海：上海三联书店，2006.

② [美]布瑞安·伊恩斯.人类酷刑史[M].李晓东，译.长春：时代文艺出版社，2004.

最有可能导致被告人作出虚假供述的因素,酷刑渐渐被排除法定化。联合国于1948年12月10日第217A(III)号决议通过的《世界人权宣言》(Universal Declaration of Human Rights)第5条规定:"任何人不得加以酷刑,或施以残忍的、不人道的或侮辱性的待遇或处罚。"这份最早禁止酷刑的联合国文件,也成为联合国禁止酷刑的基础法律文件。1987年6月26日正式生效的联合国《禁止酷刑公约》,是第一个针对酷刑与其他残忍、不人道或有辱人格待遇或处罚的预防和惩治作出具体规定的专门性联合国文件。为了使《禁止酷刑公约》发挥作用,1997年12月12日联合国大会通过52/149号决议,确定每年6月26日为"联合国支持酷刑受害者国际日"。截至2022年,《禁止酷刑公约》已经有173个国家批准或加入,得到了国际社会的广泛认可。①

1981年联合国大会通过第36/151号决议,设立联合国援助酷刑受害者自愿基金,向酷刑受害者及其家人直接提供帮助,以使全球关注酷刑受害者的需求。设立基金的目的是帮助受害者及其家人重建生活,为酷刑受害者提供医疗、心理、法律、社会和其他方面的援助。基金会收到的自愿捐款主要来自会员国,基金会每年为近5万名酷刑幸存者的康复、赔偿、赋权和获得补救措施提供资助。自1981年以来,基金会已向630多个组织资助了超过1.68亿美元,这些组织给酷刑受害者提供了直接的医疗、心理、社会和法律援助。②基金会由联合国人权事务高级专员办事处管理,由董事会提供咨询意见,董事会由来自世界五个区域的独立专家组成③,并以联合国专家个人身份开展活动。董事会通常在每年5月召开为期10个工作日的会议。在会议上,委员会就过去拨款使用情况及新拨款使用情况的报告提出建议。董事会还与基金的常规捐助者、禁止酷刑委员会和酷刑问题联合国特别报告员举行会议。基金和董事会秘书处设在日内瓦人权事务高级专员办事处。

---

① 联合国人权高专办 [EB/OL]. https://www.ohchr.org/CH/hrbodies/cat/pages/catindex.aspx.
② 联合国人权高专办. 在阿根廷重新找到身份 [EB/OL]. https://previous.ohchr.org/CH/NewsEvents/Pages/RecoveredidentityinArgentina.aspx.
③ 联合国人权高专办. 联合国援助酷刑受害者自愿基金 [EB/OL]. https://www.ohchr.org/zh/about-us/funding-and-budget/trust-funds/united-nations-voluntary-fund-victims-torture.

酷刑的文义解释

《牛津法律大词典》对"酷刑"的解释是："16世纪到法国大革命期间闻名于法国的刑罚。它包括残害肢体刑，其中有割舌或穿舌，割唇或鼻，剁手或将手用火烧掉；非残害肢体的肉刑有烙印、鞭打、枷颈手和戴铁圈（即用一个铁圈套在人的脖子上并用铁圈上的链子将犯人铐在墙上）；以及非肉刑的酷刑，包括服役数年，关押数年，放逐，奴隶苦役和当众认罪等。"[①]《辞海》对"酷刑"的解释是："残忍、暴虐、残暴狠毒的刑罚。"《法学辞源》中"酷刑"被释为："各种残酷刑罚的总称。"从刑法的角度来解释，酷刑被界定为刑罚。

《牛津百科全书英语词典》对"酷刑"作出了这样的解释："1.（尤指作为惩罚或劝说方法）所造成的肉体上的剧烈疼痛；2.剧烈的肉体或精神上的痛苦。"[②]《大英百科全书》对酷刑的解释略有不同："是为了惩罚、胁迫、强迫和获取口供或情报的原因而采取的造成肉体或精神痛苦的行为。从历史上看，政府用酷刑对付他们的敌人并使之成为其法律体系的一部分。该术语一般更常用于政府以外的个人的行为，例如，作为各种罪行。造成痛苦的范围从肉体器官到化学药品注射，再到不仅要摧毁人的反抗而且要摧毁其人格的微妙的心理技术。"该解释显然打破了局限性，包含政府和个人的合法与非法行为，并扩大了酷刑的范围。

《布莱克法律辞典》对酷刑的定义："为了施予惩罚、获取口供或信息，或为了施虐的快乐，而给人的身体或心理造成剧烈痛苦，在旧的刑法里，在司法准许和监督下，与对人的调查或审查相联系，通过采用拉肢刑架、刑车或其他器械，对个人施加暴力的肉体痛苦，作为逼取供认或迫使其揭发同谋的方法。"[③]这一定义把施虐包含在酷刑的目的中。

可见，传统的酷刑概念仅从实体上来理解酷刑，将酷刑界定为一种刑罚

[①] Oxford Dictionary of Law[M].Oxford：Oxford University Press，1990.

[②] Oxford Encyclopedic English Dictionary[M].Oxford：Oxford University Press，1991.

[③] Bryan A Garner. Black's Law Dictionary[M].St.Paul：West Publishing Co. 2004：1335-1336.

方法，而上述大多数酷刑的概念都通过施行酷刑的目的"为了惩罚或为了获取口供"指出了酷刑的两种主要表现。事实上，作为残忍刑罚方法的酷刑基本都已经消亡，但是刑讯逼供是世界各国普遍存在的问题，现代酷刑的定义必须包括刑讯逼供。

死刑是否属于酷刑的范畴？两者的确存在较多的相同点。剥夺犯罪人的生命是剥夺生命权，也是剥夺其作为人的资格。死刑执行方式包括石刑、绞刑、斩首、电刑、毒气、枪决、注射等，但是执行方式的改进并不能减少对死刑的极度恐惧，死刑的性质与人道背道而驰。早期酷刑和死刑之间没有明确的区别，但对死刑和酷刑的法律评价是不同的，死刑作为法律明确规定的刑罚制度，并没有被国际刑法所否定。迄今为止，还没有任何具有普遍约束力的联合国文件将死刑定义为一种酷刑形式。酷刑与死刑侵犯的具体权利不同，酷刑侵犯的客体是身体权、人格权等，死刑主要是剥夺生命权。特别是死刑的目的不同于刑讯逼供。死刑通过剥夺犯罪人的生命来惩罚犯罪人，废除死刑将是一项长期工作。国际社会普遍承认死刑是一种残酷的刑罚，废除和限制死刑是人类司法文明的发展趋势。但是，死刑在中国几千年历史中，与中国传统法律文化、社会价值和社会基础等的关系都非常密切，中国要限制、减少甚至最终废除死刑，将是一个漫长的过程。

酷刑是一种践踏人的尊严的行为，酷刑不仅摧残个人肉体和精神的健康，而且在某些情况下要消灭整个社会的尊严和意志。酷刑关系到人类大家庭的所有成员，对人类生存的真正意义发出了挑战，并击碎了我们对美好未来的憧憬。人类文明的历史与人类酷刑罪恶的历史密不可分，人类文明的进步往往伴随着暴力、专制、残酷甚至血腥。探究人类罪恶的历史，特别是酷刑的历史，对人类认知自己具有现实意义。酷刑作为一种任性、非理性的行为，与文明理念和法治精神格格不入。禁止酷刑一直是人类面对的一项艰巨的任务。国际社会不应回避酷刑的罪恶阴影，酷刑一直是警示人类的一面镜子。

自从第二次世界大战结束以来，如何在全球范围内禁止酷刑和其他残忍、不人道或有辱人格的待遇或处罚，即保持身体和精神完整性的权利，一直是国际社会主要关注的问题之一。联合国为增进和保护禁止酷刑权作出了巨大贡献，联合国《禁止酷刑公约》在确定禁止酷刑标准方面取得的成就是前所未有的。禁止酷刑国际标准的确立，是人类司法文明的一种象征，而充分与真正普遍地实施国际法律文件中所阐述的标准是世界各国面临的艰巨任务。

第一节 禁止酷刑的理论基础

一、禁止酷刑的思想基础

酷刑是在漫长的历史中形成的，人类对酷刑的认知经历了从法定性到在世界范围内被禁止的过程。随着社会生产力的不断发展和人类文明程度的不断提高，人类的权利意识逐渐觉醒，人类越来越认识到酷刑是惩治犯罪的一种非理性的模式，严重侵犯了人的权利，践踏了人的尊严，因此，世界各国和各民族都开始逐渐走出酷刑的误区，并在法律上将不使用酷刑作为一项重要原则。[①]酷刑最初是以合法状态出现的，作为惩罚犯罪的正常手段。如古罗马时期的《十二铜表法》："如债权人有数人时，得分割债务人的肢体进行分配，纵未按债额比例切块，亦不。""毁伤他人肢体而不能和解的，他人亦得依同态复仇而毁伤其形体。""烧毁房屋或堆放在房屋附近的谷物堆的，如属故意，则捆绑而鞭打之，然后将其烧死。""作伪证的，投于塔尔佩欧岩下摔死。"古罗马还盛行木桩刑，罪犯被钉在十字架上，将因窒息、休克和心脏衰竭而慢慢死亡。[②]酷刑种类繁多，并且具有合法性，甚至包含被法典确定的"同态复仇"，例如肢解、捆绑、鞭打、火烧、摔死等残忍的手段，甚至规定肢解的比例等。还有如古巴比伦《汉谟拉比法典》中的"以牙还牙，以眼还眼"，即"倘人毁他人之目，则毁其目；倘人断他人之骨，则断其骨"。古印度的《摩奴法典》也有广泛使用酷刑的规定。古代雅典、罗马法律中的酷刑以及中世纪的教会法、伊斯兰法对体刑的记载，都体现出刑罚的极端残酷性。

中国古代的奴隶制五刑最为典型：墨（刺面）、劓（割鼻）、剕（断足）、

[①] 张旭. 人权与国际刑法 [M]. 北京：法律出版社，2004：248.

[②]《世界著名法典汉译丛书》编委会. 十二铜表法 [M]. 北京：法律出版社，2000.

宫（阉割生殖器）、大辟（处死），都是毁坏人身体器官的残酷刑罚。中国长达2000多年的封建社会实行纠问式诉讼，被告人被先入为主地推定为有罪，信奉口供至上，将刑讯逼供普遍地作为合法手段使用。这是酷刑存在的深层次的思想根源，权力本位主义影响深远。在收集不到可供查明案件真相的证据的时候，凭着个人的认识和判断要求被告人作出符合自己判断的供述，一旦不遂愿，就动用酷刑来达到目的。

伴随世界范围内人权的国际化觉醒，酷刑被逐渐禁止。禁止酷刑的确立是伴随着人权运动而产生的，现在禁止酷刑成为国际社会的主流，是最基本的人权原则，并成为国际社会所应该恪守的司法文明的底线。禁止酷刑的确立和发展是与人类自身价值的认识密切相关的，在一定意义上也是判断人类社会文明发展程度的重要标志之一。禁止酷刑的国际标准的确立是人权保护具体化的重要步骤。纵观人类人权思想的发展，在古希腊和古罗马时期，柏拉图、亚里士多德、西塞罗等一些思想家就提出了人权理念。西塞罗指出"法律是最高的理性，从自然生出来，指导当为的事，禁止不当为的事"，进而提出自然法思想。这一思想成为日后西方人权理论的基础。[①]

1215年英国《大宪章》规定："任何自由人，如未经其同级贵族之依法裁判，或经国法判，皆不得被逮捕监禁、没收财产、剥夺法律保护权、流放，或加以任何其他损害。"这在那个宗教统治的年代具有非常积极的进步意义。17、18世纪资产阶级的人文思潮，成为现代人权理念的渊源。尤其自然权利说为公民权利和政治权利奠定了人权理论基础。资产阶级启蒙思想家格劳秀斯、洛克、卢梭等发起了以弘扬人道为主的启蒙思想运动。启蒙思想家继承和发扬了古代人权思想，在反对封建特权的基础上建构了以民主、自由为核心的人权理念。启蒙时代出现的自然法理性主义准则更是主张个人是权利的主体，且个人权利是法律和社会制度的核心，是自然的、与生俱来的、不可剥夺的。[②]人权理论使人的尊严和价值逐渐得到社会普遍重视，对有损人的尊严和价值的酷刑进行了批判与反思。人们逐渐意识到，酷刑是侵犯人的生命

---

① 刘杰.国际人权体制：历史的逻辑与比较[M].上海：上海社会科学院出版社，2000：7.
② [英]洛克.政府论[M].叶启芳，瞿菊农，译.北京：商务印书馆，1964：4.

权、健康权，践踏人尊严的非理性模式。启蒙思想家的人权理论不仅奠定了当代人权思想的核心体系，也成为免受酷刑权的思想基础。

就在资产阶级启蒙思想家向世人阐释其民主、自由、平等等法律思想的同时，1764年意大利贝卡利亚所著的《论犯罪与刑罚》出版，在刑事法律发展史上具有划时代意义的法学论著问世了。该书系统地提出了现代刑事法律的基本原则，确定了禁止酷刑的理论基础。贝卡利亚提出的"刑罚的目的并不是要使人受到折磨和痛苦……"[1]是对报应刑论，即刑罚以报复为职能，使犯罪人承受一定的折磨与痛苦的一种彻底否定。贝卡利亚指出："不是要使已经实施的犯罪行为不存在……刑罚的目的是防止有罪的人再使社会遭到危害，并制止其他人实施同样的行为。"[2]但是，"过重与过轻的刑罚都是实现刑罚目的的障碍，刑罚过重，会使罪犯承受多余的痛苦，因而是不公正的、不人道的"[3]。贝卡利亚还阐述了酷刑是无用的："如果犯罪是肯定的，对他只能适用法律所规定的刑罚，而没有必要折磨他，因为，他交代与否已经无所谓了。如果犯罪是不肯定的，就不应折磨一个无辜者，因为，在法律看来，他的罪行并没有得到证实。"[4]正如贝卡利亚所言："在痉挛和痛苦中讲真话并不那么自由，就像从前不依靠作弊而避免烈火与沸水的结局并不那么容易一样……痛苦的影响可以增加到这种地步：它占据了人的整个感觉，给受折磨者留下的唯一自由只是选择眼前摆脱惩罚最短的捷径，这时候，犯人的这种回答是必然的……罪犯与无辜者间的任何差别，都被意图查明差别的同一方式所消灭了。"[5]

贝卡利亚进而确立了罪刑法定原则、罪刑相适应原则、刑罚人道化原则、无罪推定原则，并主张废除刑讯等，把民主、自由的人权发展推向新的高潮，充分体现了对人权的尊重和对酷刑本质的揭露，对世界各国的现代刑事立法产生着深远的影响，也奠定了世界各国禁止酷刑立法的基本原则。人类已经意识到，人性也是现代惩罚的目标之一。贝卡利亚时期的人权理念，对于国际社会

---

[1] [意]贝卡利亚.论犯罪与刑罚[M].黄风，译.北京：中国大百科全书出版社，1993.
[2] 同上.
[3] 同上.
[4] 同上.
[5] 同上.

近代人权的形成是极大的推动，尤其是对欧洲各国影响深远。国际社会对酷刑的非理性及非人道逐渐达成共识。在启蒙思想家理论的影响下，世界上绝大多数国家在法律上逐渐废止了作为正常刑事程序的酷刑。如鉴于权力机关的种种专横行径严重侵害臣民的人身权利，英国在17世纪末颁行了《人身保护法》，其中规定：在押人或其代表，有权向法院请求发给"人身保护令"令状，限期将在押人移交法院，并向法院说明拘捕理由；法院应以简易程序开庭审理，若认为无正当拘捕理由，得立即释放在押人；若不然，法院必须酌情准许在押人取保开释，或从速审判。通常认为，《人身保护法》确立了近代意义上的人身自由权利。[①]1689年英国的《权利法案》第10条规定："不应要求过多的保释金，亦不应强调过分之罚款，更不应滥施残酷非常之刑罚。"

1734年，德国弗里德里希在登基后第三天宣布废除刑讯逼供。美国弗吉尼亚州议会于1776年通过《弗吉尼亚权利法案》，该法案以天赋人权和社会契约论为理论基础，它宣布一切人都是生而自由和独立的，享有天赋权利。一切权力来自人民，属于人民。它的第9条规定："不得要求缴交过量的保释金或判处过重的罚金，不能施以残酷和非同寻常的刑罚。"它第一次以宪法形式来保护公民权利。该法案对后来的许多文献产生影响，如美国《独立宣言》、美国《权利法案》以及法国大革命的《人权宣言》。

1778年，法国的《人权宣言》第9条规定："任何人在未被宣告为罪犯以前应被推定为无罪，即使认为必须予以逮捕，但为扣留其人身所不需要的各种残酷行为都应受到法律的严厉制裁。"该宣言是："国民议会在上帝面前并在他的庇护之下确认了十七条权利。"因此，它是具有世界性的人权宣言。与此同时，一些国家开始在实践中废除酷刑。1740年，普鲁士成为第一个废除酷刑的国家，奥地利于1769年废除了酷刑，波兰、葡萄牙、瑞典等国也先后在18世纪末废除了酷刑。"二战"期间德国纳粹基于种族、宗教和政治歧视施行的酷刑给全世界留下惨痛的教训。

随着人权理论的兴起，酷刑在世界各国的国内法中逐渐非法化。禁止酷

[①] 夏勇. 人权概念起源[M]. 北京：中国政法大学出版社，1992：126.

刑是对全人类法律文化遗产的继承与发扬，是法律先哲和人民大众千百年来以实现民主、自由、正义、平等为核心的法律思想的结晶和集萃，是刑事司法进步、文明的标志。

二、禁止酷刑的价值基础

禁止酷刑所依据的价值基础是程序正当原则。作为程序"其普遍形态是：按照某种标准和条件整理争论点，公平地听取各方意见，在使当事人可以理解或认可的情况下作出决定"①。所有公权力都具有容易滥用的本性，程序原则要求对国家公权力加以约束和限制，尤其是对刑事诉讼中的侦查权的控制，以防止公权力运作中对公民使用酷刑和其他残忍、不人道或有损人格的待遇或处罚。国家公权力与个人人权的实力对比悬殊。尤其在刑事侦查阶段，个人基本权利极易被侵害。法律有关免受酷刑权的规定，"无疑是在保障人民，免于遭受国家权力滥用之侵害。因此，基本权利本身是一种防卫权，用来对抗国家的侵犯"②。

通过酷刑和其他残忍、不人道或有辱人格手段对酷刑受害者肉体或精神的摧残和折磨，是以侵犯基本人权为代价的，也是对程序正当原则的极大损害。贝卡利亚说："如果（无罪的人和有罪的人）两个人都受到拷打，那么无罪的人是处在很不利的情况下的，如果他承认犯罪，他将被判刑；如果他不承认，只有在忍受住了不应有的肉刑之后，才会被宣告无罪。但是对于有罪的人来说，拷打的结局也许是有利的，如果他坚强地忍受住了拷打，那么他就会作为无罪的人而被宣告无罪，所以他受到的刑罚是很轻的。由此可见，无罪的人只会吃亏，而有罪的人却能占到便宜。"③

人权保障取决于一定形式的正当程序，程序正当自身体现了人权状况的标准。程序正当的基本精神就在于它选择了程序本身的独立价值，从这一意义上说，程序正当是程序本身固有的价值目标，即提供一种来自法律而非来

---

① 季卫东.法治秩序的建构[M].北京：中国政法大学出版社，1999：12.
② 陈新民.德国公法学基础理论[M].济南：山东人民出版社，2001：288.
③ [意]贝卡利亚.论犯罪与刑罚[M].黄风，译.北京：中国大百科全书出版社，1993：33.

自人的程序统治,从而使受程序法所规制的权力运作更加确定并具有更大的可预见性。在程序法治的理论中,程序上述作用的发挥有赖于程序所具有的基本机能。[①] 程序正当有利于防止国家公权力异化,国家公权力机关绝不可以为了惩罚犯罪而刑讯逼供,这与程序公正相悖。程序正当使当事人受到公正的待遇并享有与国家专门机关平等的地位,基本人权受到法律应有的保护,而国家权力在严格遵守公正程序的过程中予以实施。

程序正义的目的是防止国家公权力被滥用,在诉讼中膨胀。国家公权力必须在严格遵守公正程序的过程中实施刑罚,实现国家刑罚权。程序正义的重要作用在于确保诉讼参与人,尤其是与案件结果有利害关系的当事人,在诉讼中受到公正的待遇并享有与国家公权力机关平等的诉讼地位,使他们能充分参与诉讼的全过程,并对程序结果产生积极、有效的影响,个人合法权益受到法律应有的保护。程序正义的这一功能,规制了司法权力的正当行使,弘扬了诉讼中的民主,保障了诉讼中的人权,让社会公众切实感受到法律的正义与公正,维护了法律的权威。禁止酷刑是人类不断追求进步和幸福的结果,充分体现了人的价值、人的个性、人的尊严、人的主体性。对于法治社会来说,保障人权是其目的,也是法治的进程。禁止酷刑的理论基础是法治国家程序原则,该原则要求刑事诉讼必须依照法定程序公正进行。

程序正义自身体现了司法制度的公正性,成为衡量国家刑事诉讼法治以及国家法治文明程度的标准。刑事诉讼应该是一个程序价值的选择和实现过程。程序正义的核心要义就是程序本身的独立价值,从而使刑诉程序呈现出公正、民主和法治的特性。程序正义自身体现着一个国家司法制度的公平与正义。同时法治和诉讼中保障禁止酷刑取决于一定形式的正义程序,国家公权力和个体共同追求程序正义,是国家法治的标志,程序正当是现代法治社会刑事诉讼的内在价值基础。

---

① 田心则. 论程序法治语境下的侦查权控制 [J]. 黑龙江省政法管理干部学院学报,2005(5):121-125.

第二节　禁止酷刑国际标准的确立

　　从酷刑的合法，到酷刑受到禁止，再到免受酷刑权在国际社会得到全面确立，免受酷刑权的确立经历了漫长的过程。禁止酷刑在近代社会法律中的明确确立，最早是在战争中。例如，1863 年美国内战期间《战场上美国军队管理指令》第 16 条规定：禁止使用酷刑取得认罪口供。虽然该规定是个别国家中的个别现象，但它所表现出来的限制非人道手段的使用、维护交战双方军人和平民尊严的人道主义精神却是明显的，而且成为后来相关国际立法的基础。①

　　最早对酷刑行为予以明确禁止的条约是 1899 年和 1907 年的《海牙公约》，也被称为"海牙法规"，是两次海牙和平会议通过的一系列和平解决国际争端和战争法规公约、宣言等文件的总称。《海牙公约》要求各国给予战俘必要的人道主义待遇，这只是在战时人道主义保护规则中对酷刑作的禁止性规定。总的看来，在第二次世界大战以前，禁止酷刑的国际法规则还没有全面确立，国际人权保护仅限于个别领域。当时国际社会还没有保障人权的一般性条约和相应法律机制。②

　　1864 年至 1949 年在瑞士日内瓦缔结的关于保护平民和战争受难者的日内瓦"四公约"，为国际法中的人道主义定下了标准，进一步确定了对战争中酷刑的禁止。③1929 年《关于战俘待遇的日内瓦公约》（以下简称《日内瓦第三公约》）根据国家间的互惠原则规定了敌国战俘的待遇，并就对战俘不人道的对待进行了限制。第 2、3 条规定："战俘应当在任何时候受到人道的对待或保护，尤其免致暴行、侮辱与公众好奇心的烦扰。对战俘之报复措施应予禁止。""战俘有权利获得人身及荣誉之尊重。"公约第 5 条还规定："不得对

---

① 张绍谦. 国际社会酷刑问题 [M]. 北京：北京大学出版社，2003：390.
② 龚刃韧. 国际法上人权保护的历史形态 [J]. 中国国际法年刊，1990（226）：230-231.
③ 日内瓦"四公约"是在瑞士日内瓦缔结的关于保护平民和战争受难者的一系列国际公约的总称，包括 1864 年 8 月 22 日《改善战地武装部队伤者境遇的日内瓦公约》、1906 年 7 月 6 日《改善海上武装部队伤者病者及遇船难者境遇的日内瓦公约》、1929 年 7 月 27 日《关于战俘待遇的日内瓦公约》、1949 年 8 月 12 日《关于战时保护平民的日内瓦公约》。

战俘施以压力以获取其军队或国家之情报。战俘之拒绝答复者不得加以威胁、侮辱，或使之受任何不快或不利之任何对待。"1929年《关于战俘待遇的日内瓦公约》是禁止酷刑较早的国际文件。

1949年对1929年的《日内瓦第三公约》进行了修正，称为1949年《日内瓦第三公约》。该公约将武装冲突人员分为"冲突之一方之武装部队人员及构成此种武装部队一部之民兵与志愿部队人员""冲突之一方所属之其他民兵及其他志愿部队人员"，包括"有组织之抵抗运动人员之在其本国领土内外活动者""自称效忠于未经拘留国承认之政府或当局之正规武装部队人员""伴随武装部队而实际并非其成员之人，如军用机上之文职工作人员、战地记者、供应商人、劳动队工人或武装部队福利工作人员""未占领地之居民"。1949年《日内瓦第三公约》在第3、17、87条明确规定：对待战俘不得对其"生命与人身施以暴力，特别如各种谋杀、残伤肢体、虐待及酷刑"，不得"施以肉体或精神上之酷刑或任何其他胁迫方式得以获得任何情报。战俘之拒绝答复者不得加以威胁、侮辱，或使之受任何不快或不利之待遇。""因个人行为而给予集体处罚、体刑、监禁于无日光之场所，以及任何形式之酷刑或残暴，应予一律禁止。"

1949年《日内瓦第三公约》对酷刑禁止进行了明确规定，但是不足的是，该公约没有对酷刑的行为进行界定。国际法逐渐关注到了战争中的平民保护，这样，就促成了1949年《关于战时保护平民的日内瓦公约》（以下简称《日内瓦第四公约》）的产生。

《日内瓦第四公约》的规范几乎涵盖了国际武装冲突的平民，且规定他们通常是"被保护的人"。该公约将人分为"伤、病战斗人员或非战斗人员"和"不参加战事及虽居住在该地带内而不从事军事性工作之平民"。《日内瓦第四公约》第3条规定：对平民及任何放下武器之人员，不论何时何地，均不得对其"生命与人身施以暴力，特别如各种谋杀、残伤肢体、虐待及酷刑"。第32条规定："各缔约国特别同意禁止各该国采取任何足以使其手中之被保护人遭受身体痛苦或消灭之措施。此项禁令不仅适用于谋杀、酷刑、体刑、残伤肢体及非为治疗被保护人所必需之医学或科学实验，并适用于文武人员施行之其他任何残酷措施。"第 147 条规定："上条所述之严重破坏公约行为,应系对于受本公约保护之人或财产所犯之任何下列行为:故意杀害,酷刑及不人道待遇……"并且,与《日内瓦第四公约》同时制定的《关于保护国际性武装冲突受难者的附加议定书》(《第一议定书》)及《关于保护非国际性武装冲突受难者的附加议定书》(《第二议定书》)也分别规定了对武装冲突的受难者和非受难者均不得使用酷刑。日内瓦公约禁止对战争中的参战人员和平民使用酷刑及其他不人道手段的相关规定,成为联合国禁止酷刑原则最终确立的基础。

《日内瓦第四公约》第 3 条规定:禁止"对生命与人身施以暴力,特别如各种谋杀、残伤肢体、虐待及酷刑"。并且规定了危害人类罪,包含经常而广泛地施加酷刑。同时还禁止对他人实施类似于酷刑或可能被视为酷刑的行为,即医学和科学实验、体罚、强奸和其他性虐待行为。

在第二次世界大战中,德、意、日法西斯大规模践踏基本人权,使国际社会人权意识进一步觉醒,成为国际人权文件强调人权信仰的最重要的历史经验。二战结束后,针对二战期间法西斯主义肆无忌惮地使用酷刑、残酷地屠杀的暴行,国际社会呼吁成立国际司法机构审理战争罪犯,清算法西斯的战争罪行和反人道罪行;废除法西斯专制刑法,重新恢复保护人权和尊重人格的刑法制度。联邦德国和意大利都重新制定国内宪法,并在宪法中明令宣布废除法西斯刑法,取消死刑,意大利宪法尤其强调刑罚的目的主要在于对罪犯进行改造。① 世界人权的国际化在国际社会中得到了发展,在自然法的基础上提出了国际人权的概念。国际社会决心确保这种暴行不再发生,这为建立一个具有法律约束力的国际人权保护制度提供了动力。同时,大量国家如波兰等在国内立法中禁止酷刑。

一、禁止酷刑的国际标准确立

(一)《禁止酷刑公约》的通过

1945 年生效的《联合国宪章》序言部分提到:"考虑到《联合国宪章》宣布的原则,承认人类大家庭的一切成员具有平等与不可剥夺的权利是世界自

---

① 卢建平. 刑事政策与刑法 [M]. 北京:中国人民公安大学出版社,2004:124.

由、公正与公平的基础。"序言还指出缔约各国"注意到《世界人权宣言》第5条和《公民权利和政治权利国际公约》（International Covenant on Civil and Political Rights，ICCPR）第7条都规定不允许对任何人施行酷刑或残忍、不人道或有辱人格的待遇或处罚"。《联合国宪章》序言"重申基本人权、人格尊严与价值，以及男女与大小各国平等权利之信念"。

《联合国宪章》虽然仅对人权和人格尊严的尊重与保护予以抽象规定，但这是第一次在一个普遍性的国际文件中出现"人权"，基于《联合国宪章》的普遍性，"人权"也成为联合国会员国的基本准则，并显示出联合国将致力于促进对基本人权和自由的普遍尊重的宗旨。《联合国宪章》是关于世界和平、基本人权和社会进步的一般性宣言，对联合国随后在这一领域发挥的重要作用具有历史意义。特别是，《联合国宪章》中规定的基本人权，为联合国在刑事司法领域制定基本人权标准和其他人权标准奠定了基础，意义重大。

"《联合国宪章》有关人权条款具有空前的历史意义，也为联合国在人权领域的活动奠定了法律基础。"① 宪章在国际社会确立了坚定的人权信仰，也成为联合国人权机构设立和活动的最重要的法律来源。二战后同盟国签署的《欧洲国际军事法庭宪章》和《远东国际军事法庭宪章》虽没有明确将酷刑作为非人道行为的战争犯罪进行审判，但《欧洲国际军事法庭宪章》第6条规定了反人道罪，即在战前或战时，对平民施行谋杀、歼灭、奴役、放逐及其他任何非人道行为；或基于政治、种族或宗教的理由，为实施有关本法庭裁判权内的任何犯罪而做出的迫害行为，不论其是否违反犯罪地国的国内法。② 这两个国际军事法庭宪章对有关非人道行为的处罚规定，后来不断被一些国内法和国际公约所援引采用，对禁止酷刑的法律化和国际化起到了重要作用。③

1948年12月9日，联合国大会通过了《防止及惩治灭绝种族罪国际公

---

① 王铁崖. 国际法[M]. 北京：法律出版社，1995：204.
② 周忠海. 国际法[M]. 北京：中国政法大学出版社，2004：663.
③ 张绍谦. 论国际社会反酷刑运动的成就和特点[J]. 河南省政法管理干部学院学报，2004(2)：45-48.

约》，根据该公约第2条，灭绝种族罪包括致使某一民族、种族或宗教团体的成员在身体上或精神上遭受伤害的行为。该公约签署国承诺预防和惩治这些行为。第二天通过了《世界人权宣言》[①]，确定了26项基本人权，明确了人权的共同标准，虽然只是倡导性的，但在人权保护方面具有深远的影响。该宣言第5条规定：不得对任何人实行酷刑或残忍、不人道或有辱人格的待遇。这是第一次在国际人权文件中出现"酷刑"一词。

《世界人权宣言》在联合国人权法律文件中地位尤为突出，即《世界人权宣言》是由联合国大会决议通过的，不同于签署或者加入的国际公约。虽然只是一个倡议性的国际文件，不具有法律的强制效力，但是却规定了国际社会需要保护的最基本、最为全面的公民权和政治权，还包括刑事司法方面的权利，均具有国际人权大纲的性质，并指明作为所有人民和所有国家努力实现的共同目标。《世界人权宣言》要求任何个人不得为自己的自由而破坏他人的权利或社会的正当秩序，国家也不得为维护或建立某种秩序而践踏宣言所载明的基本人权。这就奠定了现代社会中国家与个人法律关系的基石。《世界人权宣言》为在两国体系内建立各种监督机制奠定了基础，在很大程度上，因为有《世界人权宣言》，国际社会才再不能以国内管辖事项为由来对抗国际监督。

《世界人权宣言》是国际法中的一项任意法，是一项没有法律执行力的国际倡导性决议。任意法虽然不承担法律责任，但各国政府在签订此类协议后仍负有道德义务，国家一般在制定宪法或者其他立法活动中，都引用或吸收《世界人权宣言》。软法虽然不能直接产生习惯国际法，但可以促进国际习惯的产生，实现向强制法的转化。国际法院和许多国家的国内法通常把《世界人权宣言》作为解释依据或者国际习惯来进行判断。《世界人权宣言》反映人权发展基本国际趋势，国际社会和各区域性人权的各种具体文件基本均以《世界人权宣言》为基础，《世界人权宣言》在多个国际人权文书中被普遍而

---

① 《世界人权宣言》《经济、社会、文化权利国际公约》《公民权利和政治权利国际公约》《公民权利和政治权利国际公约任择议定书》和《旨在废除死刑的公民权利和政治权利国际公约第二项任择议定书》组成了"国际人权宪章"（The International Bill of Human Rights）。

广泛地应用。《世界人权宣言》作为最早明确规定禁止酷刑的国际性文件，为酷刑罪的产生和在全世界范围内禁止酷刑奠定了坚实的法律基础。在《世界人权宣言》之后，国际社会相继签订了多项国际性和区域性人权保护公约，从而使国际社会禁止酷刑国际规范基本成为系统，而且操作性更强。联合国主导下的主要公约包括以下内容。

1955年8月，第一届联合国预防犯罪和罪犯待遇大会在瑞士日内瓦召开，这是联合国在预防犯罪和刑事司法领域中发挥主导作用的开端。议题有五项："（1）囚犯待遇最低限度标准规则；（2）监狱工作人员的挑选、培训和地位；（3）开放型刑罚和矫正机构；（4）监狱劳动；（5）预防少年犯罪。"在该会议上一致通过了联合国《囚犯待遇最低限度标准规则》（Standard Minimum Rules for the Treatment of Prisoners），该规则是联合国第一部系统的刑事司法准则，虽然大会参加者主要是来自欧洲、北美的国家代表，但是所制定的囚犯待遇标准反映的是全人类的人权价值，具有普适性，是联合国刑事司法标准制定之初最重要的成就。

1966年12月16日，第21届联合国大会通过《经济、社会、文化权利国际公约》《公民权利和政治权利国际公约》《公民权利和政治权利国际公约任择议定书》。《公民权利和政治权利国际公约》在国际人权保障历史上具有重要意义，该公约虽然没有明确"酷刑"的定义，但第7条明确规定"任何人均不得加以酷刑或施以残忍的、不人道的或侮辱性的待遇或刑罚。特别是对任何人均不得未经其自由同意而施以医药或科学试验"。该规定的重大意义在于将《世界人权宣言》禁止酷刑任意法的规定，发展为具有国际法执行效力的国际条约，推动了国际社会禁止酷刑的演进。

1975年，联合国通过《保护人人不受酷刑和其他残忍、不人道或有辱人格待遇或处罚宣言》（Declaration on the Protection of All Persons from Being Subjected to Torture and Other Cruel, Inhuman or Degrading Treatment or Punishment，以下简称《禁止酷刑宣言》），其中明确要求所有缔约国都应将酷刑在本国国内法入罪，这是第一次在国际法中对酷刑罪作出定义，并澄清了有关酷刑的规定。禁止酷刑的所有方面具体国家义务；对于发生的酷刑行为，缔约国应立即进行调查，并确定、赔偿受害人；尤其是还强调了排除非法证据规则。《禁止酷刑宣言》同样属于国际法中不具法律约束力的任意法，但却是国际社会迈出的极其重要的一步，也极大地促进了《禁止酷刑公约》的制定和产生。《禁止酷刑宣言》是第一个针对酷刑和一切残忍、不人道或有辱人格行为所作的专门性指导性文件，它推动了禁止酷刑的国际化趋势。联合国于1984年通过了《禁止酷刑公约》，截至2022年，已有173个缔约国。[①]

《禁止酷刑公约》规定的权利，在《世界人权宣言》的基础上，有以下突破：《禁止酷刑公约》将禁止酷刑的权利规定得更加明确和具有可执行性。要求缔约国有义务必须"采取必要步骤，以采纳为实施本公约所承认的权利所需要的立法或其他措施"，必须在其国内法确定禁止酷刑的法律规定，而且《禁止酷刑公约》成立了条约执行机构——禁止酷刑委员会。《禁止酷刑公约》在《世界人权宣言》和《禁止酷刑宣言》的基础上，对禁止酷刑从实体到程序的标准作了更详细和具体的规定，从而为落实禁止酷刑制定了具体和可行的操作标准。《禁止酷刑公约》作为联合国专门禁止酷刑的公约，是在联合国系列国际文件基础上的继承和发展，最重大的进步在于落实了禁止酷刑的具体执行问题。作为联合国第一个专门针对酷刑和残忍、不人道或有辱人格的待遇或处罚的公约，不仅明确了酷刑的定义，还规定了对酷刑的调查处理，并成立了禁止酷刑委员会作为公约的监测机构，这在世界禁止酷刑的历史上具有划时代的意义。[②]《禁止酷刑公约》确定了禁止酷刑的稳定实施机制。《禁止酷刑公约》将联合国国际文件中有关禁止酷刑的要求，列为系统的禁止酷刑的国际标准，并且促使各缔约国在国内禁止酷刑的立法，极大地推动了国际社会禁止酷刑的协调发展，最终促使联合国禁止酷刑步入稳定有序的轨道。国际社会普遍达成共识：《禁止酷刑公约》确定禁止酷刑国际司法准则，把禁止酷刑的权利从应有权利变为实有权利。

1998年联合国通过的《儿童权利公约》（Convention on the Rights of the Child）第37条规定："任何儿童不受酷刑或其他形式的残忍、不人道或有辱

---

① OHCHR Dashboard .https：//indicators.ohchr.org/
② 邵沙平. 现代国际法教程[M]. 武汉：武汉大学出版社，1993：162.

人格的待遇或处罚。所有被剥夺自由的儿童应受到人道待遇,其人格固有尊严应受尊重。所有被剥夺自由的儿童均有权迅速获得法律及其他适当援助,并有权向法院或其他独立公正的主管当局就其被剥夺自由一事之合法性提出异议,并有权迅速就任何此类行动得到裁定。"

1998 年 7 月 17 日由联合国设立国际刑事法院全权代表外交会议通过的《国际刑事法院规约》(Statute of the International Criminal Court,以下简称《罗马规约》),于 2002 年 7 月 1 日生效,目的在于保护国际人权,对种族屠杀罪、危害人类罪(反人道罪)、战争罪、侵略罪的个人进行起诉和审判。依据该国际刑事法院规约创设了国际刑事法院(ICC)[①],并将酷刑纳入自己的管辖范围。该规约第 7 条第 1 款对"危害人类罪"作了列举,其中第 6 种危害人类的行为就是酷刑。在第 7 条第 2 款中,又进一步对酷刑含义作了解释。该规约第 7 条第 2 款第 5 项规定:"酷刑是指故意致使在被告人羁押或控制下的人的身体或精神遭受重大痛苦;但酷刑不应包括纯因合法制裁而引起的,或这种制裁的固有或附带的痛苦。"并且认为:"在广泛或有系统地针对任何平民人口进行的攻击中,在明知这一攻击的情况下,作为攻击的一部分而实施的酷刑将构成危害人类罪。"另外,该规约第 8 条规定认为:"在特定情况下,酷刑也可能构成战争罪。"

《国际刑事法院规约》对比《禁止酷刑公约》,关于酷刑的定义没有对主体加以限制,取消了实施酷刑行为的目的限制,从而加大了酷刑的含义。可以说,酷刑含义扩大更有利于对相关人员的权利保护,也更有助于人权保护精神的贯彻。[②]

联合国还通过了一些有关禁止酷刑的不具有法律约束力的国际文件,为禁止酷刑提供了比较具体的标准,同时也对国际人权公约中的禁止酷刑的概

[①] 国际刑事法院设在荷兰的海牙,已经有 134 个国家签署《国际刑事法院规约》,美国曾在 2000 年 12 月 31 日签署,但在国会批准前取消签署。中国、俄罗斯、印度等国家或退出或未批准《国际刑事法院规约》。

[②] 张旭,李海滢.酷刑:以人权为视角的思考[J].吉林大学社会科学学报,2002(5):74-80.

念进行了解释。1955年联合国预防犯罪和罪犯待遇大会通过的经社理事会核准的《囚犯待遇最低限度标准规则》第31条规定:"体罚、暗室、禁闭和一切残忍、不人道、有辱人格的惩罚应一律完全禁止,不得作为对囚犯行为的惩罚。"该文件和1988年联合国《保护所有遭受任何形式被拘留或监禁的人的原则》明确了与酷刑密切相关的囚犯待遇,是在禁止酷刑方面重要的指导性文件。

在禁止儿童酷刑方面的国际文件包括1985年联合国《少年司法最低限度标准规则》(United Nations Standard Minimum Rules for the Administration of Juvenile Justice)和1990年联合国通过的《保护被剥夺自由少年规则》。《保护被剥夺自由少年规则》第67条特别规定:"禁止对少年施行可能危害其身心健康的残忍、不人道或有辱人格的待遇,包括体罚、置于暗牢、关禁闭或其他任何处罚。"通过以上两个规则就建立了有助于《儿童权利公约》中所强调的防止对少年施行酷刑的标准。

世界卫生协会于1975年在东京通过了《拘留所和监狱与酷刑和其他残忍非人道或有辱人格的待遇或处罚有关的医生工作指导宣言》,表明卫生工作者禁止酷刑和虐待,"医生不支持、不宽容或不参与酷刑或其他残忍、非人道或有辱人格的做法,无论这种做法的受害人是否是犯罪嫌疑人,是否被指控,是否有罪,无论在何种情况下,包括战争和内乱"。在此之后,多国的卫生机构确定了禁止医生参与酷刑的基本原则。世界范围的预防和彻底禁止酷刑运动的展开,促使联合国通过以上国际禁止酷刑文件,来规范全球禁止酷刑工作,从而使得全球禁止酷刑工作稳步推进。

(二)《禁止酷刑公约》的架构

《禁止酷刑公约》序言部分提到:"考虑到《联合国宪章》宣布的原则,承认人类大家庭的一切成员具有平等与不可剥夺的权利是世界自由、公正与公平的基础。"序言还指出缔约各国"注意到《世界人权宣言》第5条和《公民权利和政治权利国际公约》第7条都规定不允许对任何人施行酷刑或残忍、不人道或有辱人格的待遇或处罚"。因此,《禁止酷刑公约》的制定与《世界人权宣言》和《公民权利和政治权利国际公约》是密切相关的。国际社会在人权领域内确定保护标准的任务已经基本完成。

联合国《禁止酷刑公约》的架构依循着《世界人权宣言》和《公民权利与政治权利国际公约》而来，其中包含了33个条文，主要可以分为以下三个部分。

第一部分（第1到16条）定义了什么是酷刑（第1条），并且要求各缔约国采取有效的措施防止在其管辖的任何领土内出现酷刑的行为（第2条）。而这些措施包含保证将一切酷刑行为定为刑事罪行（第4条）、采取各种必要措施确定该国对其国民遭受或实施上述的罪行有管辖权（第5条）、保证将此种罪行作为可引渡罪行列入将来相互之间缔结的每项引渡条约（第8条），并且在施用酷刑之人无法被引渡时，对该人建立普遍管辖（第5条）。每一缔约国应确保在有适当理由认为在其管辖的任何领土内已发生酷刑行为或是接收到有人申诉其受到酷刑时，其主管当局立即进行公正的调查（第12、13条），并且使受害者享有可强制执行的赔偿（第14条）。每一缔约国应确保在其诉讼程序中，任何已经确定为酷刑而取得的证据不被援用（第15条），并且不得将该人驱逐、遣返或引渡至充分理由相信其于该国将受到酷刑的国家（第3条）。每一缔约国应保证防止公职人员或以官方身份行使职权的其他人在该国管辖的任何领土内施加、唆使、同意或默许未达第1条所述酷刑程度的其他残忍、不人道或有辱人格的待遇或处罚的行为，并且调查所有在其管辖领域内对于此类行为的指控。

第二部分（第17到24条）涉及报告并监督各个缔约国就本公约施行的情形与阶段。《禁止酷刑公约》创设了禁止酷刑委员会（第17条），并赋予其调查任何经常性施行酷刑的指控之权力（第20条）。《禁止酷刑公约》亦创设了一个选择性的争端解决机制（第21条），且允许各缔约国在任何时候声明承认委员会有权接受和审议在该国管辖下声称因该缔约国违反本公约条款而受害的个人或其代表所送交的来文（第22条）。

第三部分（第25到33条）涉及本公约的批准、生效和修正。另外，也包含了在各缔约国间就本公约的适用或解释发生争议时的纷争解决机制（第30条）。

(三）条约机构——禁止酷刑委员会

《禁止酷刑公约》缔约国推选 10 名具有崇高道德地位和在人权领域公认的具有专长的专家作为禁止酷刑委员会成员，在禁止酷刑方面的能力和道德操守得到国际社会的公认。由缔约国从其国民中提名，委员会成员的选举应在由联合国秘书长召开的两年一期的缔约国会议上进行，这些会议以三分之二缔约国的出席为法定人数，获票最多且占出席并参加表决的缔约国代表所投票数的绝对多数者，即当选为委员会成员，专家以个人身份任职。2014年 1 月 1 日，中国籍法学家张克宁当选禁止酷刑委员会委员。2020 年 2 月 11 日，中国籍法学家柳华文当选禁止酷刑委员会委员。委员会于每年 4、5 月份和 11月份在日内瓦举行两届例会。如果经其多数成员或某个《禁止酷刑公约》缔约国的要求，并经委员会本身决定，可以召开特别会议。

委员会成员当选后任期应为 4 年，如经再度提名，连选可连任，但首次当选的成员中有 5 名成员的任期应于 2 年届满，首次选举后，缔约国会议的主席应立即以抽签方式选定这 5 名成员。如果委员会成员死亡，或者辞职，或者因任何其他原因不能履行其在委员会的职责，提名他的缔约国应从其国民中任命另一名专家补足其任期，但须获得过半数缔约国的同意，在联合国秘书长通知提议的任命后 6 个星期内，如无半数或半数以上缔约国表示反对，这一任命应视为已获同意。

《禁止酷刑公约》第 23 条规定：委员会成员根据《联合国特权和豁免公约》的规定，应享有为联合国服勤的专家的便利、特权和豁免。委员会可酌情邀请专门机构、有关联合国机构、区域政府间组织和具有经济及社会理事会咨商地位的非政府组织提出与公约所规定的委员会活动有关的资料、文件和书面陈述；委员会可以对《禁止酷刑公约》各项条款作出解释，作为各个主要议题的一般性意见。

委员会的任务包括 4 项主要活动：审议缔约国定期交送的报告（第 19条）；在有确凿迹象显示在某一缔约国境内经常施行酷刑时进行秘密调查（第 20 条）；审议声称因违反本公约条款而受害的个人所送交的来文（第 22 条）；审议国家的申诉（第 21 条）。对个人或针对另一国的申诉的审议只有在缔约国声明承认委员会有权接受并审议此类来文时才能进行。委员会将关于其活动的年度报告送交各缔约国以及联合国大会。

可见委员会的职能是：研究缔约国为履行公约义务所采取措施的报告；对于已明确声明接受委员会专门授权的缔约国，委员会有权受理它们之间就违约问题提出的相互指控。必要时，可以设立特设调解委员会向有关缔约国提供斡旋，以便友好地解决国家之间的争端。如果有可靠的消息证明缔约国存在严重酷刑问题，委员会可以进行秘密调查，但这一权限不适用于未声明接受此项条款约束的缔约国。缔约国还可声明委员会有权受理缔约国国民或非政府组织对本国违约的申诉和指控。对接受委员会此项权限的缔约国，委员会将对收到的指控来文进行秘密审议，缔约国有义务对指控的情况提供材料，作出澄清。委员会应向缔约国和联合国大会提交关于其依据本公约活动的年度报告。如果委员会收到可靠的情报，认为其中有确凿迹象显示在某一缔约国境内经常施行酷刑，委员会即可开始秘密调查，除非该缔约国根据第28条声明不承认委员会与此有关的职权。委员会的调查结果与适当的评论和建议要交给缔约国，并要求缔约国提供随后采取行动的情况。

禁止酷刑委员会也会发布对禁止酷刑公约规定内容的解读，被称作专题问题的一般性意见。截至目前共发布3次一般性意见。[①]

（四）《禁止酷刑公约》的原则

《禁止酷刑公约》确立的一些基本原则体现了现代刑事诉讼规律的客观要求。

1. 全面禁止施行酷刑原则

《禁止酷刑公约》第2条第1款规定："每一缔约国应采取有效的立法、行政、司法或其他措施，防止在其管辖的任何领土内出现施行酷刑的行为。"第2款规定："任何特殊情况，不论为战争状态、战争威胁、国内政局动荡或任何其他社会紧急状态，均不得援引为施行酷刑的理由。"第3款规定："上级官员或政府当局的命令不得援引为施行酷刑的理由。"禁止酷刑是缔约国应

[①] 一般性意见分别是：第1号一般性意见，参照《公约》第22条的执行；第2号一般性意见，缔约国对第2条的执行；第3号一般性意见，缔约国对第14条的执行。

尽的首要义务，任何外部条件和内部依据，都不是缔约国实施酷刑的理由，任何政策目的和社会目的的实现都不得依据酷刑，任何战争和武装冲突的环境和要求也都不是实施酷刑的借口。这项绝对禁止原则的根本目的是防止利用《禁止酷刑公约》漏洞的恶意行为，以"不人道"为借口对酷刑辩护的任何非法行为。

2. 非法证据排除原则

《禁止酷刑公约》第 15 条规定："每一缔约国应确保在任何诉讼程序中，不得援引任何业经确定系以酷刑取得的口供为证据，但这类口供可用作对被控施用酷刑者刑求逼供的证据。"这是对违法使用酷刑调查取证的禁止性规定，确立了国际社会的基本准则。根据这项规定，应将通过酷刑取得的供词排除在任何诉讼程序之外，特别是刑事诉讼程序之外，以此来禁止酷刑。

3. 普遍管辖原则

普遍管辖原则是指根据国际法的规定，对于某些特定的国际罪行，由于其普遍危害了国际和平与安全以及全人类的利益，所以不论犯罪行为发生于何地或罪犯的国籍如何，各国均有权对其行使管辖的原则。《禁止酷刑公约》第 5 条规定："每一缔约国应采取各种必要措施，确定在下列情况下，该国对第 4 条所述的罪行有管辖权：这种罪行发生在其管辖的任何领土内，或在该国注册的船舶或飞机上；被控罪犯为该国国民；被害人为该国国民，而该国认为应予管辖。"

《禁止酷刑公约》是第一个适用普遍管辖原则的国际人权公约，即明确要求当涉嫌酷刑犯罪的人出现在缔约国，则该国有义务启动刑事程序或引渡程序。

根据"或起诉或引渡"原则，若缔约国不能将酷刑嫌疑人引渡到对其有直接管辖权的国家，则根据普遍管辖将其拘捕并审判。但是因普遍管辖原则的管辖范围与管辖权的特殊性可能被视为对国家主权的干涉和不友好的表现而放弃该管辖权。打击酷刑罪是所有缔约国的共同义务，该原则强调必须将酷刑和其他残忍、不人道或有辱人格的罪行绳之以法，其主要目的是防止由于缺乏管辖权而使酷刑犯罪者逃避惩罚。

4. 对酷刑治罪和处罚原则

《禁止酷刑公约》第 4 条第 1 款规定："每一缔约国应保证将一切酷刑行为定为刑事罪行。"该项规定也应适用于有施行酷刑的企图以及任何人合谋或参与酷刑的行为。每一缔约国应根据上述罪行的严重程度，规定适当的惩罚。因此，将对酷刑治罪和处罚是缔约国的基本原则。

5. 不引渡原则

《禁止酷刑公约》第 3 条规定："如有充分理由相信任何人在另一国家将有遭受酷刑的危险，任何缔约国不得将该人驱逐、遣返或引渡至该国。为了确定这种理由是否存在，有关当局应当考虑到所有有关的因素，包括在适当情况下，考虑到在有关国家境内是否存在一贯严重、公然、大规模侵犯人权的情况。"从上述情况可以看出，每个缔约国不仅有义务确保不在其领土上实施酷刑，而且有义务不将嫌疑人等移交给实施酷刑的国家。酷刑应被视为刑事司法国际合作的障碍。

6. 补偿与接济原则

《禁止酷刑公约》第 14 条规定："每一缔约国应在其法律体制内确保酷刑的受害者得到补偿，并享有获得公平和充分赔偿的强制执行权利……如果受害者因受酷刑而死亡，其受抚养人应有获得赔偿的权利。"可见，国际社会不仅要求对酷刑行为进行惩罚，而且要求对酷刑的受害人进行接济和补偿。对酷刑行为进行惩罚与对酷刑的受害人救济具有同等重要的意义。

2012 年禁止酷刑委员会在第 3 号一般性意见中提到"恢复、补偿、复原、清偿和保证不再发生"这 5 种形式的补偿与接济，包括："偿付已支付的医疗费用并提供资金，支付受害者所需要的未来医疗或复原服务，以确保尽可能地完全复原；由于所造成的身体或精神伤害而产生的金钱和非金钱伤害赔偿；由于酷刑或虐待所造成的残疾所导致的收入和潜在收入损失；就业和教育等机会丧失。"此外，缔约国向酷刑或虐待受害者提供的适足赔偿应包括法律或专家援助和与提出救济索偿相关的其他费用。[①]

---

① 龚刃韧.《禁止酷刑公约》在中国的实施问题 [J]. 中外法学，2016（4）：955-970.

二、禁止酷刑区域性标准的确立

在国际社会禁止酷刑运动的发展过程中,区域性地禁止酷刑的努力对国际社会禁止酷刑起到了重要的推动作用。对于签署了区域性禁止酷刑公约的国家而言,区域性免受酷刑标准的确立,更具有区域特征,而且能够与普遍性的免受酷刑权的标准相互补充,从而更有效地禁止酷刑。区域性禁止酷刑的总体比较成熟,但是在不同区域之间的发展仍然是不平衡的,欧洲处于领先地位。

欧洲国家是近代资产阶级启蒙运动的主要发源地,因此在人权的保障方面历来走在全球比较靠前的位置。这种趋势在禁止酷刑领域表现得也比较明显。欧洲国家除参加禁止酷刑的国际公约之外,还签订了区域性禁止酷刑文件。欧洲在禁止酷刑方面不但制定有自身的禁止酷刑共同规范,而且建立有比较健全的禁止酷刑督查和救济机制,能够比较迅速地发现和处理酷刑案。1950年签署的《欧洲人权公约》第3条明确宣布:"对任何人不得施用酷刑或者非人道或者有辱人格的待遇或者惩罚。"并且确立了由欧洲人权法院和欧洲理事会的部长委员会、欧洲人权委员会组成的对人权的三重保障机制。这是在《世界人权宣言》之后第一个明确禁止酷刑的区域性公约。《欧洲人权公约》是在欧洲理事会努力下形成的、建立在西方模式上的人权法案。《欧洲人权公约》缔约国有义务确保"其管辖下的每个人"获得该公约所规定的权利和自由。这一准确的界定使得缔约国能将某些权利作为自觉执行的条款纳入国内法中。为了使草案能为各国政府所接受,必须对其适用的条件作出规定。

1987年签署的《欧洲预防酷刑和非人道或者有辱人格待遇或者惩罚公约》(European Convention to Prevent Torture,ECPT,以下简称《欧洲防止酷刑公约》)于1989年生效,几乎所有欧洲国家都批准了该公约。《欧洲防止酷刑公约》建立了独特的禁止酷刑监督和救济机制,成立了欧洲预防酷刑和非人道或者有辱人格待遇或者惩罚委员会,即欧洲防止酷刑委员会。欧洲防止酷刑委员会由每个缔约国出一个人员组成,成员们为来自法律、医疗、精神病学、监狱管理等不同领域的专家,委员必须是在人权领域具有崇高声望的国民。

委员任期4年，可连任1次。

欧洲防止酷刑委员会还根据经验制定出对缔约国的司法实践提供指导的标准。该公约的独特之处在于它本身没有对酷刑进行定义，也不包含任何实质性的标准。其主要目的是预防。这样欧洲国家更易于赋予区域性人权监督机构更为有效的执行权能。《欧洲防止酷刑公约》规定欧洲国家防止酷刑委员会监督各个成员国对于该公约的实行状况，根据需要到各缔约国进行访问，调查酷刑案件，必要时提出改进建议，检查被剥夺自由者的待遇，必要时还可提出建议。《欧洲防止酷刑公约》缔约国应当同意对其管辖下的国家的任何场所进行视察。欧洲防止酷刑委员会因此有视察职能、与缔约国持续对话的职能和提出建议的职能。欧洲防止酷刑委员会每次视察之后，都会就视察过程中发现的事实以及认为适当的建议撰写一份报告，然后送交被视察国。

如果欧洲防止酷刑委员会认为有必要，也可与被视察国协商并提出建议。如果被视察缔约国不接受欧洲酷刑委员会的建议，或被视察缔约方拒绝接受改进建议，委员会可公布其报告和缔约国的拒绝答复。欧洲防止酷刑委员会应每年向部长委员会和协商会议报告其活动，并将其公之于众。欧洲防止酷刑委员会建立的预防性检查制度是一个有效的制度，其重点是防止可能发生酷刑的地方，并得到了全社会的认可。显然，欧洲禁止酷刑委员会在确保欧洲国家认真遵守其关于防止酷刑的国际条约义务方面发挥着重要作用，是国际社会在区域禁止酷刑方面发挥应有作用的最好的机构。

委员会的任务是定期或逐案检查缔约国的监狱，并检查被剥夺自由者的待遇，以确保他们不遭受酷刑或处罚。欧洲防止酷刑委员会的工作在促进欧洲禁止酷刑方面发挥了巨大作用。虽然它无权审理个别案件，也不能作出具有法律效力的判决，但定期和不定期的检查或视察监狱在防止酷刑方面具有前瞻性作用，及时要求修改和改善可能使得滥用权力的情况在一定程度上缓解，是对欧洲人权法院工作的重要补充。

每个缔约国都必须确保接受这种调查。欧洲防止酷刑委员会可以定期或不定期检查缔约国的拘留场所和被剥夺自由者的待遇，私下会见被拘留者，有权与任何掌握相关信息的人保持自由沟通，并提出改进建议。其中，欧洲防止酷刑委员会成员将其调查和访问缔约国期间发现的问题编写成文本,送交被视察国。报告的内容和建议以及检查期间收集的信息均为保密。关于委员会在其报告中提出的防止发生酷刑、不人道或有辱人格的待遇或处罚的建议,被视察国必须在规定的时间内提出改革措施,以便监督和敦促缔约国履行《欧洲防止酷刑公约》规定的义务。

该委员会根据经验,通过对各种不同的关押制度的仔细权衡和比较,制定出一套自己的标准。这些标准在年度报告中发表,为缔约国的司法实践提供指导。虽然欧洲防止酷刑委员会的评论和发展的标准没有法律效力,但是在防止酷刑、不人道或有辱人格的待遇或惩罚的发生方面,得到欧洲国家的广泛接受,在禁止酷刑的监督中也发挥着独特的作用。

2000年欧洲国家签订的《欧洲联盟基本权利宪章》第4条也规定:"不论何人均不得被施以酷刑或不人道或羞辱之待遇或惩罚。"

美洲国家重视人权的保护和保障,甚至在禁止酷刑方面的发展比包括欧洲在内的其他区域都要迅速。美洲国家在1969年通过的《美洲人权公约》第5条规定:"任何人的身体、精神和道德尊严有权受到尊重","对任何人不得施用酷刑或者残酷、非人道或者有辱人格的处罚或者待遇。被剥夺自由的任何人作为人类社会成员所固有的尊严应当受到尊重。"《美洲人权公约》的内容借鉴《欧洲人权公约》、《美洲人权利和义务宣言》(1948年)和《公民权利和政治权利国际公约》,形成了一套非常广泛的规定。依《美洲人权公约》成立的美洲国家人权委员会对各缔约国执行公约的情况进行监督。该委员会对美洲国家组织的成员国在人权方面的事务具有广泛的管辖权,承担任何人针对任何缔约国提出的控告的责任,而且该委员会可以处理美洲国家之间的争端。在该条约下,美洲人权法院得以建立并于1979年开始行使职权。该法院有司法裁判权,人权委员会和任何声明接受此管辖的缔约国都可以向其提交与此公约的解释及适用相关的事项。《美洲人权公约》还创建了一种咨询管辖权,据此,美洲国家组织成员国可以就《美洲人权公约》的解释或美洲国家保护人权问题的其他条约的解释向美洲人权法院咨询。

1985年通过的《美洲国家预防和惩罚酷刑公约》(Inter-American

Convention to Prevent and Punish Torture）是美洲国家组织大会于 1985 年 12 月 9 日通过并开放给各国签字的，且于 1987 年 2 月 28 日生效。该公约是专门针对酷刑问题制定的区域性人权公约。对在美洲国家间如何有效地预防和惩罚酷刑犯罪作了系统的规定，该公约是在联合国《禁止酷刑公约》通过后才通过的，因此，它将联合国《禁止酷刑公约》中有关禁止酷刑的基本规定都体现其中，对酷刑的禁止性程度较《禁止酷刑公约》更为严厉。该公约指出："签署本公约的各美洲国家，考虑到《美洲人权公约》中有关不得对任何人施予酷刑或残忍、不人道或有辱人格的处罚或待遇的规定；重申一切酷刑或残忍、不人道或有辱人格的待遇或处罚都构成对人的尊严的践踏，对《美洲国家组织宪章》和《联合国宪章》中所规定的原则的违反，以及对《美洲人的权利和义务宣言》和《世界人权宣言》中所宣称的基本人权和自由的侵犯；注意到为确保上面所提到的全球性或区域性文书的有效实施，有必要制定一个防止和惩处酷刑的美洲公约；重申它们在美洲创造一个有利于使人的固有尊严得到承认和尊重以及确保人们充分享有基本权利和自由的条件这一宗旨。"

《美洲国家预防和惩罚酷刑公约》还规定："1. 酷刑应被理解为为了刑事调查的目的，作为恐吓手段、体罚、预防措施、刑罚，或为任何其他目的，使某人遭受肉体或精神上的疼痛或痛苦的行为。酷刑还应被理解为意在抹杀某人的人格或减低其体能或精神的方法，即使这种方法不造成肉体的痛苦或精神的创伤。2. 酷刑的概念不包括因合法手段所固有的或纯因这种手段所引起的肉体或精神上的疼痛或痛苦，但这些手段不包括本条所指的行为或方法之使用。"1994 年通过的《中美洲国家预防、惩罚和根除针对妇女的暴行公约》中也有禁止对妇女使用酷刑的规定。

相较于前两个洲来说，非洲国家禁止酷刑运动发展较为缓慢，但也有一些共同性规范，1981 年 6 月通过《非洲人权和民族权利宪章》，其中的第 5 条规定："每一个人的固有尊严有权受到尊重，其合法地位有权得到承认。对人的一切形式的剥削和侮辱，尤其是奴隶制度、奴隶买卖、拷打及残忍的、不人道的或侮辱性的刑罚和待遇均应予以禁止。"该宪章明确禁止实施酷刑、残忍或者非人道以及有辱人格的惩罚和待遇,并成为非洲各国制定禁止酷刑规范的法律基础。《非洲人权和民族权利宪章》与欧洲的国际人权文件存在诸多共同之处,但也有自己的特征。该宪章与《欧洲人权公约》相比,并没有克减条款;在保护机制方面,也缺乏司法的或准司法的机构。依据该宪章成立的机构是非洲人权和民族权利委员会,虽然对其职权只作了一般规定,但包括应缔约国的请求有权解释宪章的条款;其重点部分是有关和解的规定,委员会可以对违反宪章规定遭成员国申诉的事项展开调查,并用一切适当办法达成友好和解。该委员会也可以在一定条件下,审议来自个人的来文,且只有在来文控诉揭露了"一系列严重或大规模侵犯人权和民族权利"的时候,委员会才应将之提交给非洲统一组织国家和政府首脑会议处理。会议可要求委员会对这些案件作深入的研究,并提出一份附有审查结果和建议的事实报告书;每一个缔约国有义务每两年提交一份关于为实施《非洲人权和民族权利宪章》而采取的立法措施的报告。

1990年7月通过的《非洲保护儿童权利和福利宪章》也规定保护儿童免受一切形式的酷刑、非人道和有辱人格的待遇,特别是身体的或者精神的伤害或虐待等行为的侵犯。

相比之下,亚洲区域在禁止酷刑方面进展甚微,因为亚洲国家既没有共同的区域禁止酷刑标准,也没有洲内的监测、救济和合作机制。这表明,亚洲国家的人权状况没有得到足够的重视,仍有许多工作要做。

第三节 禁止酷刑国际标准的发展

20世纪90年代,国际社会禁止酷刑的工作转向了联合国人权机制的执行,即如何更全面地执行禁止酷刑的国际标准。1993年在维也纳召开的联合国世界人权大会是一个里程碑,共有171个国家的2100名代表以及841个在联合国取得观察员地位的非政府组织的3700名代表参加了这次大会。会议通过了《维也纳宣言》,还通过了《维也纳宣言和行动纲领》(Vienna Declaration and Plan of Action)。该纲领提出了如何在国内层次加强人权保护的指导方针,提出了一系列联合国和国际社会在20世纪90年代应该着重进行的人权保障工作。会议强调将采取的具体步骤是:加强国际人权文件及其监督和执行机制的拟订和建设,并使联合国各项推进人权的活动更好地协调一致。《维也纳宣言》提出:必须考虑把促进和保护人权视为联合国优先目标。1993年6月的《维也纳宣言和行动纲领》是冷战后联合国与国际社会宣布人权进入冷战后新的发展时期的"宣言书",它为联合国与国际社会在20世纪90年代以及今后的国际人权活动绘制了一幅中近期的"蓝图"。宣言和纲领的内容在维也纳会议结束近7年的时间内正在不断得到实施。① 本次会议建议下一届联合国大会优先设立联合国人权事务高级专员。1993年12月,联合国大会通过了设立联合国人权事务高级专员办事处的决议,联合国在加强人权机构方面取得了重大进展。

1993年的维也纳大会通过《维也纳宣言和行动纲领》,"呼吁各国政府和有关机构为建立能够保护人权的有效法律制度以及在这一领域内的国内机构大大增加资源投入"。联合国世界人权大会决定为那些尚未建立申诉制度的条约制定出任择议定书。联合国人权高专索拉也表示维也纳世界人权会议是一个"分水岭",它标志着过去几十年建立的人权标准和保障机制的"执行时代"正式开始了。② 禁止酷刑国际标准发展的重要意义体现在以下几个方面。

一、国家与区域性和国际性人权机构的配合加强

随着国际社会对于禁止酷刑普遍达成共识,签署或批准联合国禁止酷刑公约的国家急剧增多,而且,加入《禁止酷刑公约》个人申诉的任择议定书也在增加。为了提高联合国处理人权事件的有效性,联合国在日内瓦设立24小时的"人权热线",人权高专办公室可以随时监督侵犯人权的紧急事件并作出反应;在日内瓦建立人权数据库(database),为人权委员会调查宗教歧视、酷刑、种族主义、侵害言论自由等问题的特别报告员广泛收集各种信息。特

---

① 朱锋. 后冷战时代联合国人权活动的特点、争议与问题 [J]. 太平洋学报,2000(2):33-45.

② The UN Department of Public Information:Press release[N].February15,1994.

别报告员和专家可随时以电子方式查阅数据库中的资料。这两个措施大大提高了联合国人权机构处理人权保障问题的时效性，建立了联合国人权活动从来没有过的"即时反应"机制。特别是24小时电话热线的开通，旨在对紧急状况作出迅速行动，高专办公室的"特别程序处"专门为此提供帮助，以便由联合国机构"救援"生命有危险的侵权受害者。

2006年6月22日生效的《禁止酷刑及其他残忍、不人道或有辱人格的待遇或处罚公约附加议定书禁止酷刑和其他残忍、不人道或有辱人格的待遇或处罚公约附加议定书》（以下简称《禁止酷刑公约议定书》），属于《禁止酷刑公约》的一个重要的附加条约。该议定书的第1条规定："本议定书的目的是建立一个由独立国际机构和国家机构对存在被剥夺自由者的地点进行定期查访的制度，以防范酷刑和其他残忍、不人道或有辱人格的待遇或处罚。每一个批准本议定书的国家，根据第17条之规定，有义务保持、指定或设立一个或多个独立的国家防范机制，负责在国内层级防范酷刑。"《禁止酷刑公约议定书》要求各缔约国在国内组成国家酷刑防范机构，可以不定时巡视羁押场所并获取被羁押者和羁押场所相关信息，与被羁押者秘密访谈等。同时，联合国还成立联合国禁止酷刑附属委员会，对附加议定书的缔约国随时随地查访，向有关国家提出建议，防止酷刑的滥用。通过以上机制来达到对缔约国的羁押场所进行随时检查的目的，促使缔约国能够及时主动关注本国国内羁押场所酷刑问题。

从广泛意义上说，禁止酷刑的重要的推动者还包括联合国秘书长、联合国人权高级专员及其办公室、联合国预防犯罪部门以及其他在改革司法和刑罚方面越来越重要的发展机构。[①]尤其是联合国对酷刑问题的人权干预的能力大大提高。最初联合国禁止酷刑的机制，虽然参加国家大部分予以承认，但是在实施上有着很大的局限性，联合国在实施上停留于声明阶段，强制实施的效果不明显。当前联合国在国际社会禁止酷刑方面渐渐具备非常大的强制执行力，而且这个趋势越来越明显。《欧洲防止酷刑公约》规定：欧洲防止酷

---

① [瑞典]格德门德尔·阿尔弗雷德松.《世界人权宣言》：努力实现的共同标准[M]. 中国人权研究会组织，译. 成都：四川人民出版社，1999：146.

刑委员会可进行定期访问，也可在出现特定情况下进行其他必要的紧急访问。访问前该委员会必须通知被访问的缔约国政府，但该公约没有规定通知的最低时限。此外，欧洲防止酷刑委员会的成员可私下会见被拘禁的人，并可即刻将其评论转交有关缔约国主管部门。伴随国际人权事业的发展，对酷刑的禁止是习惯国际法的一个部分，这意味着，它对国际社会的每一个成员都具有约束力，不管该成员是否批准了明确规定禁止酷刑的国际公约。

二、国际刑事审判机构的设立

国际刑事审判机构的设立加强了禁止酷刑的具体落实机制。1994 年联合国安理会通过《卢旺达国际刑事法庭规约》，设立了卢旺达国际刑事法庭。该法庭对卢旺达境内发生的严重违反 1949 年日内瓦"四公约"和违反战争法规及惯例的行为，以及属于灭绝种族罪和危害人类罪的行为，享有管辖权。并且《卢旺达国际刑事法庭规约》中不再坚持危害人类罪与武装冲突之间的联系。

1998 年联合国通过了《国际刑事法院规约》，在其序言的第二段载明其宗旨："注意到在本世纪内，难以想象的暴行残害了无数儿童、妇女和男子的生命，使全人类的良知深受震动"，并且常设性刑事审判机构国际刑事法院于 2002 年 7 月 1 日时正式成立。其能追诉在此之后所发生的犯罪行为。国际刑事法院旨在补充现有的国家司法制度：只有在该国不愿意或不能够调查或起诉有关罪行的情况下，才可行使管辖权。保护人权是建立国际刑事法院的宗旨之一，这是国际社会进一步加强合作以惩治包括反人类罪等严重践踏人权罪行的常设法庭，在人类历史上具有划时代的意义。

恐怖活动是一种严重危害国际社会安全的活动，"9·11"事件后，美国将恐怖分子关押在其设于古巴关塔那摩的监狱里。2006 年美国向禁止酷刑委员会提交报告，说明执行《禁止酷刑公约》的情况。美国认为在古巴的关塔那摩、阿富汗和伊拉克的拘禁中心，只应受战争法的约束，《禁止酷刑公约》不适用。2006 年 5 月 19 日联合国禁止酷刑委员会第 36 次会议闭幕并发布报告，指出：美国必须"彻底根除"在阿富汗以及伊拉克的虐囚行为，必须彻底调查与此有关的所有指控，并对有罪人员提出起诉，敦促美国关闭关塔那摩监狱。①

《禁止酷刑公约》第 2 条第 2 款、第 3 款规定："任何特殊情况，不论为战争状态、战争威胁、国内政局动荡或任何其他社会紧急状态，均不得援引为施行酷刑的理由。上级官员或政府当局的命令不得援引为施行酷刑的理由。"也就是说，禁止酷刑被明确界定为一项不可克减的义务，禁止在任何时候和任何情况下使用酷刑，即使在目前的国际反恐斗争中也是如此。恐怖活动使用暴力、威胁或其他手段破坏政治、社会秩序、互联网、金融等手段，破坏性极强，但是，仍然不能认为有足够的理由来折磨恐怖分子，以换取供词和信息。可以说，在国际反恐趋势面前，禁止酷刑面临巨大挑战。然而，在任何情况下，反恐和维护国家安全都不能成为任何国家使用酷刑的理由，这些嫌疑人的权利不应被任意剥夺或以报复手段践踏。

---

① 美国第三至第五次合并定期禁止酷刑公约缔约国报告，CAT/C/USA/3-5.

第二章 禁止酷刑的内容

第一节 禁止酷刑的基本含义和内容

禁止酷刑,即保持身体和精神完整性的权利,在国际法的人权保护中拥有特殊的地位。这不仅在于它在各种区域性和普遍性公约中被规定为是不可克减的,还在于它不受任何限制的得到保证,即酷刑为一般国际法所禁止。因为酷刑代表着对于人性核心的直接攻击,所以它格外应予以谴责。

"酷刑"一词既指肉体的折磨,也包含精神的折磨,尽管比"惩罚"含义广泛,但是不包括由社会经济条件而导致的有辱人格的境遇。从各种不同术语的特定使用顺序上能够看出痛苦的剧烈程度,从有辱人格的待遇或惩罚开始,到不人道和残忍的待遇和惩罚,但是没有必要在这不同种类之间作出明确的区分。因此,酷刑从广义上来说还应包含其他残忍、不人道或有辱人格的待遇或处罚以及未经自由同意的医学或科学实验。这种区分并没有什么意义,在一切情况下都绝对禁止。也就是酷刑和其他残忍、不人道或有辱人格的待遇或处罚没有明确区分,正如联合国人权事务委员会关于《公民权利和政治权利国际公约》第7条的第20号一般性意见所指出的:《禁止酷刑公约》并未界定第7条所涉的各种概念。委员会认为不必逐一列出违禁行为,亦不必明确区分不同种类的待遇或处罚;这些区分视实际待遇的性质、目的和严厉程度而定。

一、酷刑的内容

联合国《世界人权宣言》第5条规定:"任何人不得加以酷刑,或施以残忍的、不人道的或侮辱性的待遇或刑罚。"1966年联合国通过的《公民权利和政治权利国际公约》第7条规定：任何人均不得加以酷刑或施以残忍的、不人道的或侮辱性的待遇或刑罚。特别是对任何人均不得未经其同意而施以医药或科学试验。《公民权利和政治权利国际公约》第10条第1项规定："所有被剥夺自由的人应给予人道及尊重其固有的人格尊严的待遇。"

联合国主要有3个国际人权文件对酷刑定义作了规定，最早给酷刑下定义的是联合国1975年通过的《禁止酷刑宣言》；另外还有1984年通过的《禁止酷刑公约》和1998年通过的《国际刑事法院规约》。但这三个国际人权文件对于"残忍、不人道或有辱人格待遇或处罚"没有规定。

联合国1979年通过的《执法人员行为守则》对酷刑作了指导性解释，该守则第5条评注（b）："该宣言（《禁止酷刑宣言》）对酷刑的定义如下：……酷刑是指政府官员，或在他怂恿之下，对一个人故意施加的任何使他在肉体上或精神上极度痛苦或苦难，以谋从他或第三者取得情报或供状，或对他做过的或涉嫌做过的事加以处罚，或对他或别人施加恐吓的行为。按照《囚犯待遇最低限度标准规则》施行合法处罚而引起的、必然产生的或随之而来的痛苦或苦难不在此例。"[①]

对于酷刑的概念，联合国1984年的《禁止酷刑公约》第1条所下的定义目前得到普遍接受或援引，即"酷刑是指为了从某人或第三者取得信息或供状，为了他或第三者所作或涉嫌的任何理由，蓄意使某人在肉体或精神上遭受剧烈疼痛或痛苦的任何行为，而这种疼痛或痛苦是由公职人员或以官方身份行使职权的其他人所造成或在其唆使、同意或默许下造成的。纯因法律制裁而引起或法律制裁所固有或附带的疼痛或痛苦不包括在内"。

国际刑事法院的《国际刑事法院规约》第7条第1款对危害人类罪作了定义，其中包括酷刑行为。但危害人类罪的特点在于其广泛的恶劣性，孤立的酷刑行为不能构成国际法上的危害人类罪，而是国内法上的普通刑事犯罪。该条第2款对其列举的行为作了定义：酷刑是指故意致使在被告羁押或

[①]《美洲国家预防和惩罚酷刑公约》和《世界医学学会东京宣言》也对酷刑予以解释，但是前者是区域性公约，后者主要适用于医学界而非法律界。

控制下的人身体或精神遭受重大痛苦；但酷刑不应包括纯因合法制裁而引起的，或这种制裁所固有或附带的痛苦。可以看出该酷刑定义比《禁止酷刑公约》中的定义要宽泛得多，更加有利于酷刑的禁止。首先，该定义不要求施行酷刑有任何特定的目的，只要实施了酷刑行为，就可以成立酷刑罪，例如获取信息等。其次，酷刑不限于公职人员的行为，因为危害人类罪可能由公职人员实施，也可能在非公职人员的指示下实施。不管是否是国家公职人员，只要实施了酷刑性行为，就可以成立本罪。该规约的第7条认为："在广泛或有系统地针对任何平民人口进行的攻击中，在明知这一攻击的情况下，作为攻击的一部分而实施的酷刑将构成危害人类罪。"另外，该规约第8条规定："在特定情况下，酷刑也可能构成战争罪。"《国际刑事法院规约》的规定强化了酷刑的国际关注程度。但是，如果酷刑的含义过于宽泛，对于实践操作不利。国际刑事法院管辖的犯罪自该法院成立之后，仅能追溯2002年7月1日成立之后所发生的犯罪行为。还有，只追究个人的刑事责任，而且是在缔约国家所属的法院不愿或者不能自主审理的情况下才可介入，即国际刑事法院应缔约国或联合国安理会的请求对罪犯进行起诉，所以缔约国仍然对刑事犯罪有权优先调查和惩罚。

可以看出禁止酷刑的范围在不断变化，越来越宽泛，这虽然体现了人权保护加强的良性趋势，但是禁止酷刑的标准不应定得过高，因为不同国家发展程度差别很大，禁止酷刑保护的水准也因此有很大差别，如果国际上对禁止酷刑的共同保护的标准定得过高，可能会影响禁止酷刑的国际合作，这对国际社会禁止酷刑的发展反而不利。关于禁止酷刑的国际标准的情况比较复杂，有不同条约确立的标准，也有国际习惯确立的标准，还有无拘束力的国际文件宣示的标准，不同标准的性质和适用范围不同，应区别对待。可以考虑适用于所有国家的普遍标准，这种标准是最基本的，因此也是最低的。依据《禁止酷刑公约》，酷刑有以下特征。

（一）酷刑行使的主体是公职人员或以官方身份行使职权的其他人

不同国家的立法中，对酷刑的实施主体有不同的规定，法国、印度、马来西亚等国家的立法例中任何人均可以构成酷刑犯罪的主体，在俄罗斯、日本、韩国等国家的立法例中，司法人员包括司法协助人员均可以构成犯罪；在德国、荷兰、蒙古、朝鲜等国家的立法例中，一切公职人员都可以构成这类犯罪。①

实施酷刑主体为"公职人员或以官方身份行使职权的其他人"。在共同犯罪的情况下，在上述人员的唆使、同意或默认下实施酷刑犯罪的人也可以构成酷刑犯罪的"公职人员"，公约英文本的措辞为"a public official"；"以官方身份行使职权的人"，英文本为"other person acting in an official capacity"，指虽然不具有公职人员身份，却行使官方职权的人。按照公约的规定，酷刑行使主体应为任何"公职人员或官方身份行使职权的人"，不是仅仅限定为司法机关或司法机关工作人员，否则会缩小该罪主体范围，也有可能成为缔约国不承担国家责任的借口。

《联合国打击跨国有组织犯罪公约》第8条规定，"公职人员"系指任职者任职所在国家法律所界定的且适用于该国刑法的公职人员或提供公共服务的人员。《联合国反腐败公约》第2条规定，"公职人员"系指：（1）无论是经任命还是经选举而在缔约国中担任立法、行政、行政管理或者司法职务的任何人员，无论长期或者临时，计酬或者不计酬，也无论该人的资历如何；（2）依照缔约国本国法律的定义和在该缔约国相关法律领域中的适用情况，履行公共职能，包括为公共机构或者公营企业履行公共职能或者提供公共服务的任何其他人员；（3）缔约国本国法律中界定为"公职人员"的任何其他人员。因此，国际刑法认定"公职人员"包含两个方面，一是国家的立法、侦查、审判、检察机关的人员，二是国内法界定的准"公职人员"。当然对上述公职人员的唆使、同意或默许的人员也能作为酷刑主体。《禁止酷刑公约》所规定的主体范围是十分广泛的，公约制定者苦心孤诣地试图将所有可能的酷刑实施者都包括在内，从而为所有可能遭受酷刑侵犯的人提供尽可能全面、务实、有效的保护和救济。

在此强调的是，按照《禁止酷刑公约》第4条的规定，在共同实施酷刑

---

① 黄芳. 简论酷刑罪的概念和特征 [J]. 河南省政法管理干部学院学报，2004（2）：48-49

罪的场合，对合谋者或参与者没有身份限制，只要主谋者或部分酷刑行为人具有上述特定身份即可，合谋者或其他参与者可以为"任何人"。按照《禁止酷刑公约》的规定，实施酷刑的行为人不仅包括公职人员，而且包括以官方身份行使职权的其他人。除此之外，联合国人权委员会还发出了有关文件，允许在某种特定的场合对"公职人员或者以官方身份行使职权的人"作出某种扩大解释，例如在涉及儿童或者病人的案例中，行为人可以是对病人、儿童等有着某种特定权威的正从事着教育、医疗工作的任何人。[①]

还需指出的是，个人以私人身份对他人的人身侵害不构成酷刑，即使是公职人员，但不是以官方身份行使职权或者其行为与职权无关也不构成酷刑。国际社会惩罚酷刑犯罪的主体有扩大趋势，这对于禁止酷刑是有积极意义的。

（二）施行酷刑在主观上只能是故意

根据联合国《禁止酷刑公约》，施行酷刑的动机有四个方面：

（1）为了向某人或第三者取得情报或供状；指酷刑受害者所作的各种供认和证据。情报是指获取他方有关情况以及对其分析判断的成果；供状是指犯罪嫌疑人、被告人在审讯中所作的供述。酷刑犯罪中，情报和供状通常被认为是酷刑行使的主体通过酷刑目的想得到的所有信息。

（2）为了处罚某人或第三者所作或涉嫌行为而对某人加以处罚；以此为目的的酷刑犯罪与前者的区别在于，行为并非达到其他目的的手段，而是将酷刑本身作为一种惩罚方式。因为缔约国的法定刑排除了残酷，而且联合国《禁止酷刑公约》规定不包含"纯因法律制裁而引起或法律制裁所固有或随附的疼痛和痛苦"，所以这种处罚通常认为是非法的情况下的酷刑。

（3）为了恐吓、威胁某人或第三者；精神上恐吓、威胁受害者或者第三人，来达到其目标。

（4）为了基于任何一种歧视的任何理由。受害人因其种族、民族、性别、职业、身份、经历、疾患等而被施加酷刑。

可见酷刑犯罪一般实施主体为公职人员，所以《禁止酷刑公约》对于酷

---

① 屈学武. 反酷刑公约及中国反酷刑述论 [J]. 中国刑事法杂志，2002（1）：113-126.

刑罪的目的很广泛，包括所有可能的目的。

疏忽大意的行为一般不构成酷刑，《禁止酷刑公约》明确规定酷刑的主观上是故意，但是如果受害者是未成年人、特殊病人等，就必须考虑到主观上有可能不是故意的，但是否存在疏忽①，即在受害人是未成年人的场合，有关机关也需要对过失情况予以考虑，如同居一处的成年的被拘留人对未成年的被拘留人施加暴力，在受害人是未成年人、病人等特殊情况下，主观过失行为也可构成酷刑，但一般应严格依照《禁止酷刑公约》的规定，以避免扩大确定酷刑的范围。②

在人权委员会第35次会议再次就是否应当列入酷刑的目的进行辩论时，一些代表认为，列明酷刑的目的是不合理的限制；其他代表则认为条款中所列入的酷刑目的只是"宣示的"而非穷尽的。③双方最后同意把酷刑延伸至"基于任何一种歧视的任何理由"造成肉体或精神上的剧烈疼痛或痛苦的行为。这一措辞实际上把酷刑的目的做了极度的扩大，把基于民族、种族、语言、政治观念、宗教信仰、性别、身份、地位等歧视的理由都囊括在内，从而扩大了酷刑的范围。而主观上只要有造成他人疼痛或痛苦的故意，客观上有这样的行为或这种企图，就可能构成酷刑。疼痛和痛苦可能给人造成身体或精神上的伤害后果，但是，这种后果并非酷刑的构成要件。结合《禁止酷刑公约》第4条的规定，酷刑罪也应适用于施行酷刑的企图，这说明是否实际上已经造成了使人疼痛或痛苦，甚至伤害的后果并非酷刑罪的构成要件。

（三）酷刑的对象应是不特定的人

《禁止酷刑公约》的用语是"a person"，并没有指明是犯罪被告人或嫌疑人。虽然酷刑很大一部分是发生在罪犯或犯罪嫌疑人身上，因为在这一阶段，受害者可能处于与外界隔离的状态，也就是相对于其他人更容易成为酷刑的对象，但酷刑行为并不要求发生在刑事司法过程中，也不要求是针对特定的人。因此，在非刑事司法过程中也可能导致酷刑，例如基于种族歧视而发生

---

① 屈学武.反酷刑公约及中国反酷刑述论[J].中国刑事法杂志，2002（1）：113-126.

② 同上。

③ 人权委员会第35次会议报告[C].U.N.Doc.E/CN/.4/1347，1979：178-180.

的对难民的酷刑、为了获取情报而对第三人的酷刑；政府官员、公职人员对举报人的酷刑；以及在人权事务委员会第 20 号一般性意见中提到儿童、学生和病人等任何人都有可能成为酷刑对象。例如，2001 年在阿富汗战争结束后，美军在关塔那摩监狱虐待战俘。①

（四）酷刑客观上表现为使受害人在肉体或精神上造成剧烈的痛苦或苦难

"剧烈"程度的最终判断一般取决于裁判者的自由裁量。自由裁量的标准不仅要根据虐待行为对某人肉体或精神上造成的客观影响，还取决于某人的主观感受，也就是说，同一虐待行为造成的同一客观影响对于不同的受害人来说程度可能是不同的。②此外还受社会条件的影响，当然包括酷刑的不作为形式，比较典型的是被监管人员对其他被监管人员实施酷刑，监管人员采取漠视甚至纵容态度。就酷刑的表现形式，人权事务委员会在 1992 年的第 20 号一般性意见中指出："委员会认为不必逐一列出违禁行为。"在此要注意的是，人权事务委员会在 1992 年的第 20 号一般性意见将酷刑行为扩大到体罚，也就是以体罚作为教育和惩罚措施是被禁止的，这对儿童的保护有一定的意义。近几年，精神酷刑受到关注，如以残害或处死相威胁、模拟处死等。酷刑给受害者造成了极端的痛苦和虐待，这种痛苦和虐待不仅限于传统的身体上的，而且还包括精神与心理上的痛苦和羞辱。酷刑导致的极大身体或心理上痛苦，严重侵害了人的最基本的权利。

（五）酷刑侵犯的客体

酷刑犯罪侵犯的是复杂客体，直接侵犯联合国人权公约中的权利，主要包括以下几种：（1）生命权和健康权。生命和健康的完整性是生命在社会中存在的最基本条件，是享有其他权利的前提和基础。酷刑罪给受害人造成严重的身心痛苦，是同类残害在人性中的集中体现。（2）自由权。人身自由和

---

① 联合国禁止酷刑委员会第 36 次会议闭幕并发布报告，敦促美国关闭关塔那摩监狱。关塔那摩监狱是美国军方于 2002 年在古巴关塔那摩湾海军基地设置的军事监狱。最初的目的是临时关押拘留者，但美国军方逐渐改建成长期使用的监狱。美军将在阿富汗战场抓获的恐怖组织嫌疑犯和阿富汗的非正规军关押在此。

② 赵珊珊.《禁止酷刑公约》研究[D]. 北京：中国政法大学，2011.

安全的权利是公民的健康和人身完整的权利，不受搜查、拘留、逮捕、驱逐、酷刑、不人道处罚、奴役和劳动义务以及非法侵犯。酷刑罪往往是针对被剥夺自由或在行使国家权力的有效控制下的人。（3）人格尊严权。与身体折磨和身体折磨对健康的迫害相比，精神折磨往往具有隐蔽性，虽然没有造成身体伤害，但却给当事人造成了巨大的心理创伤，严重侵犯了当事人的人格尊严权。（4）人道待遇。嫌疑人或罪犯应当受到人身自由等方面的限制，但不能剥夺其应有的最基本的人道主义待遇，不遭受酷刑和其他残忍、不人道或有辱人格的待遇或处罚。（5）公平审判权。公民有权接受法院的公正审判，并且享有权利和义务。

（六）合法的制裁（lawful sanctions）为例外

按照《禁止酷刑公约》的规定：纯因法律制裁而引起或法律制裁所固有或附带的疼痛或痛苦不包括在内。在这方面《禁止酷刑宣言》比《禁止酷刑公约》的规定明确，《禁止酷刑宣言》第1条第1款规定："按照囚犯待遇最低限度标准规则施行合法处罚而引起的、必然产生的或随之而来的痛苦或苦难不在此列。"在执行法律的过程中，如果超过了法律规定的限度，比如说，实体法中的死刑如果采取法律规定之外的特别残忍的方法虐杀则构成酷刑、不人道或残忍的待遇或处罚。①

例如，如果司法强制性制度超出合理程度，并且有意造成有关人员身心痛苦，这显然构成酷刑或其他残忍和不人道待遇。司法强制性制度的标准必须是符合最低强度达到司法目的，才是符合基本人道的，并以可能减少而不是故意加重当事人痛苦的方式实施。否则，就不是好法律。各国应根据联合国《禁止酷刑公约》及其他人权和刑事司法标准来修正国内法。

例如鞭刑制度，新加坡《刑法典》中规定：海盗犯罪、破坏公共秩序犯罪、侵犯人身的犯罪、侵犯财产犯罪等四大类型犯罪适用鞭刑。国际社会基本废止了这种鞭刑制度。但是刑罚的解析要以所在国家的历史发展为依托，国际上普遍认为新加坡刑法上的鞭刑并非国际法意义上的酷刑。

---

① 杨宇冠. 谈《禁止酷刑公约》的几个问题 [J]. 刑事司法论，2008（7）：186-211.

二、其他残忍、不人道或有辱人格的待遇

其他残忍、不人道的待遇包含从程度上没有达到酷刑的"剧烈"程度的，所有其他造成剧烈痛苦的形式，涵盖了造成痛苦没有达到必要强烈程度的做法。《禁止酷刑公约》第16条第1项规定："每一缔约国应保证防止公职人员或以官方身份行使职权的其他人在该国管辖的任何领土内施加、唆使、同意或默许未达第1条所述酷刑程度的其他残忍、不人道或有辱人格的待遇或处罚的行为。"例如，联合国《囚犯待遇最低限度标准规则》规定："监狱的卫生设备应当充足，使能满足每一囚犯大小便的需要，并应维持清洁和体面。"不符合这一标准，就应归于不人道的待遇，如果认为是酷刑，就很明显地扩大了酷刑的范围。人权事务委员会在 Birindwa and Etienne v.Zaire 中裁决被害人"被捕后的4天之中被剥夺了饮食……此后被拘禁在卫生条件不可接受的地方"为"不人道的待遇"。[①] 在 Conteris 诉乌拉圭案中，人权事务委员会指出，在监狱中发生的某些意在羞辱犯人并使他们感觉不安全的任意的监禁行为（反复地单独监禁、不断地变换囚室等）构成了《禁止公民权利与政治权利国际公约》第7条所禁止的有辱人格的待遇。

联合国1979年通过的《执法人员行为守则》第5条评注（c）指出："大会对'残忍、不人道或有辱人格待遇或处罚'一语还没有下定义，但应解释为尽可能最广泛地防止虐待，无论是肉体上的还是精神上的虐待。"1988年联合国通过的《保护所有遭受任何形式拘留或监禁的人的原则》第6条注释指出："'残忍、不人道或有辱人格的待遇或处罚'一词应加以适当解释，借以提供最大程度的保护，以防止肉体或精神上虐待，其中包括使被拘留人或被监禁人暂时或永久地被剥夺视觉或听觉等任何自然感官的使用，或使其丧失对地点或时间知觉的拘禁条件。"以上资料说明对于"残忍、不人道或有辱人格待遇或处罚"应作广义解释，以扩大保护范围。

但是需注意的是，酷刑与残忍的或有辱人格的待遇之间的区分并没有明

---

① Birindwa and Etienne v.Zaire，Report of the Human Rights Committee，Vol.Ⅱ，GAOR，45th Session，Supplement N.40（1990），Annex Ⅰ，para.13（p）.

确的界限，所有联合国的人权文件都没有对"残忍、不人道或有辱人格待遇或处罚"作出定义。正如人权事务委员会所指出的："明确地区分各种被禁止的待遇或惩罚或许是不必要的，这些差别视某一种特定待遇的种类、目的或严厉的程度而定。"①可以看出判断缔约国施行的是酷刑还是残忍、不人道或有辱人格的待遇或处罚，"最终而言都是主观的，因而不是一成不变的，实际上，这种界定只能通过参考不断变化的'公共秩序'概念才能做出"②。酷刑造成一个人肉体或精神上的剧烈疼痛或痛苦，乃是为了诸如逼取情报或供认，或是惩罚、恐吓或歧视该人。其他行为可能不被认为是酷刑，但根据种类、目的和剧烈程度的不同而分别被认为是残忍的、不人道的或有辱人格的待遇；在这些情况中，施加了某种最起码的疼痛或痛苦为必要条件。由于社会多种因素的影响，对某一酷刑的剧烈程度认识是不一样的。这只能在每一特定的案件中，通过仔细地平衡考虑各种情况，包括受害者自身对疼痛的忍受能力，才能得到确认。欧洲人权法院对每一种广义的酷刑把握的限度是相对的，它取决于这一案件的所有情节如待遇状况、身体或精神因素等；某些案件中，还包括性的因素、受害人的年龄和健康等。之所以使用"等"这一字眼，欧洲人权法院的法官强调那是因为"列举"不可能穷尽所有情节。③

如何根据造成痛苦的剧烈程度从残忍和不人道待遇中将酷刑划分出来？目前国际社会尚无关于严重程度的绝对标尺，但相对标尺是有的。例如：极为恶劣的拘禁条件也可能构成不人道待遇。比如，受冻、极少的食物、持续地受到灯光照射等。有辱人格的待遇是最低程度。此种情况中所施加的痛苦的剧烈程度得低于受害者受到的侮辱。欧洲人权委员会认为：有辱人格的待遇是一种折磨，它使被害人产生恐惧、极度痛苦或使他感到自卑，如让他自

---

① Birindwa and Etienne v.Zaire, Report of the Human Rights Committee, Vol.II, GAOR, 45th Session, Supplement N.40（1990），Annex I, para.13（p）.

② [奥]曼弗雷德·诺瓦克.民权公约评注：联合国《公民权利和政治权利国际公约》（上、下册）[M].毕小青，孙世彦，译.北京：生活·读书·新知三联书店，2003：130.

③ 屈学武.反酷刑公约及中国反酷刑述论[J].中国刑事法杂志，2002（1）：113-126.

己或在其他人面前感到羞辱或贬低他，最后摧毁他身体或道德的抵抗力。① 如：监狱管教人员用侮辱不同种族的象征物使被关押人员感到被羞辱②，警察或公职人员迫使被羁押的人穿肮脏的衣服。③ 不人道或残忍的对待包括因为缺少基本因素而够不上酷刑等级的、对被害人所施加的、造成严重痛苦的所有形式的行为。④

联合国人权事务委员会认为：以惩罚相威胁被迫蒙眼站立 35 小时和强迫进行精神病的检查，如果给受害者的健康造成了永久性的损害，都应属于不人道的待遇范畴。⑤ 在"Conteris v. Uruguay"案中，人权事务委员会指出，在监狱中发生的某些意在羞辱犯人并使他们感觉不安全的任意的监禁行为，如反复地单独禁闭等构成了《公民权利和政治权利公约》第 7 条规定的有辱人格的待遇。欧洲人权法院认为下面一些情况构成不人道的待遇：监禁中的虐待；在被提议的目的地国存在一种不人道待遇的真实风险情况下的驱逐出境或者引渡；由未能展开对某种失踪的适当调查所引起的焦虑；以及对个人财产的破坏。⑥

欧洲人权法院在"Aksoy v.Turkey"案中首次认定一国犯有酷刑罪。该申诉者曾经被剥光衣服，双臂在背后被绑在一起，然后从双臂处被吊起来——这被称作"巴勒斯坦式悬吊"。人权法院认为：这种形式的待遇当初肯定是故意施加的，而且属于这样一种严重而残忍的性质以至于只能被描述为酷刑。⑦

---

① Court of Human Rights，Tyrer judgement of 25 April 1978；Campbell and Cosans judgement of 25 February 1982.

② European Commission of Human Rights，case of Hilton v. United Kingdom，5 March 1996.

③ European Commission of Human Rights，case of Hurtado v. Switzerland，report of 8 July 1993.

④ Manfred Nowak，U.N.Covenant on Civil and Political Rights-CCPR Commentary，1993：131.

⑤ Soriano de Bouton v. Uruguay，No. 37 /1978.

⑥ [英]克莱尔·奥维，罗宾·怀特.欧洲人权法[M].何志鹏，孙璐，译.北京：北京大学出版社，2006：87-88.

⑦ Aksoy v.Turkey（App. 21987 /93），Judgement of18 December1996；（1997）23 EHRR 553，判决第 64 段.

在"Selmouni v. France"案中,酷刑的行为性质得到了更为鲜明的体现。该案涉及在法国对被怀疑卷入毒品买卖的一些人的虐待。有关申诉者在若干日子里遭到严重殴打;被迫沿着一条走廊跑步,同时两边都有警察绊他的脚使其摔倒;被人尿在身上;还被用喷灯和注射器来威胁。人权法院一致认定:上述肉体和精神暴力从整体上考虑,造成了特别严重而残忍的剧烈痛苦,被恰当地定性为酷刑。①

有辱人格的待遇是对《禁止酷刑公约》第 7 条最低程度的违反。此种情况中所施加的痛苦的剧烈程度的重要性不如受害者受到的侮辱,而不论该侮辱是其他人认为如此,还是受害者自己这样看。奥地利宪法法院一贯认为,如果某一待遇被定性为"影响人的尊严的、对受害者作为一个人的极度漠视",则该待遇是有辱人格的。② 在此,关键之点同样是个案的具体情况和相称性的原则,尤其是对女性囚犯的案件中,对囚犯受到特别的羞辱,包括赤身裸体等,通常被认为是有辱人格的待遇。

目前人权事务委员会、禁止酷刑委员会采取聘请医生对酷刑受害者进行鉴定或进行咨询是很有效的。而人权事务委员会只是在很少案件中将某些具体的待遇定性为酷刑、残忍或侮辱性的,在大部分案件中人权事务委员会仅作出违反了《公民权利和政治权利公约》第 7 条中有辱人格待遇的判定。

三、其他残忍的、不人道的或有辱人格的惩罚

因为所有的惩罚都包含着羞辱,也许还有不人道的因素,所以某一惩罚还必须具有一种残忍、不人道或有辱人格的构成要素,才能视为对《禁止酷刑公约》第 7 条的违反。例如上枷锁或杖刑的惩罚至少构成有辱人格的待遇,但是显然死刑以及终身监禁或单独禁闭不能被认为是违反。另外,公开处决包含了现在被认为是违反《禁止酷刑公约》第 7 条的有辱人格的因素。严厉

---

① Selmouni v. France(App. 25803 /94),Judgement of 28 July 1999;(2000)29 EHRR 403,判决第 101 段。

② [奥] 曼弗雷德·诺瓦克.民权公约评注:联合国《公民权利和政治权利国际公约》(上、下册) [M].毕小青,孙世彦,译.北京:生活·读书·新知三联书店,2003.

的肉刑，例如砍断肢体、阉割、绝育、剜眼等，毫无疑问属于其他残忍的、不人道的或有辱人格的惩罚。特别是以恶性方式执行死刑比如以石头打死或车裂，酷刑的要素已经具备。

要注意监禁可能成为一种变相的酷刑形式。如果是依法监禁的所导致的痛苦不存在这个问题，如果是非法监禁，那么就应当视为酷刑。不同国家有不同的法律文化传统、价值观、社会现实等，以及不同的法律体制，不能仅仅以不同来判断一个国家的刑事制裁行为是否属于酷刑。国际社会需要对这种行为是否属于酷刑进行深入调查判断，因为在法律制裁方面没有国际社会的完全一致的标准。

四、未经自由同意的医学或科学实验

根据《公民权利和政治权利公约》第7条，未经本人自由同意不得对任何人进行医学实验，将《世界人权宣言》第5条转为具有约束力的条约义务。"该条规定的意图在于对纳粹集中营的暴行作出反应。""以禁止第三帝国对无抵抗能力的受害者施行的医学实验重演的必要性达成了共识。"按照人权事务委员会的理解，设立本条的目的，既是为了保护个人的人格尊严，也是为了保护个人的肉体和精神健康；不仅保护受到任何形式逮捕、拘留和监禁的人，也要保护一般公众，这一点特别与教育机构中的儿童、学生和病人有关。"未经本人自由同意"表明：所涉及的人必须明确表示同意，而且此种同意是在没有外部压力的情况下作出的。在任何情况下，对实验作出的同意，都可以在任何时候撤回。[①]

《公民权利和政治权利公约》特别附加："禁止未经本人同意而对任何人进行医学或科学实验的内容。"联合国人权事务委员会认为包含两层含义：①医药或科学实验必须是经过本人的自由同意；②不能进行自由表达的人不得对其进行实验。也就是对于不能自由表达的人和处于任何形式拘留或监禁的人，不得进行任何有损健康的医学或科学实验，这对于这两类人来说尤其重要。

---

① [奥]曼弗雷德·诺瓦克.民权公约评注：联合国《公民权利和政治权利国际公约》（上、下册）[M].毕小青，孙世彦，译.北京：生活·读书·新知三联书店，2003.

1988年联合国的《保护所有遭受任何形式拘留或监禁的人的原则》第22条规定:"即使被拘留人或被监禁人同意也不得对其做任何可能有损其健康的医学或科学实验。"但是,强制性的诊断或诊治措施,诸如抽取血样以测定驾车者血液中的酒精含量或测定是否怀孕,对精神病患者、吸毒上瘾者的强行治疗,不应定性为上述意义的"实验"。

日内瓦"四公约"规定:禁止对他人实施类似于酷刑或可能被视为酷刑的行为,即医学和科学实验、体罚、强奸和其他性虐待行为。这一原则在1982年联合国《医护人员特别是医生和被监禁和被拘留的人不受酷刑和其他残忍、不人道或有辱人格的待遇或处罚方面的任务的医疗道德原则》中明确:医疗人员主动或被动从事构成参与、共谋、煽动或图谋实施酷刑或其他残忍、不人道或有辱人格的行为不仅严重违反医疗道德,而且是国际法上的犯罪。

人权事务委员会在1992年的第20号一般性意见中指出:《公民权利和政治权利国际公约》第7条明确禁止不经有关个人自由同意而进行医学或科学实验。委员会注意到,关于这一点,缔约国报告所提供的资料一般相当少。应更为重视确保此规定得到遵守的必要性和方式。委员会还注意到如实验对象不能表示有效同意特别是遭受任何形式的拘留或监禁,需对此类实验加以特别防护,不得对这些人从事可能有损健康的任何医学或科学实验。1991年联合国《保护精神病人和改善精神护理的原则》规定了对精神病人进行实验需要取得本人在充分知情的基础上的同意。

可见酷刑是最严重的虐待,即指身体或精神上的剧烈疼痛或痛苦;低于酷刑的"残忍待遇或处罚"从程度上高于"不人道和有辱人格的待遇或处罚",酷刑与残忍的或有辱人格的待遇或处罚之间没有非常明确的界定标准,只能由人权机构根据具体情况来判定。因时间、场合及其受害人的不同,某些本属"残忍的待遇或惩罚"的行为可能被归结为剧烈的疼痛或痛苦,从而计入酷刑。而且,确定某种虐待是否是酷刑的标准不是一成不变的,随着时间、地点的不同及其人权观念的发展,人权标准及酷刑标准均可能随之发生变化。综上,《禁止酷刑公约》对于所有形式的酷刑予以禁止。国际社会对于联合国《禁止酷刑公约》中酷刑的概念普遍确认。而且该公约对"酷刑"含义的界定较为宽泛，在酷刑实施主体、行为目的等方面进行了合理外延，对缔约国禁止酷刑的实施具有积极而深远的意义。

第二节　与禁止酷刑有关的国家义务

明确禁止酷刑国家义务的意义，首先是有助于明确权利的含义，因为义务与权利相对应，而国家是人权的主要义务主体；其次是有助于权利在国内的实现和国际监督。个人权利被侵犯都是由各国国内法予以惩处，即使国际人权条约规定了个人可以向国际人权机构申诉的制度，但都以用尽当地救济为条件，可见国家对人权的保障起着绝对重要的作用。根据国际法，国家在国内实施的义务，是使其管辖下的个人得以实现禁止酷刑，国家履行公约仅仅依靠宪法性或法律性的行为是不够的。国家的义务是采取适当的，确有必要的立法、司法或行政措施。国家义务的三个层次，即尊重、保护和履行，即国家必须愿意审查自己的行为、修订错误，防止新的错误，以及监督权利的行使。以联合国《禁止酷刑公约》为依据，国家的义务可分为消极义务与积极义务，消极义务要求国家不得限制和剥夺；积极义务要求国家采取措施禁止某些行为，确保禁止酷刑的实现。因此与禁止酷刑有关的国家义务主要有以下两个方面的内容。

一、尊重禁止酷刑

缔约国尊重的义务也就是通常意义上的不作为的消极义务，是指国家不得侵犯或干涉公民享有的免受酷刑基本权利。就禁止酷刑而言，尊重义务对国家的要求是不得采取或鼓励采取酷刑，属于禁止酷刑的国家消极的义务。其具体内容有以下几个方面。

（一）不引渡可能受酷刑者的义务

人权事务委员会指出："缔约国不得通过引渡、驱逐或推回等手段使个人返回到另一个国家，使其遭受酷刑或残忍、不人道或侮辱性待遇或惩罚的危险。"不引渡的义务也具有积极的性质，如要求国家在引渡法或双边引渡条约中规定此种条款，以"防止"请求引渡人在他国被施以酷刑。防止酷刑危险是禁止酷刑的一部分，因此，如果某人在一国管辖范围内，缔约国有义务保证该国境内的某人不被引渡到可能遭受酷刑的国家。塔皮亚·佩伊兹诉瑞典案就涉及这个问题。在该案中，瑞典移民当局基于1951年《关于难民地位的公约》第1条第6款的排除条款，拒绝寻求避难者入境。对此禁止酷刑委员会认为："无论何时存在充分理由相信如将某个人驱逐至另一国将有遭受酷刑的危险，有关缔约国都有义务不将该人遣返至该国。"①

（二）国家不得克减关于禁止酷刑的义务

联合国人权条约在规定了义务的同时，也允许缔约国在某些情况下可以对某些义务进行减免。克减（derogation）是指减免合同或条约某方面的义务。在社会紧急状态、国家危难和战争等局势下②，一个国家可能难以履行其国际义务。在这种局势下，平时可能认为是违反所缔结的条约的某些作为或不作为可以因为该特殊的情形而被暂时接受，即克减条款允许国家在某些情形下单方面决定不履行国际条约义务。其所追求的价值是在个人权利和非正常情形下的社会需求之间寻求平衡。

但是，并不是所有的权利和义务都可被克减。国际条约中所有的克减条款都列举了即使在战时或其他紧急状态下也不得中止的某些特定的基本权利。尽管国际条约没有建立一个完全相同的关于不得克减的权利的项目表，但每一条约都禁止对类似权利的中止。《公民权利和政治权利国际公约》中规定的不得克减的权利包括：生命权（第6条）；禁止酷刑（第7条）；禁止奴役和强迫劳役（第8条第1款和第2款）；禁止因欠债而被监禁（第15条）；禁止有溯及力的刑罚（第15条）；被承认在法律前的人格（第16条）；思想、良心和宗教自由（第18条）。这些涉及的权利被称为"不得克减的权利"。通

---

① M 克耶若姆，L 伊尔凯尔，任进. 国际禁止酷刑工作的新动向[J]. 环球法律评论，2001（8）：355-365.

② 通常认为危及国家生存的社会紧急状态包括：国家危难、通常的战争以及国内困境，如社会动乱、颠覆活动、故意损坏他人或公共财产的行为、游击战争、种族冲突和恐怖主义等。

常不可克减的权利就是基本的需要和利益的权利。不可克减的权利所确定的紧急状态下人权的最低标准对于克减权利设置了明确的界限，这样就使得公民的权利和自由不受政府的约束。对不得克减的权利的保护在紧急状态和战时可能比和平时期更为重要。

许多国际人权条约都有关于克减的规定。《欧洲人权公约》第17条规定："本公约不得解释为暗示任何国家、团体或个人有权从事任何活动或实行任何行动，其目的在于损害本公约规定的任何权利和自由。"但是第15条允许在"战时或遇有威胁国家生存的紧急时期"采取有损公约所规定义务的措施。但第2条除因合法的战争行为导致的死亡、第3条酷刑和非人道的惩罚、第4条奴役、第7条不溯及既往的惩罚的规定等都不能克减。还例如联合国《儿童权利公约》，由于其特殊性，要求缔约国在任何情况下都不能克减。

《禁止酷刑公约》第2条规定："任何特殊情况，不论为战争状态、战争威胁、国内政局动荡或任何其他社会紧急状态，均不得援引为施行酷刑的理由。"该规定体现禁止酷刑法律文件的效力等级高于其他条约甚至普通的国际惯例。禁止酷刑不得减损的国际地位源自其所维护权利的性质，人的生命、健康、尊严是人权的绝对价值，因此任何国家、地区或特殊习惯都不得以任何形式对其背离或损抑。这意味着缔约国家必须毫无例外地对此原则享有法律利益，违反该义务即是对他国的权利侵犯。

无论肉体的还是精神的酷刑，都无一例外地在竭尽所能地制造恐惧，通过恐惧去摧毁个体的尊严与人格，从而达到统治、审讯等目的。因此，无论在任何情况下，无论以任何名义，酷刑都是非法的、不义的。《禁止酷刑公约》对"战争状态、战争威胁、国内政局动荡或任何其他社会紧急状态"只是列举性的，没有穷尽的，因为在任何状态下酷刑都是绝对禁止的。国家在国际人权条约下所承担的条约义务是有限的，一些国际人权条约规定了在"社会紧急状态"下，国家可以克减其条约下的义务。禁止酷刑是人权的核心，所以在人权的国际文件中都被确立为不可克减的权利。在紧急情况下，利用通过酷刑获得的信息来防止严重事件本身是极其危险的。酷刑是对人权的侵犯，而且紧急情况或时间紧迫性不能成为侵犯人权的理由。禁止酷刑委员会指出这种"特殊情况"包括了"任何恐怖主义行动或暴力犯罪的威胁以及国际性或非国际性的武装冲突"。

根据《公民权利和政治权利国际公约》第4条第3款的规定，当一个国家宣布紧急状态后，"任何援用克减权的本公约缔约国应立即经由联合国秘书长将它已克减的各项规定、实行克减的理由和终止这种克减的日期通知本公约的其他缔约国家"。据此，公约的成员国有权知悉其他成员国实施紧急状态的有关情况。联合国人权事务委员会认为：即使出现《禁止酷刑公约》第4条所指的诸如公共紧急状态，仍不得克减第7条的规定，其规定仍有效。委员会还指出，不得以任何理由，包括以执行上级军官或公共机构的命令为理由，为违反第7条的行为开脱或试图减轻罪责。

1979年联合国通过的《执法人员行为守则》第5条指出："执法人员不得施加、唆使或容许任何酷刑行为或其他残忍、不人道或有辱人格的待遇或处罚，也不得以上级命令或非常情况，例如战争状态或战争威胁、对国家安全的威胁、国内政局不稳定或任何其他紧急状态，作为施行酷刑或其他残忍、不人道或有辱人格的待遇或处罚的理由。"

对于这个问题欧洲人权法院也曾发表过意见，在 Tomasi 案（1992年8月27日）的判决第1段有如下表述："……本院认定：侦查工作的需要以及不可否认的与犯罪作斗争的困难，特别是针对恐怖主义犯罪时面对的困难，都不能导致对个人人身安全的保护加以限制。"禁止酷刑是联合国所确定的最基本的刑事司法权力，包括侦查目的等都不得成为酷刑理由。

酷刑和其他残忍、不人道或有辱人格的待遇或处罚已经成为国际法现有禁止性规定所规范的对象。也就是说，禁止酷刑和其他残忍、不人道或有辱人格的待遇或处罚已成为一般国际法的准则，无论某一国家是否有禁止酷刑和其他残忍、不人道或有辱人格的待遇或处罚的明确规定的条约的缔约国，在任何情景下都禁止酷刑和其他残忍、不人道或有辱人格的待遇或处罚。酷刑和其他残忍、不人道或有辱人格的待遇或处罚的禁止是一种强行法规范或不容违反的一般国际法规定；是一种被整个国际社会接受并承认为不容克减、只能通过后来制定的具有相同性质的一般国际法规范加以修改的规范。

国家禁止酷刑不得克减，强化国家禁止酷刑的义务，排除了任何实施酷刑的理由，保证禁止酷刑的落实，换言之，在任何关键时刻，例如在战争、恐怖主义、紧急状态等情况下，缔约国都不得实施酷刑。

二、保证禁止酷刑

保障的义务是指国家防止和阻止他人对个人禁止酷刑的侵害，这种保障义务不仅限于自由法时代国家的消极义务，而且要求国家承担确保充分实现禁止酷刑的积极义务。现代法治国家的基本义务就是尊重和保护所有人的尊严和财产安全。政府在行使一定的权力时，最基本的理念是保障所有人的基本人权。因此国家还必须承担保障法律中规定的人权免受任何侵犯的义务。缔约国保障义务从广义上判断是国家是否向酷刑的受害者进行有效的司法救济，即"有权利，必有救济"的罗马法原则。包括缔约国对禁止酷刑进行立法、对禁止酷刑在司法上惩处、对执法人员进行禁止酷刑教育与培训。在缔约国所有义务中，积极义务是最核心的任务。积极义务的内容具体体现为以下几个方面。

（一）防止酷刑的义务

《禁止酷刑公约》第 2 条第 1 款规定："每一缔约国应采取有效的立法、行政、司法或其他措施，防止在其管辖的任何领土内出现酷刑的行为。"第 4 条规定："（1）每一缔约国应保证将一切酷刑行为定为刑事罪行。该项规定也应适用于施行酷刑的企图以及任何人合谋或参与酷刑的行为。（2）每一缔约国应根据上述罪行的严重程度，规定适当的惩罚。"不仅要保证公民享受到公约所规定的权利，还要保证在本领土内或管辖下的一切人享受公约所保障的权利。该条款就是公约宗旨、目的能否最终实现的关键条款。当然，任何国家都不能保证酷刑行为不出现，即使采取了所有可能的措施，酷刑和其他残忍、不人道或有辱人格的待遇仍然有可能发生。《禁止酷刑公约》缔约国如已采取积极立法、司法措施，就被判定为完成禁止酷刑的义务并取得合理结果，即视为已履行《禁止酷刑公约》规定的义务。

酷刑首先是国内法应当管辖的，但更重要的是国际罪行。除《禁止酷刑公约》第 2 条第 1 款的规定外，该公约还有多处关于预防的义务的规定。人权事务委员会在其第 20 号一般意见第 13 段中指出："缔约国在提交报告时应指出其刑法中关于惩处酷刑以及残忍、不人道和有辱人格的待遇或处罚的规定，具体阐明对从事这类行为的公共官员或代表国家的其他人或私人一律适用的处罚规定。不管是怂恿、下令、容忍违禁行为，还是实际从事违禁行为，凡违反第 7 条者均需承担罪责。因此，不得处罚或恶待拒绝执行命令者。"

《禁止酷刑公约》第 6 条规定："任何缔约国管辖的领土内如有被控犯有第 4 条所述罪行的人，该国应于审查所获情报后确认根据情况有此必要时，将此人拘留，或采取其他法律措施确保此人留在当地。"对于酷刑犯罪人或者行为在其领土内或者具有该国国籍，缔约国就可以依据国籍管辖权及领土管辖权进行管辖。也就是，判断某人具有按照《禁止酷刑公约》所确定的酷刑行为，即使没有在其国籍国受到追诉，如果途经其他缔约国，都面临被追诉的可能。

（二）对酷刑调查的义务

《禁止酷刑公约》第 12 条规定只要有"适当理由"就应当进行调查，而不论有无明确的申诉或控告。首先，这种调查必须是立即进行的，因为只有立即进行调查才能使受害者不再继续遭受这类行为的侵害，同时也是因为除非酷刑、其他残忍、不人道或有辱人格的待遇或处罚所用的方式是会对受害者造成永久性影响的以外，一般这些行为所留下的可查痕迹很快就会消失，一旦消失，那么调查就将无从进行。① 当然这种调查也必须是公正的。调查之所以被作为缔约国的一项重要义务被《禁止酷刑公约》加以规定，主要是因为在酷刑发生时，一般除了施加酷刑的人和遭受酷刑的人，基本不可能再存在其他的证人，而对是否存在酷刑的证明就要赖以羁押记录，而能够对羁押的官员和羁押记录进行调查的只有更高的国家权威机构，如果没有权威机构的调查，那么对于防止酷刑来说，就会落空。

---

① 赵珊珊.《禁止酷刑公约》研究 [D]. 北京：中国政法大学，2011.

(三) 对酷刑受害者提供司法救济的义务

《禁止酷刑公约》第 13 条规定:"每一缔约国应确保凡声称在其管辖的任何领土内遭到酷刑的个人有权向该国主管当局申诉,并由该国主管当局对其案件进行迅速而公正的审查。应采取步骤确保申诉人和证人不因提出申诉或提供证据而遭受任何虐待或恐吓。"确保酷刑受害者能够有司法救济的途径。一般情况下,国家采取的救济应该符合下列标准才是有效的:一是该救济能够给受害人一个法律上终局性的结论;二是救济程序还应该具有及时性,使受害人能在合理期限内获得救济。①

(四) 对酷刑犯罪有或引渡或起诉义务

《禁止酷刑公约》第 5 条规定:"1. 每一缔约国应采取各种必要措施,确定在下列情况下,该国对第 4 条所述的罪行有管辖权:a 这种罪行发生在其管辖的任何领土内,或在该国注册的船舶或飞机上;b 被控罪犯为该国国民;c 受害人为该国国民,而该国认为应予管辖。2. 每一缔约国也应采取必要措施,确定在下列情况下,该国对此种罪行有管辖权:被控罪犯在该国管辖的任何领土内,而该国不按第 8 条规定将其引渡至本条第 1 款所述的任何国家。3. 本公约不排除按照国内法行使的任何刑事管辖权。"

第 7 条规定:"1. 缔约国如在其管辖领土内发现有被控犯有第 4 条所述任何罪行的人,在第 5 条所指的情况下,如不进行引渡,则应将该案提交主管当局以便起诉。2. 主管当局应根据该国法律,以审理情节严重的任何普通犯罪案件的同样方式作出判决。对第 5 条第 2 款所指的情况,起诉和定罪所需证据的标准决不应宽于第 5 条第 1 款所指情况适用的标准。"也就是《禁止酷刑公约》的缔约国有权利而且有义务对发生在本国之外的酷刑案件行使管辖权。虽然国家对于酷刑有普遍管辖权,但是为了避免犯有酷刑罪行的人因政治原因而逃避处罚,因此又确立了或引渡或起诉义务。缔约国对在其领土外实施的酷刑具有普遍管辖权,但为了防止酷刑行为人因政治原因而不引渡,从而使其逃避应有的惩罚,因此,缔约国确定或引渡或起诉的义务。可以看

---

① 刘洪波. 人权的国际保护 [C]// 人权研究(第 2 卷). 济南:山东人民出版社,2002:501.

出,酷刑作为一种严重罪行,酷刑犯罪中的政治原因不构成引渡的例外。

(五)对酷刑受害者有进行赔偿的义务

《禁止酷刑公约》第 14 条规定:"1. 每一缔约国应在其法律体制内确保酷刑受害者得到补偿,并享有获得公平和充分赔偿的强制执行权利,其中包括尽量使其完全复原。如果受害者因受酷刑而死亡,其受抚养人应有获得赔偿的权利。2. 本条任何规定均不影响受害者或其他人根据国家法律可能获得赔偿的任何权利。"该条规定了缔约国对酷刑的受害者有进行积极的赔偿的义务。禁止酷刑委员会指出:赔偿应当包括归还、赔偿以及复原受害者的损失,并采取有效措施确保该酷刑行为不再发生,这种赔偿也包括对其他残忍、不人道或有辱人格的待遇或处罚。①

1985 年联合国大会通过了《为犯罪和滥用职权行为受害者确定公理的基本原则宣言》,倡议各国政府和国际社会确保犯罪和滥用职权行为的受害者享有公正和救济权利。但国际人权公约没有具体列出救济的措施和范围,救济的有效性取决于具体案件。一般情况下,国家采取的救济应该符合下列标准才是有效的:一是该救济能够给受害人一个法律上终局性的结论;二是救济程序还应该具有及时性,使受害人能在合理期限内获得救济。②

(六)排除以酷刑取得的口供的义务

《禁止酷刑宣言》第 12 条规定:"如经证实是因为受酷刑或其他残忍、不人道或有辱人格的待遇或处罚而作的供词,不得在任何诉讼中援引为指控有关的人或任何其他人的证据。"《禁止酷刑公约》第 15 条规定:"每一缔约国应确保在任何诉讼程序中,不得援引任何业经确定系以酷刑取得的口供为证据,但这类口供可用作被控施用酷刑者刑讯逼供的证据。"这就是缔约国排除以酷刑取得的口供的义务,即缔约国通过酷刑取得的口供,应当在任何诉讼程序特别是在刑事诉讼程序中排除使用,但可以用来证明酷刑的存在。虽然这种排除仅限于以酷刑取得的证据,在内容上要比许多国家的非法证据排除

---

① 陈卫东. 中欧遏制酷刑比较研究 [M]. 北京:北京大学出版社,2008:187-188.
② 徐爽,江婉.《禁止酷刑公约》:"法制文明进步的一个标尺"[J]. 人权,2016(1):141-145.

规则窄得多，但这种排除是绝对的。《禁止酷刑公约》确定的非法证据排除规则是最低限度标准，缔约国不得低于联合国的最低标准。排除以酷刑取得口供规则，能够有效地阻止酷刑的发生，是缔约国保障禁止酷刑应遵守的基本行为准则，是对禁止酷刑国际标准的保障的最低限度的要求。该规则早已是司法文明国家的基本诉讼规则。

（七）不推回义务

1951年的《关于难民地位的公约》规定了对难民权益的保护，不得将难民驱逐或遣送至对其有危险的国家。第33条规定："（1）任何缔约国不得以任何方式将难民驱逐或送回（推回）至其生命或自由因为他的种族、宗教、国籍、参加某一社会团体或具有某种政治见解而受威胁的领土边界。（2）但如有正当理由认为难民足以危害所在国的安全，或者难民已被确定判决认为犯过特别严重罪行从而构成对该国社会的危险，则该难民不得要求本条规定的利益。"后逐步扩展到其他人权的保护，特别是防止罪犯可能遭受酷刑或非人道、有辱人格待遇的风险。但是《欧洲人权公约》既没有包含庇护的权利，也没有规定"不推回"的原则。《禁止酷刑公约》第3条第1款规定，如有充分理由相信任何人在另一国家将有遭受酷刑的危险时，任何缔约国不得将该人驱逐、推回或引渡到该国。可见1951年《关于难民地位的公约》的第33条和《禁止酷刑公约》的第3条中"禁止推回"的原则，是国际习惯法的一部分。《禁止酷刑公约》第3条的规定为缔约国设定了这样一种消极义务，即当驱逐或引渡会为第三国施行酷刑或不人道待遇创造方便条件时，前者应避免驱逐或引渡。如果《欧洲人权公约》的某缔约国漠视这一义务，它就违反了《禁止酷刑公约》的禁止酷刑的义务，尽管不是直接地违反。

《禁止酷刑公约》规定的不推回原则更为广泛。因为《关于难民地位的公约》允许国家可以以国家安全为由，对难民不遣返原则作出例外规定，而《禁止酷刑公约》没有作出这种例外规定。《禁止酷刑公约》的这条规定也只限定在酷刑中，而没有把它扩展到其他残忍、不人道或有辱人格的待遇或处罚中。可以这样认为：缔约国不得通过引渡、驱逐或推回等手段使个人返回到另一国家，使其遭受酷刑或残忍、不人道或侮辱性待遇或惩罚的危险。

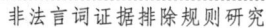

三、禁止医学或科学试验

酷刑严重侵犯了公民的身体健康与尊严完整，任何人在任何区域都应当拥有免受酷刑这一绝对权利，如果有充分理由相信某人在另一个国家有遭受酷刑的危险时，任何《禁止酷刑公约》的缔约国不得将其驱逐或引渡到该国，这是禁止酷刑的不推回原则。《禁止酷刑公约》中的不推回原则提供了更为宽泛的保护，无论何种原因均不能转交、驱逐、遣返或引渡至另一个可能遭受酷刑危险的国家，即如果缔约国存在酷刑，那么当犯罪嫌疑人离开后，缔约国就有可能没有管辖权了。禁止酷刑委员会1997年第317次会议通过了第1号一般性意见作为各缔约国和撰文人的指导。意见指出：

（1）第3条仅适用于有充足理由认为撰文人可能遭受《禁止酷刑公约》第1条定义的酷刑的案件。

（2）委员会认为，第3条中的"另一国家"指所涉个人正在被驱逐、遣返或引渡的国家以及撰文人今后可能被驱逐、遣返或引渡的国家。

（3）根据第1条，在第3条第2款中提及的"一贯严重、公然、大规模侵犯人权情况"的标准，仅指由公职人员或以官方身份行事的其他人施行或煽动或认可或默许的侵犯人权情况。

（4）委员会认为，撰文人有责任遵守委员会《议事规则》规则的各项要求，提出表面上证据确凿的案情，以便委员会根据《禁止酷刑公约》第22条受理其来文。

（5）就根据《禁止酷刑公约》第3条确定一个案件的事实依据而言，撰文人有责任提出可以论证的案件。也就是说，撰文人的立场必须有充足的事实依据，才能要求缔约国作出答复。

（6）铭记缔约国和委员会有义务评估是否有充足理由认为撰文人如被驱逐、遣返或引渡可能遭受酷刑，在评估遭受酷刑的危险时，绝不能仅仅依据理论或怀疑。但是，不必证明这种危险极有可能发生。

（7）撰文人必须证明自己可能遭受酷刑，这样认为的理由如所述的那样充足，这种危险是针对个人的，而且切实存在。双方均可以就此事提出一切有关资料。根据公约的这条规定，酷刑问题可能影响到国家之间的刑事司法国际合作，一些刑事犯罪的嫌疑人逃到国外后，也可能以其本国发生过酷刑为借口拒绝被引渡回国，从而意图逃避惩处。

但是，缔约国应确定是否确实存在拒绝引渡的事实。如果酷刑逼供或其他侵犯人权的行为程度较低，或者非普遍性，嫌疑人不得以不推回义务而拒绝引渡。因为酷刑在许多国家可能偶尔发生，如果只在某些轻微情况下使用，妨碍缔约国刑事司法领域开展国际合作，这将不利于实现正义，甚至不利于国家间的关系。因此，如果以请求国存在酷刑为由拒绝引渡，必须提交证据，证明请求国有遭受酷刑的危险。

关于犯罪嫌疑人举证，禁止酷刑委员会认为所需资料有以下："是否有证据表明所涉国家是一个一贯严重、公然或大规模侵犯人权的国家。撰文人是否曾遭受公职人员或以官方身份行事的人施行或煽动或认可或默许的酷刑或虐待？是否有医疗证据或其独立证据证明撰文人关于曾遭受酷刑或虐待的指控？酷刑是否有后遗症？境内人权状况是否已发生变化？撰文人是否在所涉国家境内外从事政治活动或其他活动，使得他（她）如被驱逐、遣返或引渡到该国，特别容易遭受酷刑？是否有任何证据证明撰文人是可信的？撰文人的指控中是否存在与事实不符的情况？如果存在，是否有重大关系等。"可以看出不推回义务对酷刑行为具有很强的预防性，对禁止酷刑具有主动保护的效果，缔约国可保护个人免遭可能酷刑的危险。

四、促进禁止酷刑

促进义务是指缔约国有义务采取某些措施，主动促进全面实现禁止酷刑的人权。这需要国家"积极参与"，也就是说，国家采取一切可能的措施来保障和促进实现禁止酷刑的义务。《禁止酷刑公约》第10条和第11条强调对可能参与拘留、审讯或处理遭到任何形式的逮捕、扣押的民事或军事执法人员、医务人员及其他人员的培训。执法人员对禁止酷刑和其他残忍、不人道或有辱人格的待遇和处罚的接受程度与禁止酷刑的发生有着密切的关系。禁止酷刑委员会和人权事务委员会都重视缔约国的相关培训工作。对执法人员培训有良好效果的如丹麦、芬兰等北欧国家。丹麦警察培训的内容包括《公民权利和政治权利国际公约》《禁止酷刑公约》和《欧洲人权公约》等国际人权文件。

　　缔约国禁止酷刑的义务主要由以上四种组成，相互补充，构成国家基本的禁止酷刑的体系。要求缔约国采取有效措施遏制酷刑：缔约国应将酷刑在国内法中确定为犯罪行为并对其要施以相适应的刑罚；缔约国承担着如果某人在一国可能遭受酷刑则不得将其驱逐、遣返或引渡到这一国家的义务；缔约国应对酷刑进行调查，而不论是否基于公民的申诉；缔约国应对负责羁押、审讯或看管被羁押人的执法人员、医疗人员以及其他人员，就反酷刑或虐待问题进行培训；缔约国应对酷刑受害者进行合理赔偿的义务。

第三章 禁止酷刑的实施

禁止酷刑的国际标准的实际作用一方面取决于这些标准获得通过并为各国普遍接受,另一方面则取决于这些标准得到全面、充分而有效的实施。就禁止酷刑的国际标准的实施而言,各国的国内实施无疑起着决定性的作用,为促使各国的国内实施而设置的国际实施监督机制也可发挥直接影响和重要作用。

第一节 禁止酷刑的国内实施

"条约必须遵守",是一项古老的习惯法原则,更是现代国际法所确立的一项基本原则。1969 年《维也纳条约法公约》[①] 第 26 条规定:"凡现行有效之条约对各当事方均有拘束力,必须由其善意履行。"该公约第 27 条规定:"一当事方不得援引其国内法规定为理由而不履行条约。"国家签署或者加入国际条约,就应在国内采取相应的立法、行政、司法和其他措施履行其国际义务。国际法的遵守主要依赖于国家的国内实施,缔约国国内措施对缔约国义务的履行起着决定性作用。国际法和国内法是两个不同的法律体系,国家是国内法的制定者和国际法的参与者,因此,各国在制定国家立法时应考虑到所参加的国际法的条约义务,在参加国际条约时也必须考虑到国内法的规定。虽然国际法在一个国家国内适用的方式是该国法律规定的事项,但其结果则影

---

① 《维也纳条约法公约》1969 年签订于维也纳,1980 年生效。中国于 1997 年 5 月 9 日递交加入书,同年 10 月 3 日生效。

响该国在国际法上的地位。国际法对国家设定义务和给予权利。就权利而言，各国有选择是否完全行使它们的权利的自由，如果国家不行使这些权利，这种不行使与国际法无关。然而，就国际义务而言，国际法要求国家履行它的义务，如果不履行，国家就要负责。从国际法的观点，各国对于它们自己如何在国内履行它们的国际义务的方式是自由的，在直接接受和适用国际法或将国际法通过制定法而转化为国内法两者之间加以选择，是没有什么关系的，正如在立法、普通法或行政行动之间选择使国际义务有效的方法，也是没有什么关系的。这些是每个国家按照其自己的宪法实践自己作出决定的事项。国内法通常被认为是适用国际法必须参照的事实，而不是作为法律规则在国际上应予适用的规则。

然而，在大多数国家内，对于与国际法相抵触的国内法，国内法院必须作为法律予以适用，国内法院本身无权修改国内法，使其满足国际法的要求。但在国际上，这样的法律是不能对其他国家适用的，其他国家的权利和义务首先是由国际法所决定的，而不是由另一国家的国内法所决定的，而且其他国家有权在该法律与国际法相抵触的限度内置该法律以及该法律所要产生的后果于不顾。进而言之，如果一个国家的国内法律妨碍该国履行国际义务，这样的国际义务的不履行是该国应为此在国际法上承担责任的问题。现在国际社会已经确立的原则：一个被控有违反国际义务行为的国家，在国际法上不能有效地主张下述的辩护理由，即该国由于它的国内法有瑕疵或包含有与国际法相抵触的规则而不能履行这些国际义务；这一点同样适用于一个国家主张它由于在当时情况下不能满足某种法律或宪法要求或者会引起严重的实际或政治困难而不能对它的法律做必要的变动。义务是国家的义务，国家的一个机关，如国会或法院，不执行国家的义务，是不能由该国援引为不履行其国际义务的理由的。

国际条约如何在国内适用，在实施方式上国家是有自由选择权的。国家所签署或者加入的国际条约经过法定程序在国际法中具有效力，但并不意味着在它们所有缔约国国内生效。禁止酷刑国际标准在国内有效实施的前提是《禁止酷刑公约》与国内法的高度契合。一般来说，具有国际法律效力的国际人权标准应在各个缔约国的国内法律直接和立即生效，从而使得个人在国内法院寻求实现自己的权利，但是用尽当地救济的原则，保证了国内救济的优先性，《禁止酷刑公约》未规定国内法实施应采取的具体方法。同时，还要注意到《禁止酷刑公约》也没有任何条款要求缔约国将其全面纳入国内法或给予公约在国内法中任何特殊地位。因此，赋予公约规定的权利在国内法上的效力的确切做法是各缔约国自主决定的事项。各缔约国所采取的方法是多种多样的。有些国家并未采取任何具体的措施。在那些已经采取措施的国家中，有的国家通过补充或修正现行的国内立法将《禁止酷刑公约》转化为国内法，而不援用《禁止酷刑公约》的具体规定。其他国家则直接将《禁止酷刑公约》采纳或纳入国内法，由此《禁止酷刑公约》的条款被原封不动地保留了下来，并被赋予在国内法律制度中的正式效力。通常的做法是通过宪法规定给予《禁止酷刑公约》以高于任何不相一致的国内立法的优先效力。各缔约国实施的方式在很大程度上取决于其国内法律制度中规定的实施条约的一般方式。

对于国际法在国内的具体实施方式，从缔约国不同的法律实践中主要可归纳为两类比较典型的模式：一是转换（individual transformation）方式，这种方式是指国际条约在国内发生效力的前提是国际条约在本质上不能直接适用于国内，必须由国家通过单独立法来实施国际条约，也就是经过国内专门的立法使其具有国内法效力，即将条约吸收为国内法的方式。这种立法活动可能是立法行为，也可能是国际条约颁布或其他宪法程序。采用这一方式的国家主要有英国、英联邦国家、爱尔兰及北欧国家等。另一类是自动纳入（automaticin corporating）方式，即国家一旦缔结或加入某一国际条约，该国际条约便自动地成为国内法的一部分，对该国生效，成为一项在国际法上具有约束力的国际法律义务，成为该国法律体系的一部分，从而无须转化即可在国内法中直接适用，采用这一方式的国家通常在宪法中予以明确规定，如美国、奥地利、法国、荷兰、日本等。而在采用自动纳入方式的一些国家中，国际条约又常常被分为自动执行国际条约（self-executing treaty）和非自动执行国际条约（non-self-executing treaty）两种类型。自动执行国际条约是指可以在国内法体系中无须求助于国内立法即可实施的国际条约；非自动执行国际条约是指在国内发生效力之前要求制定使其能够实施的法令的国际条约。如《日本宪法》第98条规定："日本缔结的条约以及确立的国际法规，必须诚实地遵守。"原则上，条约可被解释为在没有特别程序的情况下普遍适用于国内法，但条约所载的抽象政治声明除外。1978年《秘鲁宪法》第105条规定："人权条约包含的条款具有宪法地位。其中的权利非经下列宪法修正程序不得更改。"

但对于《禁止酷刑公约》是否为自动执行条约存在争议，由于公约条款的不确定和不完整，很多国家认为《禁止酷刑公约》为"非自动执行"条约或条款。作为典型的采用纳入方式接受国际条约的国家，美国通常将条约的具体条款区分为非自动执行与自动执行两类。在其签署《禁止酷刑公约》时就认为该公约第1条至16条是非自动执行的。如果缔约国认为《禁止酷刑公约》为不直接适用，则必须采取国内立法措施。

1990年4月27日，中国代表在禁止酷刑委员会的会议上声明："关于《禁止酷刑公约》在中国的适用……该公约在中国直接生效，其所规定的犯罪在中国亦被视为国内法所规定的犯罪。该公约的具体条款在中国可以得到直接适用。"这反映出中国政府对《禁止酷刑公约》的重视。

国家对酷刑禁止的国内法措施主要是通过立法中的禁止性规定来实施的，如将酷刑定为刑事罪行、非法证据排除。另外的措施是确定了犯罪嫌疑人和被告人沉默权、不被强迫自证其罪的权利以及酷刑受害者法律救济的权利等。由于各国法律传统的不同，在具体的国内立法方式上也有不同。以将酷刑定为刑事罪行为例，有的国家如西班牙在其刑法中设立"酷刑罪"的罪名；有的国家如中国没有专门的酷刑罪，只是将酷刑定在其他罪名之下。

缔约国不仅应当在立法上禁止酷刑，而且应在行政和司法上采取措施防止酷刑的发生。行政措施主要是对执法人员进行与酷刑相关的培训。缔约国禁止酷刑的国内司法措施主要是保证司法措施的透明度，包括对司法人员取证方式实施同步录音录像、对被审讯人员进行身体检查以及保障监狱系统的开放；保障酷刑受害者得到充分的补偿或赔偿。这些措施都能有效地控制酷刑发生。如果国际条约是有效缔结的，对缔约国具有约束力，也就是说，它的规定成为各缔约国有义务遵守的规则。遵守条约的缔约国的国内各机关都有义务遵守其规定。而除立法机关以外的其他国内机构必须以法律为基础采取行动，避免因条约的规定和国内法律的规定不同而产生冲突。

第二节 禁止酷刑的国际实施

国家在某个条约对其生效以后，就负有遵守和实施的法律义务，但这并不意味着国家能够自愿实际履行。为促成缔约国对人权条约的实际履行，就需要在人权条约中设置国际条约实施机制。禁止酷刑的国际标准的国际实施机制十分复杂，除《禁止酷刑公约》的机制外，还包括《公民权利和政治权利国际公约》的机制、《联合国宪章》的机制、区域人权公约的机制和其他国际人权公约的机制。《禁止酷刑公约》是联合国唯一的专门性禁止酷刑公约，本书主要以《禁止酷刑公约》为例论述禁止酷刑的国际标准的国际实施，此外也将涉及《公民权利与政治权利国际公约》机制下的酷刑的国际实施问题。

为保证《禁止酷刑公约》的有效实施，除了禁止酷刑委员会这个监督机构，还规定了缔约国报告制度、调查制度、国家间指控制度、个人来文制度等。《禁止酷刑公约》实施监督机制就是为了最大限度地禁止酷刑案件的发生。如果发生酷刑案件，应保证酷刑行为能够得到应有的惩罚和定罪，酷刑受害者能够及时、公正地获得救济。这些程序的效力在很大程度上取决于实施机制本身的特点，还要取决于有关国家与国际监督机制善意合作的政治意愿的大小。

如前文所述，联合国根据《禁止酷刑公约》第17条成立独立由10名专家组成的禁止酷刑委员会，禁止酷刑委员会与其他以联合国人权条约为基础的委员会基本相同，但它的规模在所有条约机构中最小。该机构监督公约在各国的实施情况，并于1988年在日内瓦首次召开会议。该机构采用的常设机构进行监督的方法是独立专家监督，缔约国政府代表不能直接监督。常设委员会成员应由《禁止酷刑公约》缔约国提名，并由缔约国会议选出，以个人身份选举和开展工作。成员必须品德高尚，由具有公认的专业知识和法律经验的人参与。成员的构成复杂,包括检察官、法官、律师、医生等。不同文化类型和主要法系分布与代表性也是委员会的成员构成应该考虑的。委员会成员任期一般为4年,可连选连任。委员会每年召开会议2次,每次4周。委员会经过多数缔约国成员或通过协议,可应一国的请求并根据委员会决定召开特别会议。委员会可对《禁止酷刑公约》的规定进行解释,委员会可酌情邀请各联合国专门机构、非政府组织和区域政府间组织等陈述活动的资料、文件和书面声明。委员会应向缔约国和联合国大会应提交关于其活动的年度报告。

委员会的主要活动:审议缔约国定期交送的报告(第19条);禁止酷刑委员会的首要职能是审查缔约国提交的报告,并就各国的报告作出适当的"一般性评议",然后将此评议送交报告国。在有确凿迹象显示在某一缔约国境内经常施行酷刑时进行秘密调查(第20条);假设委员会认为在某一缔约国境内经常施行酷刑,会指定一人或多人成员进行秘密调查,并立即向委员会报告。经缔约国同意,这种调查可包括访问该国。除非根据第28条,缔约国声明不承认委员会在这方面的权限,否则委员会的调查结果以及适当的意见和建议将会送交缔约国,缔约国必须提供资料,说明随后采取的措施。

委员会还要审议声称因违反本公约条款而受害的个人所送交的来文(第22条);以及审议国家的申诉(第21条)。对个人或针对另一国的申诉的审议也是任择性的,缔约国声明承认委员会有此项权利时才能进行。委员会才会把其年度报告送交《禁止酷刑公约》缔约国以及联合国大会。

缔约国承诺在《禁止酷刑公约》对其生效后一年内向委员会提交其关于为履行公约义务所采取措施的报告,并在随后每四年提交关于其所采取新措施的补充报告以及委员会可能要求的其他报告。根据第21条规定,缔约国可以送交来文声称另一缔约国没有履行公约承担的义务。禁止酷刑委员会自成立以来,推动了《禁止酷刑公约》国际标准的实施,在全世界范围有着极大的影响力。

一、缔约国报告制度

缔约国报告制度是国际人权条约机构设立的最为广泛的监督机制,几乎所有国际人权公约缔约国都有向每一公约特定条约机构提交履约报告供其审议的强制性义务。缔约国报告制度是得到最为广泛地运用和接受的一类监督程序。这项制度由国际劳工组织在其原始章程的基础上予以采用,后经该章程的修正案加以发展。《国际劳工公约》的缔约国有义务就其适用所接受的国际标准的情况提交定期报告。应国际劳工组织管理局的要求,有关报告由各国政府负责拟订和提交,但国内的雇主组织和工人组织有权提出书面意见,这些意见连同政府工作报告一起被交由《国际劳工公约》和建议的适用问题的专家委员会审议。在由政府代表、雇主组织和工人组织组成的国际劳工组织大会的三方委员会上,在有关政府的代表参加的情况下,专家委员会的意见将会受到讨论。缔约国报告制度可被视为一种定期监督制度。它主要是非争论性的,而且大体上采用建设性对话的方法。目的是根据各国际人权条约建立由独立专家组成的委员会及条约机构,对在实施这些条约方面所取得的进展和所面临的问题进行审议和评价。报告制度逐渐成为许多重要的人权条约的国际实施机制。[①]

报告义务要求缔约国全面审视和评估人权状况,汇报缔约国为履约、立法、行政和司法方面采取的措施和开展的活动以及取得的成就、面临的困难和障碍等,完全是缔约国自主拟定报告内容,报告要尽可能多地包括具体的法律统计数据和事实方面的信息,以利于条约机构的专家全面、真实地了解缔约国的履约情况。该制度起源于国际劳工组织,缔约国报告制度是《禁止酷刑公约》条约中使用最广泛有效的一种强制性国际监督机制。当然禁止酷刑委员会针对缔约国报告提出的所有意见,无法律上的强制执行力。从实践看,审议缔约国报告制度也是禁止酷刑委员会的主要职能。

(一)缔约国报告的提交

根据《禁止酷刑公约》第19条规定缔约国有义务向负责监督实施《禁止酷刑公约》的禁止酷刑委员会递交《禁止酷刑公约》实施情况的定期报告。

[①] 采用缔约国报告制度的国际人权文件有:《经济、社会和文化权利国际公约》《公民权利和政治权利国际公约》《消除一切形式种族歧视国际公约》《禁止酷刑公约》《儿童权利公约》。

缔约国报告制度是监督缔约国履行义务的强制性程序，它无须缔约国的特别批准而自动适用于缔约国。根据这一程序，缔约国有义务向监督机构递交报告，陈述它们在履行条约义务、保障条约所确认的权利方面所采取的措施和取得的进展。缔约国报告制度是《禁止酷刑公约》的强制实施机制，目的是对缔约国履约情况进行监督，该程序未经特别授权而适用。向禁止酷刑委员会提交报告是缔约国的法定义务，说明履行《禁止酷刑公约》在国内立法、司法、行政等各方面的措施等情况。

《禁止酷刑公约》缔约国报告的提交主要分为初次提交和定期提交，以及补充或特别报告。在批准本公约后，缔约国必须在一年内向委员会递交初次报告，之后每4年递交一次定期报告，应就随后出现的发展动态提交补充报告，委员会亦可要求提供进一步的报告和额外资料。定期报告是缔约国根据《禁止酷刑公约》在一定期限内提交的报告，报告对禁止酷刑委员会的调查表作出答复；补充报告或特别报告是禁止酷刑委员会在审议定期报告后在某些情况发生后要求缔约国提交的。

初次报告是书面的，报告应阐明缔约国为禁止酷刑而采取的措施、该国执行《禁止酷刑公约》的情况、缔约国是否成立对禁止酷刑具有专属管辖权的国家机构、在执行《禁止酷刑公约》方面的障碍和进展等内容。该报告由联合国秘书长转交禁止酷刑委员会。初次报告使禁止酷刑委员会能够全面了解和审查缔约国在促进和保护人权方面的法律状况，并为随后审议同一缔约国的定期报告提供了基础。

定期报告提交禁止酷刑委员会，周期为4年，在此期间，缔约国提交报告，说明为禁止国内酷刑而采取的进一步措施、履行《禁止酷刑公约》方面的问题以及禁止酷刑取得的成就。相对于初次报告，定期报告涉及的问题更加集中，是对初次报告的补充。定期报告更侧重于执行情况和对禁止酷刑委员会一般性意见的答复。缔约国提交的报告应公开，联合国秘书长有权在提交禁止酷刑委员会时将其转交其他缔约国审议。

缔约国定期报告应包含三个部分：一是新发展，包括新的立法和行政措施、判例法、违反《禁止酷刑公约》的案件。二是提供禁止酷刑委员会要求的、缔约国之前未提交的资料。三是缔约国为落实禁止酷刑委员会先前结论性意见中的建议而采取的措施。在对缔约国报告的完整性进行评估时,有关缔约国都会被要求补充更多信息,特别是分类的统计数据。①

国际禁止酷刑监督中采用多重标准是基于现实的理性选择。世界是多元的、高度差异性的。国际社会建立了统一的禁止酷刑标准,但在国际现实面前却无法统一实施。为此,国际禁止酷刑监督不得不针对不同国家采用不同的实施标准,以此来达到国家报告制度的宗旨。禁止酷刑委员会积极推动报告简化,缔约国不要求撰写统一格式的报告,改为答复对其量身拟定的议题清单缔约国报告。缔约国提交报告包括该国所有《禁止酷刑公约》规定的义务执行情况,如立法对禁止酷刑的权利保障,酷刑受害者可获得的司法、行政和其他补救办法,缔约国监督机构提出的建议和措施,以及国家司法或行政当局为执行这些建议而采取的措施。禁止酷刑委员会在其报告制度中只履行审查职能,它不能要求缔约国必须根据委员会的意见建立或改变其国内法律规定,也不要求缔约国按照禁止酷刑委员会的要求必须采取措施禁止酷刑行为。

为便于所有人权条约机构相互协作,避免不必要的资料重复,2006年6月联合国通过了《根据国际人权条约提交报告的协调准则》,包括编写核心文件、提交具体条约报告的准则,确定了国际人权条约缔约国的报告制度的统一框架。按照修正后的报告制度,提交的报告将包含两部分,即共同核心文件的内容以及按照每个条约规定的日期提供的文件,每一条约机构仍可要求缔约国提供额外资料。共同核心文件应载有有关缔约国履行条约规定的一般和事实信息,这些信息有可能与所有或几个条约机构相关。②

---

① 张红虹.禁止酷刑委员会的实践及其对《禁止酷刑公约》实施的影响[J].人权研究,2020(3):100-112.

② 共同核心文件应包含下列资料:①报告国的一般资料:报告国的人口、经济、社会和文化特色;报告国的宪法、政治和法律结构。②保护和增进人权的一般框架:接受国际人权标准的情况;在国家一级保护人权的法律框架;在国家一级增进人权的法律框架;国家一级的报告程序对人权条约机构结论性意见所采取的后续行动;其他有关的人权资料。③关于非歧视与平等和有效补救的信息。

文件应包含所有缔约国履行各具体条约的信息,具体条约文件应包括有关条约机构在具体条约文件准则中所要求的信息。[①]报告的这一部分让报告国把注意力集中在有关各项公约履行情况的具体问题上面。缔约国按照本准则提交报告,能使条约机构和缔约国本身从缔约国的国际人权义务的较大范围,全面衡量缔约国履行有关条约的情况。2014年,联合国禁止酷刑委员会通过《议事规则》,确定联合国禁止酷刑委员会对缔约国报告审议的基本规则。

(二)缔约国报告的审查

禁止酷刑委员会对报告审查,与联合国其他人权执行机构均无关。禁止酷刑委员会可邀请缔约国代表参加审议其国家报告的会议,还可通知经它决定被征求提供进一步资料的缔约国授权其代表参加专门会议。此代表应能够答复委员会可能向他提出的问题。禁止酷刑委员会根据公约审议报告,可在公约范围内提出任何问题,要求讨论。委员会对报告作出一般评议(general comment),包括以下内容:积极方面;影响执行公约的因素和困难;主要关切;建议。禁止酷刑委员会还要审议报告的透明度问题,主要包括:是否作出专门努力促进公众和有关当局了解各公约规定的权利,包括传播各公约文本的方式和范围,是否译成当地语言,哪些政府部门负责准备报告,是否从政府外部得到材料和意见,报告的内容是否经过公众讨论。在审议缔约国报告时,委员会将考虑到非政府组织、个人提供的可靠的资料。非政府组织还可以会见委员会成员,以表达它们对缔约国的关切。

缔约国代表口头介绍该国情况并回答提出的问题。禁止酷刑委员会成员提出属于《禁止酷刑公约》的所有问题,并要求予以审议,禁止酷刑委员会可以使用缔约国提交的文件,也可以使用非政府组织或报纸的文件。缔约国代表逐项答复问题或整体回答,如果各缔约国代表团没有可用的资料,也可以在以后以书面形式作出答复。

(三)提出一般性意见

禁止酷刑委员会提出一般性意见和建议是禁止酷刑委员会审议中最为重

[①] 具体条约文件应酌情说明采取了何种步骤处理委员会在它针对缔约国前一份报告的结论性意见/评论中所提出的任何问题。

要的一部分。禁止酷刑委员会应每年向联合国大会报告其审议情况，包括缔约国对"一般性意见"的评论。禁止酷刑委员会一般性意见被国际社会广泛采用，不排除成为国际习惯法的可能。

委员会可以酌情决定将报告、一般性评论和有关缔约国的说明载入酷刑委员会的年度报告。禁止酷刑委员会针对缔约国报告给予的答复包括：缔约国遵守、理解《禁止酷刑公约》及某些条款的实际执行情况，同时向缔约国提出经验教训审议国家报告，协助它们更好地执行《禁止酷刑公约》，并协助每个国家充分认识到立法现状并监督缔约国有效执行《禁止酷刑公约》。

禁止酷刑委员以总结意见（concluding observations）的形式向各缔约国表达其关切及建议，能够使缔约国更加注重对报告义务的履行。禁止酷刑委员会与缔约国这种形式的沟通，对于缔约国履行公约义务、有效在国内禁止酷刑作用明显。

（四）当前缔约国报告履行中的问题

首先，缔约国不提交报告或不按时提交报告是很普遍的。例如：2011年，《禁止酷刑公约》的全部缔约国中有122个缔约国的定期报告逾期未交，其中有30个缔约国尚未提交初次报告，索马里的初次报告逾期时间最长，为20年。[①]

这使得这些国家变相地不再接受监督，《禁止酷刑公约》的实施监督机制不再对其有监督作用。禁止酷刑委员会对报告迟延的国家提出提醒函，但效果并不明显。一些国家由于种种原因不能按时完成或者不能按照要求完成，委员会审议报告的工作也有所拖延，这种状况很早就引起联合国大会的关注。为了敦促缔约国积极提交报告，禁止酷刑委员会专门确定了一种机制。根据《议事规则》第67条规定：禁止酷刑委员会可通过联合国秘书长向缔约国转交催交报告的提醒函；如果缔约国不遵守，禁止酷刑委员会应在其向缔约国和联合国大会提交的年度报告中提及此事；并通过联合国秘书长通知不交报告的缔约国，禁止酷刑委员会拟在通知所述日期，照旧审议该国履约情况和

---

① 禁止酷刑委员会的报告，A/66/44.

通过结论性意见，即缺席审议。

其次，缔约国报告的透明度问题。酷刑委员会认为缔约国的报告应在最广泛的意义上提供有关可能发生酷刑的机构或场所的信息，但很多缔约国报告内容空泛，只在形式上强调国内的宪法和法律条文的规定，宣称已经履行了公约规定的义务，而没有说明公约中规定的权利在现实中实际享有的程度，也没有指出影响缔约国实现公约的因素和困难。

再次，禁止酷刑委员会只有10位委员，其中近一半是兼职人员，每年开两次会，而且工作内容是需要处理所有缔约国的议题，这对于其工作效率形成制约因素，导致不能及时地对每份报告作出评价，在很大程度上阻碍了缔约国报告制度的履行。

最后，报告审理意见具有弱制裁性以及后续跟踪不完善的问题。对缔约国报告的审议通常是公开会议，主要是问答的形式。缔约国代表团成员、缔约国报告的两名国家报告员和禁止酷刑委员会其他成员可发言。委员会成员对各当事方，特别是非政府组织提供的重要资料感到关切，这些当事方通过提供资料的方式要求有关缔约国作出澄清。在听取了缔约国代表对补充资料的解释或答复后，委员会成员表示满意或不满意，或要求作出澄清。禁止酷刑委员会没有投入太多注意全面审查人权状况。由于缔约国的报告制度涉及与缔约国禁止酷刑有关的立法和司法问题，而且很难协调国际人权保护与国家主权之间的平衡，禁止酷刑委员会在其意见中只能使用较温和的措辞，例如"意见""建议""要求提供资料"和"要求澄清"等，避免有侵犯国家主权之嫌。①

禁止酷刑委员会将闭门讨论结论性意见而不公布。禁止酷刑委员会在报告制度中的权能仅限于对缔约国的报告分别作"一般性评议"，这种评议一般受到国际上的尊重，但没有明确指出缔约国立法措施及司法和行政实践是否违反条约，也没有对缔约国在履行条约方面施加一定的压力。禁止酷刑委员会有可能单独评估缔约国的报告，并酌情将其列入其年度报告，这是对以

---

① 张红虹. 禁止酷刑委员会的实践及其对《禁止酷刑公约》实施的影响[J]. 人权研究，2020（3）：100-112.

前各条约机构有关权限的一种改进。然而，一方面，尚不清楚"一般性意见"是否隐含着禁止酷刑委员会可以据此提出建议，也没有明确说明缔约国的侵权行为，更没有规定严格的时限，要求提交国作出改进，即使它没有答复或作出答复。另一方面，如果缔约国不提交报告，禁止酷刑委员会就没有机会提出"一般性意见"，更不用说在其年度报告中列入这些意见，这成为缔约国回避禁止酷刑委员会有效的做法。

《禁止酷刑公约》缔约国的报告制度没有强制执行力，禁止酷刑委员会也没有权力强制执行报告义务，将其意见适用于迟交报告和报告内容空洞的缔约国。在履行其监督《禁止酷刑公约》的任务时，更多地依靠舆论和道德压力，用道德取代司法的必要性，禁止酷刑委员会在许多问题出现时只能表示"关切"和"遗憾"。禁止酷刑委员会只能通过联合国向尚未提交或迟交报告的国家发出催交通知，如果缔约国仍未履行其义务，禁止酷刑委员会只能在其年度报告中列入公开的资料，说明为对不履行义务的缔约国进行外部监督和施加政治压力所做的努力。它没有其他的对缔约国的强制性措施履行其义务。

禁止酷刑委员会对报告的审议与其他人权机构行使的监督不同，缺乏直接的政治主张，而且条约与其他监督机制也存在一定的冲突，例如接受指控、申诉和实地调查。《禁止酷刑公约》的这种法律后续行动将由所有缔约国逐案审议，而不是有选择地进行，主要采取对话的形式，这将有助于促进禁止酷刑的国际合作。因此，《禁止酷刑公约》缔约国报告制度的有效性在很大程度上取决于缔约国与禁止酷刑委员会之间的真诚合作。因为禁止酷刑委员会没有非常有效的途径准确地了解各缔约国的国内情况，因此，缔约国报告制度的有效性从根本上来说取决于缔约国本身，即其对条约必须遵守原则的遵守。

缔约国的报告能够让缔约国有机会从国家机构的角度澄清其根据《禁止酷刑公约》承担的义务的内容；评估落实《禁止酷刑公约》国家义务的国内落实现状，并确定需要进行改革以确保充分遵守有关公约的领域；需要在政府机构内部以及政府与民间社会之间进行协商，提交一份全面报告，以增强缔约国对《禁止酷刑公约》和人权目标的了解。国家报告制度是对禁止酷刑广泛宣传的过程，可以提高关注缔约国履行禁止酷刑义务，以及缔约国国内的个人和团体如何参与到这些义务工作中的程度。国家报告制度是国际社会与缔约国进行建议性与批评性对话的渠道，也是缔约国定期对本国国内法律和实践进行自我评估和自我检查的良好机会。①

中国代表团顾问任义生在联合国第 57 届人权大会上曾指出："国际人权条约中规定的缔约国报告和审议制度，有助于国际社会了解各缔约国的履约情况，也有助于人权法律文书的有效执行。人权条约的各项条款应当通过各缔约国采取各种行政和法律等措施来具体落实，各缔约国应当根据本国的具体国情制定有关的执行措施，以保证国际公约的规定得以执行。条约机构在审议各缔约国报告时，应充分考虑到各国不同的国情和经济发展水平及社会文化背景，与缔约国建立相互尊重、相互合作、平等对话的关系，严格依照职权行事，坚持公正、客观的原则。"

二、调查制度

禁止酷刑委员会依职权启动该程序。《禁止酷刑公约》第 20 条规定了特有的实地调查程序。第 20 条规定："如果委员会收到可靠的情报，认为其中有确凿迹象显示在某一缔约国境内经常施行酷刑，……可以指派一名或几名成员进行秘密调查并立即向委员会提出报告……在该缔约国的同意下，这种调查可以包括到该国境内访问。"来文程序作为一种准司法程序，其特点是非主动性，禁止酷刑委员会只有接收和审议来文之后才可以启动来文程序，而不是在没有来文的情况下主动启动来文程序，以审议缔约国的酷刑指控。至于禁止酷刑委员会是否对来文程序进行调查，调查组织的成员是由禁止酷刑委员会逐案决定，而不论提交人的意愿如何。

关于经常性酷刑，禁止酷刑委员会认为："如果据报的酷刑案件不是在某一特定地点或时间突发的，而是经常、普遍和蓄意地至少在有关国家大部分地区发生的。立法不够完善，造成漏洞，使得酷刑得以施行，也促成这种一贯性做法。"②在该缔约国同意的前提下，这种调查可以包括对该国领土的访

---

① 王沛. 禁止酷刑国际刑事司法准则研究 [D]. 大连：大连海事大学，2012.
② 联合国大会 48 届大会正式记录；补编第 44（A/48/44/Add.1）。

问,应当得到被调查国的同意。而且所有上述程序应该是保密的,即禁止酷刑委员会采取的一切调查程序,应对除被调查的缔约国以外的所有其他国家、机构以及个人保密。这些调查程序主要包括委员会在收到可靠的确凿的某缔约国境内经常发生酷刑行为或现象的证据;委员会指派一名或几名成员进行秘密调查并立即向委员会提出报告的过程;委员会将调查结果连同意见或建议一并转交给有关缔约国的过程。根据《禁止酷刑公约》规定以及《禁止酷刑委员会议事规则》第72条和第73条,禁止酷刑委员会在《禁止酷刑公约》第20条之下根据其职能展开的活动所涉及的所有文件和程序均属机密文件和程序。

在调查程序完成之后,委员会再与该有关缔约国协商,并要求缔约国提供随后采取行动的情况。决定将关于这种程序结果的简要报告载入其年度报告中,除非缔约国在批准条约时作出保留。如果委员会要将调查结果摘要载入其按照第24条所编写的年度报告中,必须首先与相关的缔约国进行商议,否则,不得载入。① 这一程序适用于所有缔约国。根据联合国人权事务高专办公室统计,近年来使用实地调查程序的次数有了大幅度的增长。②

但禁止酷刑委员会的调查是非强制性的,《禁止酷刑公约》第28条规定,"各国在签署或批准本公约或在加入本公约时,可声明不承认第20条所规定的授予委员会的职权",公约允许缔约国对该条提出保留。中国声明不承认第20条的职权。③ 截至2022年声明不接受《禁止酷刑公约》第20条所规定的委员会职权的173个缔约国中有14个国家不接受保密调查。

调查程序丰富了国际人权法的监督机制,在实践中也发挥了独特的作用。调查程序可以弥补其他程序的不足,使得《禁止酷刑公约》的实施机制具有多样化和有效性,并在《禁止酷刑公约》签署后得到发展,效果明显。促使缔约国积极回应指控国和申诉人的指控,有利于国际人权机构在查明事实的

---

① 赵珊珊.《禁止酷刑公约》研究 [D]. 北京:中国政法大学,2011.

② http://www.unhchr.ch/html/menu2/9fundrais/fundr.htm.

③ 不承认的国家分别是:乌克兰、突尼斯、波兰、摩洛哥、科威特、以色列、中国、智利、保加利亚、白俄罗斯、阿富汗。

基础上，积极斡旋和调解，促进来文的友好解决，有利于禁止酷刑委员会提出有针对性、切实可行的意见和建议，可以有效监督报告国的后续行动，并可要求缔约国在下次定期报告中有针对性地阐述为解决调查报告所揭示的问题采取的措施及其效果，从而督促该国改进其人权状况，[①]防止出现严重的、系统性的酷刑行为。

由于调查程序有一定的敏感性，《禁止酷刑公约》的调查制度在联合国人权公约中被视为具有突破性的实施制度。实践表明，同国家间指控制度一样，调查制度的效能极低，基本上成为一种摆设，在实践上运用得不多。[②]该调查程序是非强制性的，首先要取得缔约国的同意，若缔约国倾向于不接受禁止酷刑委员会进入境内调查，那么该程序的局限性会很大。

三、个人来文申诉制度

1966 年联合国通过的《公民权利和政治权利公约任择议定书》规定了个人申诉制度，其目的是使那些包括酷刑在内的侵犯人权的受害者向人权事务委员会提出个人申诉，人权事务委员会只是向有关缔约国和个人提供意见。申诉人只能向同为《公民权利和政治权利公约》和《公民权利和政治权利公约任择议定书》的缔约国家提出。但中国、印度、美国等国都不是议定书的缔约国。[③]《公民和政治权利公约任择议定书》得到了最为广泛的运用，该公约确立的个人申诉制度与《禁止酷刑公约》大致类似，即缔约国受害的某人或代表指控所在国违反《禁止酷刑公约》。

个人来文申诉制度是在所有实施机制中赋予个人申诉权利的机制，具有覆盖面最广、有助于帮助受害者的特征，成为《禁止酷刑公约》的重要组成部分。该制度是体现非暴力性的有效解决纠纷的方式，为个人对抗国家公权力禁

---

① 郭曰君，杨彦会.论国际人权法中的调查程序 [J].人权，2016（3）：90-108.
② 王光贤.联合国反酷刑监督机制的未来 [J].武汉大学学报（社会科学版），2002（5）：555-560.
③ 确立个人来文申诉的国际人权文件有：《公民和政治权利公约任择议定书》《禁止酷刑公约》《消除种族歧视公约》和《消除对妇女歧视公约任择议定书》。

止酷刑提供了国际条约机构上的救济途径。个人来文制度在《禁止酷刑公约》中是一项任择性条款，根据第22条和第28条的规定，需要缔约国主动声明承认才能生效，即缔约国可以在任何时间声明承认个人来文制度，缔约国管辖下的个人受到侵害时可以向禁止酷刑委员会递交来文，若来文涉及未曾明确声明接收个人来文制度的缔约国，则禁止酷刑委员会无权接收。如果缔约国明确表示不承认委员会有此项权力，或者缔约国没有表态，禁止酷刑委员会均不得受理缔约国的个人来文，即缔约国不需要专门声明不主动承认。

《禁止酷刑公约》第22条规定：个人可以向禁止酷刑委员会提交来文，声称已经承认委员会有权审议此种来文的缔约国违反了公约的一项或几项规定，目的是为酷刑受害者提供一个国际救济途径。该程序都是任择性的，即只有各缔约国明确表示接受根据第22条（个人来文）赋予禁止酷刑委员会的权限，才可启动这项程序。禁止酷刑委员会通过对个人来文的有效受理和审查，可以更加有效地掌握缔约国的禁止酷刑的状况。

《禁止酷刑公约》第22条中对来文者的主体表述为"受到侵害的个人或其代表"。递交来文的主体不限于本人，如果正在遭受侵害的受害者因监禁等原因无法寻求救济时，其代表人也可以向禁止酷刑委员会递交来文。其他国际人权文件中，如《欧洲人权公约》来文者的主体包括"个人、非政府组织和私人团体"，《消除一切形式种族歧视国际公约》将来文者的主体限定为"个人或个人联名"。虽然其规定不同，但一般可以得出结论，来文提交人是缔约国管辖范围内的人，即缔约国违反《禁止酷刑公约》行为的受害者，来文提交人可以亲自向禁止酷刑委员会提交来文，也可以派其代表提交来文。

个人来文机制是申诉人请求禁止酷刑委员会给予保护的渠道，也是禁止酷刑委员会就具体案件审查各缔约国遵守《禁止酷刑公约》情况的有效工具，特别是在即将遭到驱逐或引渡的当事人指称该项驱逐或引渡违反《禁止酷刑公约》第3条规定的场合，更是如此。由于上述申诉多发生在禁止酷刑委员会休会期间，情况通常较为紧急，为了尽可能地避免酷刑事件的发生，从而保护指称违约行为的受害人免遭不可弥补的损害，禁止酷刑委员会在个人来文机制中增设了实施临时措施环节，即根据禁止酷刑委员会《议事规则》第

114条第1款,委员会可在收到申诉后的任何时候,通过新申诉和临时措施报告员,要求当事缔约国采取委员会认为必要的临时措施。

个人申诉的条件是严格的,主要包括以下四个条件:

第一,"匿名申诉"和"滥用申诉权"不予受理。按照《禁止酷刑公约》的规定:一个案件如果曾经或正在被另一个国际机构审查,就不予受理。按照《公民权利和政治权利国际公约任择议定书》的规定:如果一个缔约国同时加入了上述两个公约,这些缔约国管辖下的公民受到侵害时先向禁止酷刑委员会申诉后,可以再向人权事务委员会申诉,等到所有国际程序终结,往往要经过很多年的时间,既浪费了国际资源,个人权利也不能得到及时救济。按照《禁止酷刑公约》的规定:如果缔约国在加入上述两个公约的前提下,缔约国管辖下的公民受到侵害时先向人权事务委员会申诉后,就不能再向禁止酷刑委员会申诉,这样一来就很好地避免了"重复申诉"现象的发生。《禁止酷刑公约》对"重复申诉"问题的时间限定,既避免了国际资源的浪费也提高了审案效率。

第二,申诉的个人确实是缔约国违反《禁止酷刑公约》的受害者。

第三,与《禁止酷刑公约》的规定相符合,个人申诉有事实依据,且不存在滥用该个人申诉权利的情况。

第四,该个人申诉事项没有在任何国际调查或者国际司法程序处理。

关于酷刑的时效,如前文所述,缔约国需要主动明确声明接收个人来文制度为前提。如果该行为是在国家说明之前就不会受理。

用尽当地救济,即用尽国内所有可用的救济。关于用尽当地救济,只有申诉人已经通过各种途径将案件提交给了缔约国的司法当局,禁止酷刑委员会才会受理,根据《禁止酷刑公约》第22条规定有两种例外:如果受侵害者寻求国内救济时遭到不正当理由的持续拖延,或者缔约国违反《禁止酷刑公约》的义务而使受害者不能依照国内法的规定得到有效的救济,这都将会对个人人权的保护造成很大程度上的阻碍。在两种情形下,即使未用尽国内救济,个人提交的申诉仍可被接受。

酷刑公约递交的来文可以被接受并审议,如果申诉人只是一般地说明国家补救办法无效而未首先将申诉提交国家当局，或国家已经下令对声称的酷刑进行司法调查或调查正在进行，而且没有司法受到阻碍的迹象，这时委员会将认为来文不可接受。《公民权利与政治权利公约任择议定书》的例外只限于补救办法的施行有不合理的拖延，而不要求不可能提供有效救济。[①]《禁止酷刑公约》要求申诉事项过去和现在均未受到另一国际调查程序或解决办法的调查。

禁止酷刑委员会在接收到来文后，若符合上文的条件，委员会应举行非公开会议，对个人来文进行实质性审查。按照《禁止酷刑公约》的规定，委员会在作出决定前，应提请来文所指称的违反公约义务的缔约国予以注意。如果禁止酷刑委员会确认某项申诉可以受理，会通知相关缔约国及个人，允许当事双方提交书面意见对质。禁止酷刑委员会对有关申诉的事实审理与最后定论及被指控的缔约国是否有违约之处、具体违反了哪条哪款的判定方面，委员们展开讨论。[②]此外，禁止酷刑委员会还会专门指定一名报告员负责对该个人来文的跟踪，以便更好地确保缔约国采取行动。

禁止酷刑委员会应提请被指称违反公约的缔约国予以注意。收文国应在6个月内向委员会提出书面解释或声明以澄清问题，如该国已采取任何补救办法，也应加以说明。禁止酷刑委员会这种临时措施是对来文申诉人的临时保护。这个临时措施，使禁止酷刑委员会在实质性审查的过程中，也可以要求来文所指称的缔约国采取措施避免对申诉人造成更大程度的损害。这一做法，既对受侵害的个人加以临时保护，又不影响禁止酷刑委员会的会议进程和最终决定。

禁止酷刑委员会举行非公开会议，审查个人或其代表以及有关缔约国提供的材料，禁止酷刑委员会将审查意见告诉有关个人和缔约国，个人来文的

[①] 《公民权利与政治权利公约任择议定书》仅仅要求申诉事件不在另一国际调查或解决程序之中。这就意味着同一事项向某一国际人权机构申诉后，还可以将同一事项向人权事务委员会申诉。

[②] 张红虹. 禁止酷刑委员会的实践及其对《禁止酷刑公约》实施的影响 [J]. 人权研究，2020（3）：100-112.

处理结果包括个人来文的事由、背景、申诉的权利、来文所涉及的缔约国的意见、来文者对缔约国的意见以及委员会的审理情况。禁止酷刑委员会审查申诉案件的过程，就是运用公约的相关规定解决个案、排除酷刑风险、保护受害人的过程，审查过程具有复杂性。

此外，禁止酷刑委员会无权调查这些信息的可信度或为收集证据而入境指控个人来文的缔约国。禁止酷刑委员会也不能禁止个人来文中的缔约国对提交的资料予以否认。

在调查个人来文的方法上，该制度先天不足，极大地限制了该制度的有效性。在实践过程中，禁止酷刑委员会还采取了一些措施保障个人来文制度的有效实施。如采取举证责任倒置的办法，若被指控国拒绝解释且不向禁止酷刑委员会提交书面材料，委员会可以直接认定被指控国做出了违反公约义务的行为。对于进一步的后续行动，禁止酷刑委员会也并没有实质性的权利制止酷刑行为。提交到禁止酷刑委员会的个人申诉虽然呈上升趋势，但总数量并不大。[①] 截至 2017 年，委员会已经处理了 373 项来文，其中做出"裁决"的有 282 项。[②]

值得注意的是，禁止酷刑委员会的审理"意见"并无法律上的约束力，委员会意见的有效执行基于相关缔约国愿意从根本上改善本国的人权状况。[③] 这也制约了个人来文制度作用的发挥。个人来文制度的意义在于提供了个人对抗国家权力的途径，委员会虽然不具备强力执行"来文意见"的司法性质，但是通过对国家施加审查证据的实体和程序义务，展现出禁止酷刑之国际义务的普遍性和绝对性。委员会不是国际司法机构，只是经由国家同意而建立起来的人权监督机构，因此，首先，寻求个人权利与国家主权的恰当平衡，既要促进基本人权的保护，又要维护国家同意的边界。[④] 其次，委员会对个人调查结果不具有执行力，委员会是非实际调查的审理机构。因此，有学者甚至认为，个

---

① 张林郁.《禁止酷刑公约》的实施监督机制研究 [D]. 郑州：郑州大学，2016.
② 联合国人权高专办 http：//juris.ohchr.org/Search/Results.
③ 李云龙. 人权问题概论 [M]. 成都：四川人民出版社，1999.
④ 张林郁.《禁止酷刑公约》的实施监督机制研究 [D]. 郑州：郑州大学，2016.

人申诉机制严重依赖缔约国的自愿配合，且其对普遍存在的酷刑现象并无改观，它表示人权申诉机制只是象征性地存在。而且与缔约国报告制度相类似，在个人来文制度中禁止酷刑委员会对申诉事件做出审理意见后，没有强制力，无法保障缔约国的实际履行，这是造成个人来文制度无法有效实施的重要缺陷之一。但是普遍来看，缔约国对委员会来文意见都倾向于遵守。

四、国家间的指控

国家间的指控是指缔约国一方可向条约机构指控另一缔约国未履行其所承担的条约义务，条约机构就缔约国指控的问题为当事各国提供斡旋，以求和睦解决问题，实质上是一种斡旋与和解制度。确定该项机制的机构有：人权事务委员会（《公民权利和政治权利公约》第41条）；禁止酷刑委员会（《禁止酷刑公约》第21条）；消除种族歧视委员会（《消除种族歧视公约》第11条）。但是由于适用范围有限、实施措施软弱、实践运用性不强，国际人权条约缔约国极少使用缔约国间指控来文制度，例如《公民权利和政治权利国际公约》规定的国家间指控制度还未运用过。

按照《禁止酷刑公约》第21条的规定："委员会可接受和审议某一缔约国声称另一缔约国未履行公约义务的来文，但以缔约国承认委员会有此权限为前提。"禁止酷刑委员会可以审议指控国声称被指控国未完成《禁止酷刑公约》义务的来文，即为国家间的指控，目的在于缔约国相互监督，通过相互之间的指控产生外交压力以此达到《禁止酷刑公约》履行的目的。但是该程序为任择性的，在指控国与被指控国均接受禁止酷刑委员会审议指控来文的前提下，《禁止酷刑公约》缔约国可在任何时候声明承认接受国家间指控，禁止酷刑委员会就可按照相应程序接受和审议此种来文。如果来文涉及未曾作出此种声明的缔约国，无论是指控国还是被指控国，禁止酷刑委员会均不得按照国家间的指控处理。

按照《禁止酷刑公约》第21条的规定，国家间指控的基本程序为：某一缔约国认为另一缔约国违反了《禁止酷刑公约》的义务，可以书面提请后者注意，收文国须在3个月内作出答复。提出解释或任何其他声明以澄清问题，其中应尽量适当地提到对此事已经采取、将要采取或可以采取的国内措施和补救办法。如果双方在 6 个月内未能通过协商解决分歧，任何一方都有权将争议提交条约机构，在用尽国内救济的前提下，禁止酷刑委员会以非公开会议进行审查，求得解决。如在 12 个月内不能友好地加以解决，禁止酷刑委员向有关缔约国提出报告，报告仅限于对事实的陈述，并附双方的书面声明及口头陈述的记录。如上述程序仍未使争议得到满意解决，在有关缔约国事先同意的前提下，禁止酷刑委员会可特设和解委员会，对指控进行审查，如果它不能通过协商加以解决，有权提出建议。很显然，监督机关在国家间控诉制度中的职权仅限于按照既定程序确定事实，并进行和解。[①]

大多数缔约国不愿接受这种国际监督，通过以不接受声明来规避这种制度。截至 2002 年，只有 48 个国家声明接受国家间的指控。[②] 这使指控只可能发生在极小数量的国家之间，使国家间的指控很难有效果。至今国家间的指控还没有一例实践。但是国家间指控制度存在这样一个问题，即如果一缔约国对另一缔约国境内的酷刑问题提出指控，那么后者也可能对前者国内存在的酷刑问题进行报复性的指控。

然而，国家间指控存在致命的不足，即被指控缔约国有可能报复对其提起指控的缔约国，对其也提起国家间指控。这可能导致《禁止酷刑公约》资源的浪费，甚至引发国际关系紧张、冲突，尤其是可能成为国家间政治斗争的工具，因此，缔约国对于声明接受国家间指控的意愿不高，《禁止酷刑公约》所确立的这项制度在实践中还很少被使用。这与国家出于自身的国际政治和经济利益的考虑不无关系。另外，禁止酷刑委员会不能作出有约束力的决定，只能促成当事国间解决问题，如果不能使当事国达成和解，禁止酷刑委员会只能做出报告送交当事国。这也使得国家间的指控制度不能取得更大的效果。这样，国家间指控制度变相成为一种谈判、调解，但国家间指控可能会导致政治和外交冲突与对立，该制度在禁止酷刑的国际实施机制上意义不大。

---

① 万鄂湘，陈建德. 论国际人权条约的准司法监督机制 [J]. 武汉大学学报（哲学社会科学版），1997（6）：19-24.

② 禁止酷刑委员会报告，A/57/44.

五、禁止酷刑特别报告员机制

联合国在过去的30年里建立了一套复杂的特别报告员机制。该机制在公约的要求之外,对国家遵守人权的状况进行监督,并且通过诸如向个别缔约国家派遣调查人员等手段,对有关方面指称的侵犯人权的行为进行调查。现有的特别报告员包括关于酷刑、表达自由、宗教上的不容忍、草率和任意处决、种族主义教育权和结构调整等问题的报告员。禁止酷刑特别报告员是联合国人权理事会的一个专门机构,与禁止酷刑委员会不存在隶属关系,但共同的工作目标是禁止酷刑,可以相互协调并互为补充。特别报告员的任务具体且有效,因其可以在缔约国中展开工作,其工作效率比较高。特别报告员的任务包括所有国家,不论该国家是否批准了《禁止酷刑公约》。①

联合国人权委员会的任务包括三种主要活动:①将紧急呼吁(举报遭受酷刑危险的个人)和来文(声称遭受酷刑的以往案件)转交各缔约国;②进行实况调查国别访问;③就特别报告员的活动、任务和工作方法向人权理事会和联合国大会提交年度报告。不同于根据国际条约建立的条约监督机构,特别报告员并不要求竭尽国内所有补救措施而采取行动。当事实涉及不止一种职权范围时,特别报告员可决定与其他专题机制及国家报告员进行联系,以期联合发出来文或寻求开展联合行动。② 其中,一般调查需经缔约国邀请,但特别报告员可以要求缔约国发出邀请;禁止酷刑特别报告员可以同每个国家联系,要求其提供其国内为禁止酷刑发生所采取的立法、司法、行政材料。如果缔约国提出要求,还可以进行磋商。

依据联合国人权委员会1985/33号决议:"特别报告员通常对于某个具体的禁止酷刑活动向国家发起动议或宣传,并可以与缔约国外交部部长直接联系以阻止可能发生的酷刑行为,特别报告员可以进行调查或者受缔约国提出邀请调查。"禁止酷刑特别报告员制度是除《禁止酷刑公约》规定之外重要的联合国酷刑监督制度。特别报告员就其活动每年向委员会提交一份综述报告,

---

① 截至目前,已先后有6位负责人,现任负责人为尼尔斯·梅尔策(Nils Melzer)教授(瑞士),于2016年11月1日开始担任该特别报告员。

② 联合国人权高专办官网 https://www.ohchr.org/zh/special-procedures/sr-torture.

报告内容包括对那些指控特定国家实行酷刑的案例总结，并且从 1999 年开始向联合国大会提交临时报告。特别报告员已经向人权委员会提交了一系列的报告。禁止酷刑问题特别报告员制度不属于《禁止酷刑公约》实施机制，禁止酷刑委员会与其关系密切，尤其在年度报告中的缔约国资料，对禁止酷刑委员会起有益的补充作用。

2005 年，酷刑问题特别报告员曼弗雷德·诺瓦克应邀对中国进行了两周的访问，在报告中，他建议中国政府对非暴力犯罪、未成年人犯罪或不严重的罪行，扩大非羁押性措施的使用；有效保证所有被羁押者有向法院质疑羁押合法性的权利；无律师在场并且法官未予确认的口供，不应作为证据采用；录音录像措施应当推广到全国；法官和检察官应当定期询问被警察羁押的人，了解他们所受待遇，如有任何疑问，应下令进行独立的体检；《刑事诉讼法》的修改应当符合《公民权利和政治权利公约》第 14 条的规定等。①

六、独立机构查访的制度

《欧洲防止酷刑公约》于 1989 年生效，羁押场所独立巡视制度被确立。该公约建立防止酷刑和不人道的、有辱人格的待遇或处罚欧洲委员会，该委员会的成员的数量与缔约国的数目相等。委员以独立专家身份任职，缔约国国家承诺与委员会合作。委员会有广泛的权利访问监狱和其他拘押场所，但委员会不能行使任何司法职能。所以委员会的任务不是判断是否发生了违反公约义务情势，而是就所发现的事实拟具报告，并提出适当的建议。委员会从 1990 年开始访问已经接受公约的国家，并且一直很活跃。委员会成员可以私下与被拘押者交谈和会见任何其他掌握资料的人。有关访问的报告，早些时候一开始是秘密的。但是所涉国家通常要求委员会发表报告，以便使人知晓该政府的反应。委员保持与被访问国家的对话。普遍认为《欧洲防止酷刑公约》的独立查访制度已经凸显出一个实质上属于预防性质的非司法性机制

---

① 杨松才，肖世杰. 刑事诉讼法再修改专题研究"中国刑事诉讼法再修改与人权保障"国际学术研讨会论文集 [C]. 北京：中国检察出版社，2009：73.

具有的优势。英国于2002年通过《警察改革法案》从法律上予以明确。《禁止酷刑公约》在实施过程中遇到了一些困境，禁止酷刑委员会向缔约国提出的建议不能得到有效答复，特别是禁止酷刑委员会在调查方面的权力受限，限制了国际禁止酷刑进程的发展。

为此，2002年12月18日第57届联合国大会第77次全体会议第57/199号决议通过了《〈禁止酷刑和其他残忍、不人道或有辱人格的待遇或处罚公约〉任择议定书》（简称《禁止酷刑公约任择议定书》），该议定书作为《禁止酷刑公约》的专门性补充法律文件，就是要缔约国建立一个由独立的国际机构和国家机构定期查访缔约国拘留场所的制度。该制度要求建立独立的机构对羁押场所进行随机、定期的访问与查看、记录并反馈，使得本国被羁押人状况能够在公开的社会环境中接受公众的质询、外界的监督。2006年6月22日在获得首批20个国家批准后生效。截至2022年该议定书已有91个缔约国。

该议定书第2条规定履行第1条职能的国际机构是"禁止酷刑委员会防范酷刑和其他残忍、不人道或有辱人格待遇或处罚小组委员会"（SPT），简称防范酷刑小组委员会。防范酷刑小组委员会是联合国人权体系内的一个新型条约机构。它承担着一种防范性任务，旨在以创新、持久和主动的方式应对防范酷刑和虐待问题。防范酷刑小组委员会由25名来自不同区域、不同背景的禁止酷刑方面的专家组成，成员的选择需考虑地域分配、文明形式和司法制度的代表性、男女代表的均衡性。其成员由缔约国选举产生，任期4年，并以2年为周期交替更换，如再次获得提名，委员会成员可以连任一届。

防范酷刑小组委员会可对缔约国进行访问，并可去查访所有可能有人被剥夺自由的场所。通过独立的国际机构定期查访被剥夺自由者场所，记录可能存在的酷刑，是防止酷刑最有效的预防措施之一。防范酷刑小组委员会向缔约国监管机构反馈，鼓励加强自我监管、履行禁止酷刑义务，这也是设定《禁止酷刑公约任择议定书》的宗旨。这种独立的探访制度不是对监管部门的执法检查，而是通过独立人士或者公民的参与，使得本国禁止酷刑状况能够在公开的社会环境中接受公众的质询、外界的监督，通过公众的探访向社会传达一种权力接受监督、酷刑受到限制的积极信号，增强公众以及国际社会对本国禁止酷刑实践的了解与接受程度。①这符合国际社会共同的话题，建立国内、国际两套酷刑防范机制，标志着国际人权监督机制从惩罚走向事前预防。

根据《禁止酷刑公约任择议定书》，防范酷刑小组委员会可以自由进入羁押场所和设施，取得信息。防范酷刑小组委员会可以访问警察局、监狱（军事和民事监狱）、拘留中心（如审前拘留中心、移民拘留中心、青少年司法机构等）、精神健康和社会保障机构，以及其他任何人们可能或正被剥夺自由的场所。②防范酷刑小组委员会可与帮助提供相关信息者进行私下访谈，这包括政府官员、国家防范机制、国家人权机构代表、非政府组织、监狱工作人员、律师、医生、家庭成员等。向防范酷刑小组委员会提供信息者不应为此受到任何形式的惩罚或报复。

为有效执行《禁止酷刑公约任择议定书》的查访，防范酷刑小组委员会目前划分了4种访问类型：防范酷刑小组委员会国别访问、防范酷刑小组委员会后续国家访问、国家防范机制指导访问和《禁止酷刑公约任择议定书》指导访问。③防范酷刑小组委员会至少有两名成员进行访问，委员会秘书处成员和口译员也将随行。

防范酷刑小组委员会审查访问被拘留人状况包括其所受待遇在内的日常生活，相关的立法和体制框架以及其他可能与禁止酷刑相关事项。在结束访问时，防范酷刑小组委员会会编写一份书面报告，向国家提出建议和意见，并要求当事国在收到报告后6个月内作出书面回复。之后，防范酷刑小组委员会将就建议落实情况展开进一步探讨，并启动持续对话进程。防范酷刑小组委员会访问报告为保密文件，防范酷刑小组委员会的保密义务主要体现在三方面：①查访所获得的资料以及在缔约国请求查访报告公布之前包括其与有关缔约国和国家防范机制的磋商情况。②未经个人明确同意，不应公布任

---

① 陈卫东. 推进我国反酷刑进程的基本蓝图[N]. 法制日报，2007-07-15.
② 防范酷刑小组委员会简介.http：//www.ohchr.org/CH/HRBodies/OPCAT/Pages/Brief.aspx.
③ 同上。

何有关个人的数据。③这种保密义务是全程的、终身的,防范酷刑小组委员会查访团成员、专家以及陪同的其他人员,在任职期间和之后都必须对他们在履行职责期间了解到的事实或情况保密。但鼓励各国根据《禁止酷刑公约任择议定书》核准予以公布。① 截至2022年,该议定书已有91个缔约国。② 根据《禁止酷刑公约任择议定书》第17条,缔约国有义务设立国家防范机制。该机制为独立的国家机构,旨在在国家层面上防范酷刑和虐待问题。《禁止酷刑公约任择议定书》和防范酷刑小组委员会就这些机构的设立事宜提供指导。指导内容涵盖其任务、职权和工作方法。缔约国家应当按照要求成立国家防范机构。

防范酷刑小组委员会的工作包括就国家防范机制的设立事宜向各国提供援助和建议。防范酷刑小组委员会重点关注在当事国建立或运行国家防范机制的相关问题。《禁止酷刑公约任择议定书》指导访问主要就一系列《禁止酷刑公约任择议定书》遵守情况的相关问题与国家当局开展高级别对话。防范酷刑小组委员会还就有效运作方法和如何加强职权、独立性及能力从而保护被剥夺自由者免受虐待对国家防范酷刑机构进行指导,以向其提供帮助。为此,国家防范机构会与该小组进行持续对话并开展紧密合作。

防范酷刑小组委员会以保密性、公正性、非选择性、普遍性和客观性的原则为指导。防范酷刑小组委员会秉持合作的精神开展其工作。它旨在通过建设性对话和协作进程与缔约国进行互动,而非进行谴责。然而,假如缔约国拒绝合作或未能根据防范酷刑小组委员会的建议改善相关情况,禁止酷刑委员会可能被该小组要求做出公开声明或公开报告。

如果缔约国拒绝根据《禁止酷刑公约任择议定书》第12条和第14条与防范酷刑小组委员会合作,或者拒绝按照防范酷刑小组委员会的建议采取改善情况的步骤,那么防范酷刑小组委员会可以请禁止酷刑委员会就该事项发布公开声明,或者根据《禁止酷刑公约任择议定书》第16条第4款公布防范酷刑小组委员会的报告,当公开声明发布时,防范酷刑小组委员会的保密义

---

① 朱园月.《禁止酷刑公约任择议定书》研究 [D]. 北京:外交学院,2016.

② 联合国人权高专办.https://indicators.ohchr.org/.

务予以解除。当然，在作出发布这种声明的决定之前，有关缔约国有机会发表其意见。预防性访问制度更具主动性，防范酷刑小组委员会可以不事先通知缔约国而对羁押场所进行秘密访问。正因如此，很多《禁止酷刑公约》缔约国不约而同地拒绝任择决议书，认为秘密访问对传统意义上国家主权产生了广泛、深远的影响。①

七、国际法院的司法解决程序和咨询程序

根据《国际法院规约》，国际法院具有诉讼管辖和咨询管辖。但是，进行国际法院案件诉讼和咨询的只能是国家，有些国际人权条约都规定缔约国间关于公约的解释、适用或执行的争端，如不能以其他方式解决，应当提交国际法院处理或裁决的条款。此外，联合国机构或专门机构还有权请求国际法院发表咨询意见。国际法院就人权问题发表的咨询意见先后有"对防止及惩治灭绝种族罪提出保留问题的咨询意见""南非继续留驻纳米比亚（西南非洲）对各国的法律后果的咨询意见"等。通常来说，国际法院对人权纠纷的判决具有一定程度的拘束力，而其发表的咨询意见不具有拘束力，仅供联合国机构或专门机构参考。

值得注意的是，并非所有的国际人权条约都规定缔约国之间因为解释和适用引起的争端诉交国际法院，例如，《公民权利和政治权利公约》《经济、社会和文化权利公约》和《儿童权利公约》都没有规定。但是国际法院是国际习惯法、国际法基本原则确定的证据来源之一，因此随着人权的发展，国际法院对人权原则的确定具有很大的影响力。个人与国家之间的争端不被国际法院受理。国际法院是解决国家间的法律争端并向联合国机构提供咨询意见的，它处理的案件多涉及平等主体之间的国家间的关系，因此，它处理的人权方面的案件不多，但是国际法院作为联合国唯一的司法机关，它所作出的判决或者咨询意见，应该被认为具有权威性。

根据《联合国宪章》第7章的规定，对于威胁和破坏和平的行为可采取经济、外交或军事等制裁手段。二战后，在人权领域适用制裁的主要措施有：

---

① 王沛. 禁止酷刑国际刑事司法准则研究 [D]. 大连：大连海事大学，2012.

1963年开始的国际社会对南非种族主义政权的持久而全面的制裁；对伊拉克入侵科威特而导致危及地区和平和安全行为的制裁等。①

八、国际法庭的作用

二战后，发挥重要作用的国际临时性的法庭，即专门打击和惩治战争犯罪行为的国际司法机构，主要包括：①纽伦堡国际军事法庭，也称欧洲国际军事法庭，是二战结束后建立的专门审判德国战犯的国际刑事特别法庭。该法庭由英、美、苏、法四国法官组成。②远东国际军事法庭，是二战结束后建立的专门惩治日本战争罪犯的国际刑事特别法庭，由中、美、英、法、苏等11国的法官组成。③卢旺达国际刑事法庭，是根据联合国安理会1994年11月8日第955号决议建立的国际军事法庭，也是迄今为止唯一被授权起诉非国际性武装冲突中实施种族灭绝罪的国际性法庭。还有如前文所述的，根据《国际刑事法院规约》，2002年7月1日正式建立起来的常设国际刑事法院，专门对灭绝种族罪、危害人类罪、战争罪和侵略罪四种国际罪行进行审判，该机构在保护人权方面意义重大。

但是，联合国目前执行的基本上是事后反应并采取应对措施。因为联合国本身没有系统的监测制度或程序来监测各国的人权状况并及时掌握可能潜在的违反人权行为。所以，联合国及其执行主管机构在收到有关违反人权行为的资料后才确定是否执行相对应措施，这就限制了这些措施的效力。

此外，还有许多国际性机构也发挥着禁止酷刑监督机构的作用。如根据《公民权利和政治权利国际公约》成立的人权事务委员会有权调查侵犯人权的有关指控，其中包括处理酷刑和虐待在内的侵犯人权行为的指控。1985年人权委员会下设了酷刑问题特别报告员以处理那些特别严重和恶劣的侵犯人权事件，搜集和接收有关酷刑方面的情况，并对此作出有效反应。联合国和各区域性国际组织的秘书长、联合国人权高级专家委员会及其办公室、联合国预防犯罪部门从广泛意义上说，是禁止酷刑和虐待最重要的推动者。②《联合国宪章》

---

① 刘升平，夏勇. 人权与世界 [M]. 北京：人民法院出版社，1996：194-204.
② 韩克芳. 反酷刑政策与罪犯人权保障 [J]. 法学论坛，2007（2）：49-57.

将增进和鼓励对人权和基本自由的尊重作为该组织的主要宗旨之一，可以认为，联合国在禁止酷刑领域内的固有权力方面具有稳固的宪章上的依据。

以上国际禁止酷刑实施监督机制表明多种类型的程序同时存在：定期程序和特别程序，司法程序和政治程序，国别程序和专题程序，根据条约建立的程序和根据宪章建立的程序。此外，在联合国、联合国专门机构以及诸如欧洲理事会、美洲国家组织和非洲统一组织等区域性组织的框架之间和这些框架的内部，也同时存在着各种类型的程序。在许多场合，这些并存的程序和机制可能会涉及同一权利或同一批权利，或者处理相同的局势甚至相同的案件。为了在对标准的解释以及对事实和信息的评价方面保持一致，且避免重复和混乱，非常需要在各种并存的程序和机制之间进行协调。各国际秘书处和控制机制本身，特别是所有条约机构的主席，应当对这种协调给予持续的关注。

实践表明，在所有禁止酷刑的实施机制中，缔约国报告制度是非任择性的，是最有效和最广泛使用的，相比于其他禁止酷刑机制，可以更有效地对缔约国国内禁止酷刑情况进行及时掌握。但是应当认识到，绝不能把国际监督程序和控制机制看作旨在实施禁止酷刑标准的国内机制和国内措施的替代品。禁止酷刑首先要在国家和地方的层面上得到实施。国家对在其管辖之下禁止酷刑的实现负有首要的责任。然而，随着禁止酷刑的国际化以及关于保护和增进禁止酷刑不属于国家排他领域这一观点得到公认，国际社会对于每一国家遵守国际公认标准的情况可以给予合法的关注。因此，尽管国际实施机制程序绝不能取代国内实施人权的手段和方法，国际实施机制仍然可以发挥重要的辅助或补充的作用。正如《世界人权宣言》和两个国际人权公约所言："对人类大家庭的所有成员的固有尊严和平等不移权利的尊重是世界自由、正义和和平的基础。"国际禁止酷刑实施机制体现了国际社会对于与此有关的条件的达成所具有的公共利益。

第四章　中国禁止酷刑的接受与实施

第一节　中国禁止酷刑的历史发展

国际刑法上的"酷刑"概念，不同于中国传统意义的"酷刑"。中国传统意义上的酷刑偏重于仅就刑罚的实体内容下定义，即只要听起来相当残忍的肉体刑即为"酷刑"，不论其刑罚的权力主体及程序如何，并不必然地等同于现代国际法意义上的"酷刑"。

在中国古代奴隶制社会时期酷刑有五刑，即墨、劓、刖、宫、大辟之分；后期的五刑则有笞、杖、徒、流、死之分。单就死刑而言，古代的死刑又有戮、炮烙、焚、烹、斩、枭首、弃市、绞、凌迟等10余种之多。[①]

中国古代的酷刑，散发出浓郁的血腥气味。鲁迅曾说："自有历史以来，中国人是一向被同族和异族屠戮、奴隶、掳掠、刑辱的，非人类所能忍受的痛楚也都身受过。"[②]中国的酷刑主要体现在刑事立法和刑事司法两个层面，并且源远流长，向上可以溯及唐虞时代。《吕刑》曾言及苗民学到蚩尤为恶之法，经常施行"刵""椓""黥"，均为肉刑。酷刑往往通过"斩人肢体，凿其体肤"肆意摧残人体的特殊部位，给受刑人造成永久性的机体功能衰退或丧失和耻辱或痛苦。酷刑制度历经商、周、春秋战国和秦朝，一直延续到汉文帝、景帝刑制改革。

---

① 刘武俊.生命中不能承受之"酷"：读《人类酷刑史》有感[J].证据学论坛，2002（1）：552-557.

② 刘武俊.我国应当制定《反酷刑法》：读《人类酷刑史》有感[J].上海市政法管理干部学院学报，2001（6）：44-47.

中国传统文化中传宗接代是人生最重要的事情，对于尚未生育的人而言，遭受宫刑，无异于断子绝孙，由此造成的精神痛苦，锥心彻骨，无以名状。①而大辟，则有炮烙、脯、烹、剖心、磬等执行方式。② 多为法外用刑，无不令人心惊胆战。

秦国奉行重刑主义，实践法家法治思想比较彻底，全盘继承了奴隶制五刑，以刑罚严酷著称于后世。根据《法律答问》，有斩杀前先进行羞辱的"戮"刑，有碎裂犯人肢体的"磔"刑，有将犯人投入水中淹死的"定杀"刑。活埋也是秦国的酷刑之一。据《史记·商君列传》记载，商鞅变法时规定："不告奸者腰斩。"秦朝还有"以古非今者族""诽谤妖言者族"等。"族刑"不但杀死犯罪人，还杀死众多无犯罪行为仅与之有近亲关系的人，极大地扩展了死刑的适用对象，其残酷性达到了无以复加的地步。"具五刑"则是先对犯人执行各种肉刑，最后才处死，使犯人生不如死，只求速死，是一种比较典型的酷刑。"凌迟"则"先断其肢体，次绝其吭，当时之极法也"③。明朝的酷刑还有砍头、肢解、割乳碎肉等，不可胜数。

刑讯同样能够产生酷刑。据《秦简·封诊式》记载，法律允许刑讯。隋唐时，刑讯制度得到进一步完善，宋、元、明代有了严格限制，清朝又趋于严酷。唐代酷吏周兴"请君入瓮"，做法是：把囚犯装入大瓮，再用火烧热瓮，对瓮中囚犯进行灼烤。"脑箍"是"作铁笼罄囚首，加以楔，至脑裂死"④，宋代之后，"脑箍"是先用绳索缠住囚犯头部，再插入木楔，明清均沿用此法。"宿囚"则是对犯人"昼禁食，夜禁寐，敲扑撼摇，使不得瞑"⑤，相当于"车轮战"或"疲劳战"。"钉指"是用竹或铁针沿指甲往里钉，使人痛不欲生。明清两代，"钉指"的刑讯方法比较常见。凌迟一直沿袭到清末，直到光绪三十一年（1905年）沈家本主持修律奏请删除凌迟等酷刑，清廷准奏

---

① 胡继明. 从肉刑刑名用字看古代刑法文化 [J]. 汉字文化, 2001（4）：25-28.
② 李交发, 唐自斌. 中国法制史 [M]. 长沙：湖南人民出版社, 2001.
③ 上海书店. 二十五史·宋史上·宋史·刑法志 [M]. 上海：上海古籍出版社, 1990.
④ 上海书店. 二十五史·新唐书 [M]. 上海：上海古籍出版社, 1990.
⑤ 同上.

下令将凌迟、枭首、戮尸等"永远删除，俱改斩决"，凌迟这种酷刑才真正从法典中隐退。①

中国古代的酷刑，最大的特点在于以最惨烈的行刑方式，在公共场合，让罪犯遭受的痛苦达到最大，而通过对罪犯施行最痛苦的暴力行为来提醒人们。当一个人被判处死刑时，死刑的意义不是惩罚罪犯，而是警告所有无辜的人。因此，必须以让犯罪者最痛苦的死亡过程来威慑一切无罪者。刑罚所追求的价值不在于刑罚，而是完全摧毁罪犯的尊严和人格。让他永远生活在自己过失的阴影之中，以此威胁一切无罪者。

但总体来说，刑罚制度是沿着"德主刑辅、立法宽简"的路线发展的，在中国古代封建社会，刑讯逼供以及由此派生的种种酷刑，并非任意为之，而是"拷刑以法"。在立法上对刑具、刑讯的办法和程度作了非常具体的规定，使刑讯制度化和规范化。中国封建社会法律集大成者《唐律疏议》，在《断狱》篇规定："拷囚不得过三度，数总不得过二百，杖罪以下不得过所犯之数。"嗣后的历朝历代，在法律上都确立了有限度、有节律的刑讯制度。比如，刑讯的条件、拷打的部位、刑讯的方法、拷囚所用的杖具以及有关禁忌等，在法律上都作出了明确的规定，在当时的社会背景中对刑讯作出诸多限制性规定还是具有极大的进步意义的。

司法活动中的酷刑仅是酷刑现象的一方面。司法过程中酷刑犯罪最主要和最典型的表现形式是刑讯逼供罪，即在刑事诉讼过程中，追诉者对被追诉者进行讯问时，采取肉刑、变相肉刑或精神折磨等方法逼取口供的行为。

《大清现行刑律》将中国传统的封建五刑"笞、杖、徒、流、死"体系改为"死刑、无期徒刑、有期徒刑、拘留、罚金"五种刑罚方式。在死刑执行方式上，废除了凌迟、枭首、戮尸等酷刑，仅采用绞刑一种执行死刑的方式。同时为了维护封建统治阶级的利益，对谋反、谋大逆等严重触犯传统纲常的罪行保存斩首的死刑执行方式。

1912年，孙中山先生先后颁布《大总统令内务司法两部通饬所属禁止刑

---

① 刘武俊.生命中不能承受之"酷"：读《人类酷刑史》有感[J].证据学论坛，2002（3）：552-557.

讯文》《大总统令内务司法部通饬所属禁止体罚文》,明令内务、司法两部今后"不论司法、行政各官署,审理及判决民刑案件,不准再用笞杖、枷号及他项不法刑具,其罪当笞杖、枷号者,悉改科罚金、拘留"。孙中山不仅在当时"申请禁令""迅予革除",而且准备日后制定法典时,"详细规定"。这是中国历史上第一次宣布刑讯逼供非法化。

1941年冀鲁豫行署制定了《保障人民权利条例》,1942年陕甘宁边区政府制定《保障人权财权条例》。其中规定:"逮捕人犯不得施以侮辱、殴打及刑讯逼供、强迫自首","坚决废除肉刑"。

新中国成立后的《宪法》等明确规定保障公民的基本权利,但是受当时冷战环境和对外关系状况的影响,仅对西方一些国家的人权攻击进行必要的反击,中国较少参与国际人权领域的活动。1971年恢复联合国席位后,中国虽然也参加联合国大会和经社理事会讨论人权问题的会议,但总体上对人权问题持超脱和回避的态度,对联合国专门讨论和审议人权问题的联合国人权委员会不参与、不接触;对国际人权公约不沾边。[①]

但是,很长时间中国基本的执法理念认为只有人民才有权享受人权,而犯罪嫌疑人或被告人不属于人民的范畴。同时,人权概念被视为资产阶级所使用的政治性的、意识形态性的工具,与社会主义互不相容,因此关于人权的讨论是"禁区"。1978年党的十一届三中全会以后,中国的对外交往大大扩大,在国际人权领域也开始广泛合作。1979年中国《刑事诉讼法》出台,"重证据,重调查研究,不轻信口供,严禁刑讯逼供"的司法原则和刑事政策被纳入其中。1979年《刑法》第一百三十六条也规定了刑讯逼供罪。自此,有关禁止酷刑方面的法律规范日益丰富完善。

1991年,国务院发表了一份题为《中国的人权状况》的白皮书。白皮书正式肯定了人权的概念,它开宗明义地指出:"享有充分的人权,是长期以来人类追求的理想。从第一次提出'人权'这个伟大的名词后,多少世纪以来,各国人民为争取人权作出了不懈的努力,取得了重大的成果。但是,就世界

[①] 陈士球.中国积极参与国际人权活动30年[EB/OL].http://www.humanrights.cn/html/2014/3_0610/295.

范围来说，现代社会还远没有能使人们达到享有充分的人权这一崇高的目标。这也就是为什么无数仁人志士为此而努力奋斗。"这是新中国成立以来的第一部白皮书，该报告专列"监狱工作和罪犯的权利"部分对中国囚犯人权保障问题进行说明，也是中国涉及人权的最早的官方文件。

1992年，国务院新闻办公室又以白皮书的形式发表了《中国改造罪犯的状况》，指出："中国法律规定，罪犯的服刑期间应有的权利受到保护，不容侵犯。"这是继《中国的人权状况》白皮书之后最早的一部在专门领域介绍关于中国人权状况的白皮书。该白皮书系统地宣传、介绍了中国改造罪犯的基本原则，以及罪犯在服刑过程中应享有的权利，明确表达了中国在该白皮书里所阐述的基本主张："依法保障罪犯的权利。"

2004年，中国将"国家尊重和保障人权"写入《宪法》。"人权入宪"对推动中国人权事业及促进中国的对外人权合作都具有重要意义。

中国改革开放后重视禁止酷刑的工作，参加了一系列的禁止酷刑的国际公约，积极履行禁止酷刑的国际义务，在国内先后制定和修改了一系列法律和法规，并采取了其他许多相关措施，但在全面、充分、有效地实施免受酷刑权的国际标准方面仍有若干有待改进和完善之处。中国也很重视联合国人权特别机制在国际人权领域的重要作用，积极开展在人权领域的对话及合作。中国积极推荐专家参与禁止酷刑委员会等出任委员。

一、非法证据排除规则的确立

非法证据排除规则，指执法、司法官员经由非法程序或使用非法方法取得的证据，不得在刑事诉讼中用作不利于犯罪嫌疑人、被告人的证据。从世界范围来看，非法证据排除规则普遍存在于两大法系主要国家。酷刑所获的证据由于其收集过程严重违反了正当法律程序，侵犯了嫌疑人的合法权利，根据非法证据排除规则，理应予以排除。

联合国人权委员会在对《公民权利和政治权利公约》中确立的反对强迫自证其罪规则进行评论时指出：贯彻反对强迫自证其罪规则要求缔约国法律必须规定通过强迫或其他强制方法获得的证据不得被采纳。《关于公正审判和补救权利的宣言（草案）》中联合国人权委员会将反对强迫自证其罪的内容规定为：（1）任何供认或其他通过强迫或暴力获取的材料都不得被采纳为定罪判罪的证据或被视为提供证据的事实。（2）被告人的沉默不应被用作指控被告人有罪的证据。联合国大会 1975 年 12 月 9 日通过的《禁止酷刑宣言》第 12 条规定："如经证实是因为受酷刑或其他残忍、不人道或有辱人格的待遇或处罚而作的供词，不得在任何诉讼中援引为指控有关的人或其他人的证据。"

《禁止酷刑公约》第 15 条进一步完善了上述规定："每一缔约国应确保在任何诉讼程序中，不得援引任何已经确定系以酷刑取得的口供为证据，但这类口供可用作被控施用酷刑者刑讯逼供的证据。"上述联合国文书的规定，是对有关国家禁止违法取证和排除违法所获证据的肯定，同时也为各缔约国提供了处理这一问题应遵守的基本行为准则。① 《禁止酷刑宣言》和《禁止酷刑公约》不仅规定了应当排除以酷刑等手段获取的口供，而且要求各缔约国将一切酷刑行为定为刑事罪行，并及时对此类罪行进行调查、作出处理。

1988 年联合国《保护所有遭受任何形式拘留或监禁的人的原则》第 21 条规定：（1）应禁止不当利用被拘留人或被监禁人的处境而进行逼供，或迫其以其他方式认罪，或作出不利于他人的证言。（2）审问被拘留人时不得对其施以暴力、威吓或使用损害其决定能力或其判断力的审问方法。第 23 条对讯问作了专门规定：（1）被拘留人或被监禁人的任何审问的持续时间和两次审问的间隔时间以及进行审问的官员和其他在场人员的身份，均应以法定格式加以记录和核证。（2）被拘留人或被监禁人或在法律有此规定的情形下其律师应可查阅本原则第 1 段所指的资料。这一条规定是极为重要的。必须严格规定讯问的持续时间和间隔。讯问本身对被讯问人而言可能就会带来肉体上和精神上的痛苦。长时间的讯问，不让休息，不给食物和饮料完全可能造成极大的肉体和精神痛苦。尽管在讯问时不打不骂，但这种讯问本身也可能构成酷刑。

为了更有成效地防止酷刑，除了《刑法》第二百四十七条的规定和《刑

---

① 谢佑平，万毅. 多元与普适：刑事司法国际准则视野内的非法证据排除规则 [J]. 证据学论坛，2001（2）：212-227.

事诉讼法》第四十三条的规定，中国在刑事司法程序中采取了一系列有效的司法措施，即以由最高人民法院 1998 年 6 月 29 日发出的《关于执行〈中华人民共和国刑事诉讼法〉若干问题的解释》的形式，制定了明确的补充规定，确认以酷刑方法取得的口供和证据无效。

《刑事诉讼法》规定了不强迫自证其罪，修改后的《刑事诉讼法》规定了不强迫自证其罪的原则，设置了非法证据排除制度。第五十四条规定，采用刑讯逼供等非法方法收集的犯罪嫌疑人、被告人供述和采用暴力、威胁等非法方法收集的证人证言、被害人陈述，应当予以排除。在侦查、审查起诉、审判时发现有应当排除的证据的，应当依法予以排除，不得作为起诉意见、起诉决定和判决依据。

《刑事诉讼法》第四十三条规定：审判人员、检察人员、侦查人员必须依照法定程序，收集能够证实犯罪嫌疑人、被告人有罪或者无罪、犯罪情节轻重的各种证据，严禁刑讯逼供和以威胁、引诱、欺骗以及其他非法的方法收集证据。此外，最高人民检察院在《人民检察院刑事诉讼规则》第二百六十五条第一款，强调了必须依照法定程序收集证据，严禁刑讯逼供等酷刑行为，中国对于通过刑讯逼供等非法方法获得的言词证据是予以排除的。但却并没有作出进一步规定，即没有确立对通过非法口供所获取的其他证据应当予以排除的规则。

2010 年 6 月，最高院、最高检、公安部、国家安全部和司法部联合制定并发布《关于办理死刑案件审查判断证据若干问题的规定》和《关于办理刑事案件排除非法证据若干问题的规定》。前者强调适用死刑在事实、证据上必须排除一切合理怀疑；后者规定采取刑讯逼供等非法手段取得的供述和证人证言等，不能作为定案的根据。《关于办理死刑案件审查判断证据若干问题的规定》规定，对证人证言应当着重审查有无暴力、威胁、引诱、欺骗以及其他非法手段取证的情形（第十一条）；对视听材料应当着重审查制作过程中当事人有无受到威胁、引诱等违反法律及有关规定的情形（第二十七条）；以暴力、威胁等非法手段取得的证人证言，不能作为定案的根据（第十二条）；根据被告人的供述、指认提取到了隐蔽性很强的物证、书证，且与其他证明犯罪事实发生的证据互相印证,并排除串供、逼供、诱供等可能的,可以认定有罪(第三十四条)。《关于办理刑事案件排除非法证据若干问题的规定》规定,采用刑讯逼供等非法手段取得的犯罪嫌疑人、被告人供述和采用暴力、威胁等非法手段取得的证人证言、被害人陈述,属于非法言词证据(第一条);经依法确认的非法言词证据,应当予以排除,不能作为定案的根据(第二条)。这两个规定不仅全面规定了刑事诉讼证据的基本原则,细化了证明标准,还具体规定了对各类证据的收集、固定、审查、判断和运用;不仅规定了非法证据的内涵和外延,还规范了审查和排除非法证据的程序、证明责任等问题。主要确定了以下问题:

第一,非法言词证据的内涵和外延。非法证据除了非法言词证据,还有非法实物证据;同时还包括以刑讯逼供等非法手段取得的言词证据,属于非法言词证据,都应当依法排除。

第二,启动证据合法性调查程序的初步责任。"被告人及其辩护人提出被告人审判前供述是非法取得的,法庭应当要求提供涉嫌非法取证的人员、时间、地点、方式、内容等相关线索或者证据。"

第三,应由控方对被告人审判前供述的合法性负举证责任和相应的证明标准。在控方不举证,或者已提供的证据不够确实、充分的情况下,则应当承担不能以该证据证明指控的犯罪事实的法律后果和责任。

第四,讯问人员出庭作证问题。这是非法证据排除规则中极其重大的变化,在司法实践中对于刑讯逼供是否存在,庭审很难查明,该规定可以很好地化解中国问题。

第五,对非法取得的物证、书证的排除问题。对非法取得的物证、书证是否排除,在各国做法差异较大,中国长期司法实务中排除的可能性比较小。规定"物证、书证的取得明显违反法律规定,可能影响公正审判的,应当予以补正或者作出合理解释,否则,该物证、书证不能作为定案的根据"。

2017年6月,最高人民法院在中国18个中级人民法院召开办理刑事案件庭前会议、排除非法证据、第一审普通程序法庭调查规程试点,并自2018年1月1日起在中国法院试行。2020年最高院发布《关于适用〈中华人民共和国刑事诉讼法〉的解释》对非法证据排除制度的具体适用作出进一步明确。

该解释进一步明确：非法证据的认定标准，规定使用肉刑或者变相肉刑，或者采用其他使被告人在肉体上或者精神上遭受剧烈疼痛或者痛苦的方法，迫使被告人违背意愿供述的，应当认定为刑事诉讼法规定的"刑讯逼供等非法方法"。对《刑事诉讼法》第五十四条规定的"可能严重影响司法公正"，应当综合考虑收集物证、书证违反法定程序以及所造成后果的严重程度等情况作出认定。

该解释规定：申请排除证据的程序，规定当事人及其辩护人、诉讼代理人申请人民法院排除以非法方法收集的证据的，应当依法提供涉嫌非法取证的人员、时间、地点、方式、内容等相关线索或者材料；并规定人民法院在向被告人及其辩护人送达起诉书副本时，应当告知其申请排除非法证据的，在开庭审理前提出，但在庭审期间才发现相关线索或者材料的除外。

该解释规定：对取证合法性的审查、调查程序，规定开庭审理前，当事人及其辩护人、诉讼代理人申请排除非法证据，人民法院经审查，对证据收集的合法性有疑问的，应当召开庭前会议，就非法证据排除等问题向控辩双方了解情况，听取意见。法庭审理过程中，当事人及其辩护人、诉讼代理人申请排除非法证据的，法庭经审查，对证据收集的合法性有疑问的，应当进行调查；没有疑问的，应当当庭说明情况和理由，继续法庭审理。

该解释规定：对证据收集合法性的调查，根据具体情况，可以在当事人及其辩护人、诉讼代理人提出排除非法证据的申请后进行，也可以在法庭调查结束前一并进行。开庭前已掌握非法取证的线索或者材料，开庭前不提出排除非法证据申请，庭审中才提出申请的，应当在法庭调查结束前一并进行审查，并决定是否进行证据收集合法性的调查。

该解释还明确规定：以刑讯逼供方式获得的言词证据应当绝对排除，建立、健全非法证据的确认机制和救济机制，保证非法证据排除规则的可适用性和有效性。从程序规则上确保侵犯不得自证其罪权利的行为能够受到程序意义上的制裁。2013年至2017年，各级检察机关因排除非法证据决定不批捕 2624 人，不起诉 870 人。[①]

但是，对于非法证据排除，《关于办理刑事案件排除非法证据若干问题的规定》在司法实务中还有一些问题需要解决：首先，未把采用暴力、威胁等非法手段取得的证人证言、被害人陈述纳入非法言词证据的范畴。其次，该规定提出排除申请的时间是开庭审理前或庭审中。由于中国诉讼制度中并没有庭前证据开示制度，所以被告人在开庭审理前基本上没有可能了解有关证据的情况，那么对于提出非法证据排除的申请也就无从谈起。最后，缺少对非法证据排除的具体救济程序的规定。因此，虽然在一定程度上确立了非法言词证据排除规则，但因其规定的内容较为原则性，且未规定相应的操作程序，致使排除规则很难在司法实践中发挥法律规范应有的功能。

二、中国对禁止酷刑相关国际条约的接受

承认和尊重人的尊严不仅是国际人权的理论起点和基本原则，也是中国政府的基本立场。中国已参加 26 项国际人权公约及相关议定书。中国向禁止酷刑委员会积极提交《中国国家人权报告》表明了对国际人权准则的明确认可，也充分表达了中国愿意与世界各国共同努力，促进国际人权交流，形成广泛共识的诚意。

中国于 1986 年 2 月 2 日签署了《禁止酷刑公约》，中国人大于 1988 年 9 月批准，1988 年 11 月 3 日《禁止酷刑公约》正式对中国生效。中国政府在批准该公约时提出两项保留，其中一项即"不承认禁止酷刑委员会在《禁止酷刑公约》第 20 条中的权能"，中国政府不接受禁止酷刑委员会针对酷刑情报到缔约国进行秘密调查和访问的规定。中国在批准《禁止酷刑公约》时，没有声明承认禁止酷刑委员会根据《禁止酷刑公约》第 22 条受理个人申诉的权限。《禁止酷刑公约》第 20 条主要是规定了合作研究并出具报告、秘密调查、境内访问，中国不接受禁止酷刑委员会在国家间指控和个人申诉制度中的权能，秘密调查和境内访问这两项可能涉及国家安全的措施，都涉及了国家利

[①] 国务院新闻办公室.《中国人权法治化保障的新进展》白皮书[M].北京：人民出版社，2017.

益的制度设计和调查措施，至于保密与报告提交，中国尽管做出保留，但是始终在执行年度报告的任务。执行关于缔约国间就酷刑问题产生的争端可以提交国际仲裁或国际法院进行裁决的规定。①

中国没有加入 2002 年联合国通过的《禁止酷刑公约附加议定书》，中国认为："议定书规定的可随时随地强制查访缔约国羁押场所的国际机制未能充分尊重缔约国主权。"② 中国并不认可关于酷刑的争端涉及国际交往问题，认为：这是一国内政的问题，提交国际法院去裁决，本就是对内政的一种变相干涉。因此，提交定期人权报告成为中国应承担的主要的强制性条约义务。

中国重视对《禁止酷刑公约》的履行。1989 年 12 月按照《禁止酷刑公约》的要求首次提交报告 CAT/C/7/ Add.5，并于 1992 年 10 月提交补充报告 CAT/C/7/Add.14；向国际社会反映中国在禁止酷刑和其他残忍、不人道或有辱人格的待遇或处罚方面的实际状况。中国的第二次报告（CAT/C/ 20/Add.5）于 1995 年 12 月提交，并于 1996 年 5 月经禁止酷刑委员会审议。③1999 年 2 月提交了第三次报告（CAT/C/3/9/Add.2），并于 2000 年 5 月由禁止酷刑委员会进行了审议。④中国的首次报告及其补充报告、第二次报告的主要内容是中国的政权结构、国家法律制度，以及在禁止酷刑方面的具体法律规定和实践。第三次报告的内容是回应委员会在前次审议中提出的问题，提供了中国执行公约的新举措，并结合委员会在以前的审议中提出的问题，介绍了中国执行公约的措施。中国在履行禁止酷刑公约方面所做的努力，得到禁止酷刑委员会的充分肯定。⑤第四、五次合并报告（CAT/C/CHN/4）于 2006 年 1 月提交，明确地说明了中国执行公约第一部分取得的新进展和采取的有效措施。于 2013 年提交了第六次报告，阐明看守所条例、监狱法、刑事诉讼法、中国刑法等多部法律都明确规定和说明了禁止酷刑的问题。

中国参加的国际人权条约还有《儿童权利公约》《关于难民地位的公约》

---

① 全国人民代表大会常务委员会关于批准《禁止酷刑公约》的决定，1988 年 9 月 5 日通过。
② 徐显明. 国际人权法教程 [M]. 北京：法律出版社，2004：99.
③ Committee Against Torture：China，A/51/44.
④ Committee AgainstTorture：China，A/55/44.
⑤ Committee Against Torture：China，A/51/44（Concluding Observations/Comments）.

《禁止并惩治种族隔离罪行国际公约》《防止及惩治灭绝种族罪公约》等，这些条约中对禁止酷刑都有涉及。

中国禁止酷刑事业取得的显著成绩和巨大进步赢得了世界大多数主持正义的国家的认可。2006年3月15日，第60届联合国大会设立禁止酷刑理事会以取代禁止酷刑委员会。决议规定，禁止酷刑理事会的47个成员国按公平地域原则分配，由联合国大会直接投票产生，须得到半数以上联合国大会成员国的支持。在选举理事会成员时，联合国大会应考虑候选国在促进和保护禁止酷刑方面所作的贡献。

中国已将国家尊重和保障禁止酷刑明确写入宪法，并在社会发展进程中不断推进禁止酷刑事业。这是中国对世界禁止酷刑事业作出的郑重承诺。中国政府一贯致力于促进和保护禁止酷刑及基本自由，并积极参与国际禁止酷刑对话与合作。中国政府支持禁止酷刑理事会以公正、客观和非选择性方式处理禁止酷刑问题，加强不同文明、文化和宗教间的建设性对话与合作。中国政府在禁止酷刑问题上的立场是明确的，相信中国在联合国禁止酷刑理事会今后的工作中能够发挥积极作用。

中国为了切实履行国际条约中有关禁止酷刑的国际义务，先后颁布了一些法律，并对现行法律进行了一系列以禁止酷刑为目的的修改。中国目前已经基本形成了禁止酷刑的法律体系。

三、中国宪法和一系列禁止酷刑法律的修改

（一）中国尊重和保障人权入宪

2004年3月14日，中国人大修订了《宪法》，增加了"国家尊重和保障人权"的规定，首次明确规定对人权实行宪法保护。中国《宪法》第三十三条规定："中华人民共和国公民在法律面前一律平等。国家尊重和保障人权。"第三十七条规定："中华人民共和国公民的人身自由不受侵犯。任何公民，非经人民检察院批准或者决定或者人民法院决定，并由侦查机关执行，不受逮捕。禁止非法拘禁和以其他方法非法剥夺或者限制公民的人身自由，禁止非法搜查公民的身体。"第三十八条规定："中华人民共和国公民的人格尊严不受侵犯。禁止用任何方法对公民进行侮辱、诽谤和诬告陷害。"第四十一条还

规定:"中华人民共和国公民对于任何国家机关和国家工作人员的违法失职行为,有向有关国家机关提出申诉、控告或者检举的权利。"第一百三十条还规定:"被告人有权获得辩护。"这为禁止酷刑提供了权利性的保障,强调禁止酷刑的核心价值是人权的重要组成部分,体现对酷刑的坚决抵制与打击。这些规定都为保护人权、禁止酷刑奠定了国家根本法的基础。

(二)中国修订系列法律保障禁止酷刑

中国《刑法》的修改在刑事司法制度中体现出对禁止酷刑的尊重。1997年中国修订了1979年的《刑法》,先后颁布了11条修正案,修正后的《刑法》虽没有直接规定酷刑罪,但是保留了1979年《刑法》的刑讯逼供罪和体罚、虐待被监管人员罪,增加了暴力取证罪,对证人施行暴力也予以惩处。修订后的《刑法》对刑讯逼供罪、暴力取证罪和体罚、虐待被监管人员罪规定得更加明确,处罚得更加严厉。

中国《刑法》第二百四十六条规定:"以暴力或者其他方法公然侮辱他人或者捏造事实诽谤他人,情节严重的,处三年以下有期徒刑、拘役、管制或者剥夺政治权利。前款罪,告诉的才处理,但是严重危害社会秩序和国家利益的除外。"通过信息网络实施第一款规定的行为,被害人向人民法院告诉,但提供证据确有困难的,人民法院可以要求侦查机关提供协助。

第二百四十七条规定:"司法工作人员对犯罪嫌疑人、被告人实行刑讯逼供或者使用暴力逼取证人证言的,处三年以下有期徒刑或者拘役。致人伤残、死亡的,依照本法第二百三十四条、第二百三十二条的规定定罪从重处罚。"

第二百四十八条规定:"监狱、拘留所、看守所等监管机构的监管人员对被监管人进行殴打或者体罚虐待,情节严重的,处三年以下有期徒刑或者拘役;情节特别严重的,处三年以上十年以下有期徒刑。致人伤残、死亡的,依照本法第二百三十四条、第二百三十二条的规定定罪从重处罚。监管人员指使被监管人殴打或者体罚虐待其他被监管人的,依照前款的规定处罚。"

中国1979年颁布(2018年第三次修正)的《刑事诉讼法》从程序和证据方面,对于酷刑和其他残忍、不人道或有辱人格的待遇或处罚,作了严格的禁止性规定。其中《刑事诉讼法》第十二条规定:"未经人民法院依法判决,对任何人都不得确定有罪。"这一规定完全改变了犯罪嫌疑人和被告人在刑事诉讼过程中的地位。第五十二条规定："审判人员、检察人员、侦查人员必须依照法定程序，收集能够证实犯罪嫌疑人、被告人有罪或者无罪、犯罪情节轻重的各种证据。严禁刑讯逼供和以威胁、引诱、欺骗以及其他非法方法收集证据，不得强迫任何人证实自己有罪。必须保证一切与案件有关或者了解案情的公民，有客观地充分地提供证据的条件，除特殊情况外，可以吸收他们协助调查。"第五十七条规定："人民检察院接到报案、控告、举报或者发现侦查人员以非法方法收集证据的，应当进行调查核实。对于确有以非法方法收集证据情形的，应当提出纠正意见；构成犯罪的，依法追究刑事责任。"第六十三条规定："人民法院、人民检察院和公安机关应当保障证人及其近亲属的安全。对证人及其近亲属进行威胁、侮辱、殴打或者打击报复，构成犯罪的，依法追究刑事责任；尚不够刑事处罚的，依法给予治安管理处罚。"

《刑事诉讼法》完善了强制措施和侦查措施的程序。除上述相关内容外，《刑事诉讼法》第一百一十八条规定："犯罪嫌疑人被送交看守所羁押以后，侦查人员对其进行讯问，应当在看守所内进行。"第一百二十三条规定："侦查人员在讯问犯罪嫌疑人的时候，可以对讯问过程进行录音或者录像；对于可能判处无期徒刑、死刑的案件或者其他重大犯罪案件，应当对讯问过程进行录音或者录像。录音或者录像应当全程进行，保持完整性。"

《刑事诉讼法》完善了犯罪嫌疑人和被告人委托辩护人的程序。第三十四条规定："犯罪嫌疑人自被侦查机关第一次讯问或者采取强制措施之日起，有权委托辩护人；在侦查期间，只能委托律师作为辩护人。被告人有权随时委托辩护人。……犯罪嫌疑人、被告人在押期间要求委托辩护人的，人民法院、人民检察院和侦查机关应当及时转达其要求。犯罪嫌疑人、被告人在押的，也可以由其监护人、近亲属代为委托辩护人。"第三十九条明确了辩护律师会见在押的犯罪嫌疑人、被告人的程序，规定辩护律师持律师执业证书、律师事务所证明和委托书或者法律援助公函要求会见在押的犯罪嫌疑人、被告人的，看守所应当及时安排会见，至迟不得超过四十八小时。危害国家安全犯罪、恐怖活动犯罪案件，在侦查期间辩护律师会见在押的犯罪嫌疑人，应当经侦查机关许可。辩护律师会见在押的犯罪嫌疑人、被告人，可以了解案件有关情况，提供法律咨询等；自案件移送审查起诉之日起，可以向犯罪嫌疑人、被告人核实有关证据。辩护律师会见犯罪嫌疑人、被告人时不被监听。

《人民法院组织法》1980年施行，先后经过多次修订。第十七条规定："死刑除依法由最高人民法院判决的外，应当报请最高人民法院核准。"《刑事诉讼法》第二百三十四条规定，对于被告人被判处死刑的上诉案件，第二审人民法院应当组成合议庭，开庭审理。第二百五十一条规定："最高人民法院复核死刑案件，应当讯问被告人，辩护律师提出要求的，应当听取辩护律师的意见。"在复核死刑案件过程中，最高人民检察院可以向最高人民法院提出意见。最高人民法院应当将死刑复核结果通报最高人民检察院。2007年3月9日，最高人民法院、最高人民检察院、公安部、司法部印发的《关于进一步严格依法办案确保办理死刑案件质量的意见》，切实保障犯罪嫌疑人、被告人的合法权益；严禁违法取证，严禁暴力取证；对刑讯逼供取得的犯罪嫌疑人供述和以暴力、威胁等非法方法收集的被害人陈述、证人证言，不能作为指控犯罪的根据。

1994年实施的《监狱法》参照了1977年《联合国囚犯待遇最低限度标准规则》，符合1990年《囚犯待遇基本原则》，并于2012年修正。《监狱法》第十四条规定："监狱的人民警察不得有下列行为：……（三）刑讯逼供或者体罚、虐待罪犯；（四）侮辱罪犯的人格；（五）殴打或者纵容他人殴打罪犯；……监狱的人民警察有前款所列行为，构成犯罪的，依法追究刑事责任；尚未构成犯罪的，应当予以行政处分。"《监狱法》还规定只有在押送犯人、犯人试图逃跑或使用暴力以及其他危险情况下才能对犯人使用械具；只有在犯人聚众暴动、越狱、拒捕、持械威胁他人、劫持人质或抢夺武器等情况下才能对他们使用武器。1997年公安部、人事部又印发了《公安机关人民警察基本素质考试考核暂行办法》，对于警察素质的考试考核予以规范。为了保证警察队伍具有较高素质，1996年公安部、人事部印发了《公安机关人民警察辞退办法》，对不具备警察条件和不适合继续在公安部机关工作的人员，予以辞退。

《行政诉讼法》1990年生效，并于2014年、2017年两次修订。该法第二章规定人民法院受理公民对于拘留、罚款、限制人身自由等具体行政行为不服提起的诉讼。该法明确规定公民、法人或者其他组织的合法权益受到行政机关工作人员作出的具体行政行为侵犯造成损害的,有权请求赔偿。

2000年12月28日《引渡法》施行。该法规定高级人民法院根据《引渡法》和中国对外缔结的引渡条约关于引渡条件等有关规定,由审判员三人组成合议庭,对请求国的引渡请求进行审查。审查过程中合议庭须听取被请求引渡人的陈述及其委托的中国律师的意见,其中包括对请求引渡国是否存在酷刑作出判断。高级人民法院经审查后作出是否引渡的裁定,由最高人民法院对此裁定是否符合引渡法和引渡条约的规定进行复核。中国对外缔结的引渡条约规定的可引渡的犯罪均包含涉及酷刑的犯罪。中国迄今尚未以请求引渡国存在酷刑为由拒绝其引渡请求。

1995年2月28日施行的《人民警察法》第二十二条以及1995年2月28日起施行,2001、2017年2019年三次修订的《检察官法》第四十七条分别明确禁止了警察和检察官使用刑讯手段损害嫌犯和被告人的人身权利。

《治安管理处罚法》自2006年3月1日起施行,并于2012年10月26日修订。第一百一十六条规定:"人民警察办理治安案件,有下列行为之一的,依法给予行政处分;构成犯罪的,依法追究刑事责任:(一)刑讯逼供、体罚、虐待、侮辱他人的;(二)超过询问查证的时间限制人身自由的;……办理治安案件的公安机关有前款所列行为的,对直接负责的主管人员和其他直接责任人员给予相应的行政处分。"

2012年1月1日起施行的《行政强制法》第二十条规定,依照法律规定实施限制公民人身自由的行政强制措施,应当当场告知或者实施行政强制措施后立即通知当事人家属实施行政强制措施的行政机关、地点和期限。实施限制人身自由的行政强制措施不得超过法定期限。实施行政强制措施的目的已经达到或者条件已经消失,应当立即解除。该法第八条规定:"公民、法人或者其他组织对行政机关实施行政强制,享有陈述权、申辩权;有权依法申请行政复议或者提起行政诉讼;因行政机关违法实施行政强制受到损害的,有权依法要求赔偿。"

2018年3月20日施行的《监察法》第四十条规定："严禁以威胁、引诱、欺骗及其他非法方式收集证据,严禁侮辱、打骂、虐待、体罚或者变相体罚被调查人和涉案人员。"

2005年以来,公安部还修改了《公安机关办理行政案件程序规定》和《公安机关办理刑事案件程序规定》,制定了《公安机关适用刑事羁押期限规定》和其他规章。最高人民检察院公布了《关于渎职侵权犯罪案件立案标准的规定》《人民检察院监狱检察办法》《人民检察院看守所检察办法》,司法部发布了《2006—2010年监狱劳教人民警察队伍建设规划纲要》《监狱人民警察六条禁令》等,在执法和司法程序各个重要环节建立和加强了预防机制。

(三)修改《国家赔偿法》

1995年1月1日施行的《国家赔偿法》,被誉为"中国民主法治建设的里程碑"。《国家赔偿法》对行政赔偿和刑事赔偿的范围,赔偿义务机关,赔偿的方式、标准和计算方法,赔偿的程序,赔偿费用等,作了全面具体规定。《国家赔偿法》第十七条规定刑事赔偿范围:"行使侦查、检察、审判职权的机关以及看守所、监狱管理机关及其工作人员在行使职权时有下列侵犯人身权情形之一的,受害人有取得赔偿的权利。"其中第四款规定:"刑讯逼供或者以殴打、虐待等行为或者唆使、放纵他人以殴打、虐待等行为造成公民身体伤害或者死亡的。"第五款规定:"违法使用武器、警械造成公民身体伤害或者死亡的。"《国家赔偿法》健全了国家责任制度,标志着中国国家赔偿法律制度的全面确立。《国家赔偿法》的实施,是中国保障人权的重大进步。

但《国家赔偿法》在实施过程中,因为与错案追究、执法责任相挂钩,强调国家赔偿的追偿责任,使得国家赔偿法似乎成了一部分责任追究法,从而导致受益面过窄。《国家赔偿法》在2010年、2012年两次修正后主要有以下重大变化。

1.用结果责任原则来确定刑事赔偿

最根本的变化应该体现在立法指导思想上,应把对受害人合法权益的保护救济放在首位,对国家机关行为的合法和违法评价不是国家赔偿法的应有之义。《国家赔偿法》第二条规定"国家机关和国家机关工作人员行使职权,有本法规定的侵犯公民、法人和其他组织合法权益的情形，造成损害的，受害人有依照本法取得国家赔偿的权利"，删除了原来规定中的"违法"。

刑事赔偿不能以是否判决有罪为是否赔偿的依据，而应当以是否非法侵犯公民权利为依据。刑事侦查权力是国家权力，作为在国家司法管辖权的个人有义务受国家管辖，当侦查部门有合法根据对个人进行侦查时，是正常行使国家权力，如果产生损失，国家不应承担责任。但是，如果侦查行为违法，侵犯公民的人身权利，即使当事人有罪，也应当赔偿，因为被告人有罪的判决并不能将对他的非法侵害合法化，从而不能免除国家赔偿责任。

2. 明确国家赔偿的范围

行使行政职权时有下列侵犯人身权情形之一的，受害人有取得赔偿的权利：①违法拘留或者违法采取限制公民人身自由的行政强制措施的；②非法拘禁或以其他方法非法剥夺公民人身自由的；③以殴打、虐待等行为或者唆使、放纵他人以殴打、虐待等行为造成公民身体伤害或者死亡的；④ 违法使用武器、警械造成公民身体伤害或者死亡的；⑤造成公民身体伤害或者死亡的其他违法行为。

3. 畅通国家赔偿请求渠道

《国家赔偿法》明确赔偿义务机关应当自收到申请之日起两个月内，作出是否赔偿的决定。对于行政赔偿，赔偿义务机关在规定期限内未作出是否赔偿的决定，或者赔偿请求人对赔偿方式、项目、数额有异议，以及赔偿义务机关作出不予赔偿决定的，赔偿请求人可以向人民法院提起诉讼；对于刑事赔偿，赔偿义务机关在规定期限内未作出是否赔偿的决定，或者赔偿请求人对赔偿的方式、项目、数额有异议，以及赔偿义务机关作出不予赔偿决定的，赔偿请求人可以向赔偿义务机关的上一级机关申请复议。赔偿请求人不服复议决定的，或者复议机关逾期不作决定的，赔偿请求人可以向人民法院赔偿委员会申请作出赔偿决定。赔偿请求人或者赔偿义务机关对赔偿委员会作出的决定，认为确有错误的，可以向上一级人民法院赔偿委员会提出申诉。

4. 确立赔偿义务机关的举证责任，完善赔偿办理程序

《国家赔偿法》尤其明确了赔偿义务机关的举证责任。第十五条第二款规

定:"赔偿义务机关采取行政拘留或者限制人身自由的强制措施期间,被限制人身自由的人死亡或者丧失行为能力的,赔偿义务机关的行为与被限制人身自由的人的死亡或者丧失行为能力是否存在因果关系,赔偿义务机关应当提供证据。"

赔偿义务机关作出赔偿决定,应当充分听取赔偿请求人的意见,并可以与赔偿请求人就赔偿方式、赔偿项目和赔偿数额进行协商。人民法院赔偿委员会处理赔偿请求,赔偿请求人和赔偿义务机关对自己提出的主张,应当提供证据。被羁押人在羁押期间死亡或者丧失行为能力的,赔偿义务机关的行为与被羁押人的死亡或者丧失行为能力是否存在因果关系,赔偿义务机关应当提供证据。人民法院赔偿委员会处理赔偿请求,采取书面审查的办法。必要时,可以向有关单位和人员调查情况、收集证据。赔偿请求人与赔偿义务机关对损害事实及因果关系有争议的,赔偿委员会可以听取赔偿请求人和赔偿义务机关的陈述和申辩,并可以进行质证。

刑事赔偿举证责任特殊规定针对的是赔偿义务机关在被羁押人被羁押期间死亡或者丧失行为能力的情形。因此,在发生被羁押人死亡或者丧失行为能力时,监管机关有责任及时调查原因,并由监管机关负责证明其行为与被羁押人的死亡或者丧失行为能力之间是否存在因果关系。这对于防止刑讯逼供、防止牢头狱霸虐待嫌疑人有重要意义。举证责任倒置也有利于改进中国的羁押制度,此外举证责任倒置还解决了受害人的举证难题,犯罪嫌疑人存在伤亡除监管机构能够证明不负责任外,应当给予赔偿,这种举证责任的设定明显有利于犯罪嫌疑人。

5. 完善侵犯生命健康权的赔偿标准,明确精神损害赔偿

《国家赔偿法》第三十四条规定:"侵犯公民生命健康权的,赔偿金按照下列规定计算:(一)造成身体伤害的,应当支付医疗费、护理费,以及赔偿因误工减少的收入。……(二)造成部分或者全部丧失劳动能力的,应当支付医疗费、护理费、残疾生活辅助具费、康复费等因残疾而增加的必要支出和继续治疗所必需的费用,以及残疾赔偿金。……造成全部丧失劳动能力的,对其扶养的无劳动能力的人,还应当支付生活费。(三)造成死亡的,应当支付死亡赔偿金、丧葬费……对死者生前扶养的无劳动能力的人，还应当支付生活费。"第三十五条规定："致人精神损害的，应当在侵权行为影响的范围内，为受害人消除影响，恢复名誉，赔礼道歉；造成严重后果的，应当支付相应的精神损害抚慰金。"

中国最高人民法院 2020 年 1 月 29 日发布纪念《中华人民共和国国家赔偿法》颁布实施二十五周年典型案例。① 一批刑事冤错案件当事人或亲属依法获得赔偿，这对于切实保障赔偿请求人合法权益、维护社会公平正义、提高司法公信力，发挥了重要作用。《国家赔偿法》对国家赔偿的范围、请求人、义务机关及程序方面的规定使受害人能够有效行使国家赔偿请求权。2014 年至 2018 年，各级人民法院受理国家赔偿案件 31434 件。

2021 年我国出台了《关于审理国家赔偿案件确定精神损害赔偿责任适用法律若干问题的解释》，进一步明确了国家赔偿案件致人精神损害、造成严重后果的认定标准。对有重大影响的刑事冤错案件的纠正及国家赔偿、精神损害赔偿问题，考虑了精神损害赔偿中的不同个体。按照该解释第九条规定，在确定具体赔偿数额时，应当统筹兼顾社会整体发展水平，参考精神受到损害以及造成严重后果的情况、侵权行为的具体情节、侵权机关及其工作人员的违法过错程度、受害人的职业和影响范围等诸多因素，力求精神损害赔偿责任的认定更为合理平衡。

可以看出《国家赔偿法》完善了国家赔偿程序，取消了刑事赔偿中的确认程序，从程序上保障了赔偿请求人的救济权利；被羁押人在羁押期间死亡或者丧失行为能力的，赔偿义务机关的行为与被羁押人的死亡或者丧失行为能力是否存在因果关系，赔偿义务机关应当提供证据；殴打虐待或放纵他人殴打虐待致公民伤亡、精神损害都纳入国家赔偿。2012 年 2 月 10 日，最高人民法院颁布《关于国家赔偿案件立案工作的规定》。国家赔偿申请不受理，法院要出具决定书；对不予受理的给予程序救济。由此可遏制法院以不予受理名义规避赔偿义务的行为，有望逐步破解"求偿难"，完善被羁押人及家属

---

① 中国最高人民法院官网.https://www.court.gov.cn/zixun-xiangqing-281861.html.

的救济程序。

(四) 颁布《法律援助法》

2022年1月1日，中国第一部关于法律援助的综合性、基础性及加强公共法律服务均等化的《法律援助法》施行，实现了以国家立法形式对法律援助制度的确认。《法律援助法》第二条明确规定："本法所称法律援助，是国家建立的为经济困难公民和符合法定条件的其他当事人无偿提供法律咨询、代理、刑事辩护等法律服务的制度，是公共法律服务体系的组成部分。"该项规定对法律援助在国家法律体系中的地位进行了提高，明确各个国家机关在法律援助中的责任和义务，有助于当事人实质性获得法律援助。

《法律援助法》扩大了法律援助的覆盖范围，特别是第二十条规定，对可能被判处无期徒刑、死刑的人，以及申请法律援助的死刑复核案件被告人提供法律援助。这一规定确定法律援助已经可以覆盖几乎所有的刑事案件，填补了死刑案件的法律援助辩护在立法上的空白，解决了诉讼过程中的死刑复核案件法律援助问题，强化了法律援助案件质量保障。根据《法律援助法》第二十六条规定："对可能被判处无期徒刑、死刑的人，以及死刑复核案件的被告人，法律援助机构收到人民法院、人民检察院、公安机关通知后，应当指派具有三年以上相关执业经历的律师担任辩护人。"该条款对提供法律援助律师的专业性进行了规定，强调不仅要提供辩护律师，而且要提供专业性强的好律师，以保证可能被判处无期徒刑或者死刑的被告人合法权益得到实质性保护。

《法律援助法》还降低了法律援助申请的条件，修改为"如实说明经济困难状况"，法律援助的核查标准从原来的经济标准迈向了公平标准。

四、中国先后确立的禁止酷刑的系列制度

中国在禁止酷刑的司法制度方面与国际人权标准基本衔接，制度建设是预防酷刑的保障。中国执法和司法机关不断出台一系列新的重要规章制度。截至2007年末，检察机关在中国98%以上的监狱、拘留所和看守所设置了派驻检察机构，在大型监狱或监狱集中地区已设立77个派出检察院，在中小

型监狱、看守所设立 3300 多个派驻检察室。约见检察官制度在中国许多地方的监所实施，被羁押人和被监管人有权直接约见派驻检察人员谈话，反映问题或提出投诉。[①] 2006 年 1 月，最高人民检察院部署了中国检察机关开展在讯问职务犯罪嫌疑人时实行全程录音录像的制度。中国确立禁止酷刑的系列制度主要有以下几种。

（一）废除收容审查制度

中国 1979 年的《刑事诉讼法》确定了收容审查制度。该制度属于一种行政性强制手段，主要适用于有轻微违法犯罪行为又不讲真实姓名、住址、来历不明的人，或者有轻微违法犯罪行为又有流窜作案、多次作案、结伙作案嫌疑需要收容查清罪行的人。收容审查由侦查机关决定，由于需要查明被收审者的身份及作案事实等，羁押时间最长可达三个月。

国务院发布的《关于将强制劳动和收容审查两项措施统一于劳动教养的通知》（国发〔1980〕56 号）规定："对于有轻微违法犯罪行为又不讲真实姓名、住址，来历不明的人，或者有轻微违法犯罪行为又有流窜作案、多次作案、结伙作案嫌疑需收容查清罪行的人，送劳动教养场所专门编队进行审查。"收容审查由侦查机关决定，也就意味着侦查机关对公民的人身财产等自由享有部分的司法权。由于需要查明被收审者的身份及作案事实等，羁押时间最长可达三个月。这种做法缺乏有效的监督制约机制。1997 年《刑事诉讼法》取消收容审查制度。收容审查制度的废止，是中国履行《禁止酷刑公约》的重大进展。

（二）废除劳动教养制度

废止劳动教养制度，是中国完善人权司法保障制度的重大进步。1957 年全国人大常委会通过《关于劳动教养问题的决定》，该决定的初衷是为了管理"游手好闲、违反法纪、不务正业的有劳动力的人"，是针对"不够逮捕判刑而政治上又不适合继续留用，放到社会上又会增加失业的"人员。直至 1979 年，中国被劳动教养的人员没有明确的期限，很多人最长劳教长达 20 多年。

[①] 中国代表团团长李保东大使在禁止酷刑委员会审议中国第四、五次履约报告会议上的介绍性发言。

1979年11月29日国务院颁布《国务院关于劳动教养的补充规定》，明确劳动教养制度可限制和剥夺公民人身自由长达1～3年，必要时可延长1年。它不是刑法所规定的刑罚，而是一种行政处罚。劳动教养无须经法院裁决即可由侦查机关自行决定采取将犯罪嫌疑人投入劳动教养场所实行限制人身自由、强迫劳动等措施。但在之后实践中，常出现重复劳教问题。

1982年公安部颁布《劳动教养试行办法》，针对的对象包括"家居农村而流窜到城市、铁路沿线和大型厂矿作案，符合劳动教养条件"的人。1986年全国人大常委会通过《治安管理处罚条例》；1990年全国人大常委会通过《关于禁毒的决定》；1991年七届中国人大常委会第21次会议又通过了《关于严禁卖淫嫖娼的决定》等。对于不够刑事处分的行为人，往往被划归到劳教范围处理，以上法律使更多的人员相继被纳入劳动教养。

劳动教养从性质上未经审判机关判决，不是刑事犯罪，因此也不属于刑事处罚。通说认为是对轻微违法犯罪人员实行的一种强制性教育改造的行政措施。尤其值得关注的是，劳动教养制度法律性质与适用对象的不确定性在现实中带来了一些问题，再加之监督机构的缺位，导致在劳教部门发生酷刑现象的可能性很大。例如，从遭受劳动教养的人被限制其人身自由的期限及限制程度可看出，这种惩罚比之因适用刑罚而被判处2年管制刑或拘役刑者实际上更加严厉。中国的管制刑上限为2年，下限仅3个月；拘役刑上限6个月，下限仅1个月。而劳动教养的期限可达1～3年；必要时，还可以再增加1年。劳动教养过程中的复杂情况导致酷刑行为的概率较高。

2011年，最高人民法院等十部委在四个城市进行劳动教养制度改革试点，"劳动教养"制度被"违法行为教育矫治"取代。2013年12月28日，全国人大常委会通过了废止劳教制度的决定。根据决定，劳教制度废止前，依法作出的劳教决定有效；在劳教制度废止后，对正在被依法执行劳教的人员，解除劳动教养，剩余期限不再执行。这意味着延续半个多世纪的劳动教养制度正式废止。

（三）死刑案件核准权收归最高人民法院统一行使

1983年以前，《人民法院组织法》曾明确规定，死刑案件由最高人民法院核准。但因当时社会治安形势十分严峻，全国人大常委会遂于 1983 年 9 月将这一条款修改为："杀人、强奸、抢劫、爆炸以及其他严重危害公共安全和社会治安判处死刑的案件的核准权，最高人民法院在必要的时候，得授权省、自治区、直辖市的高级人民法院行使。"死刑的核准权下放，对于遏制群众深恶痛绝的刑事犯罪活动起到了一定作用，但这一做法很快就遇到了司法实践上的难题：死刑二审与核准都在同一个法院，死刑案件缺少真正意义上的监督，加上个别法院在死刑案件事实、证据上把关不严，一些地方陆续暴露出个别错案，引起社会各界的高度关注。

1996 年和 1997 年，全国人大常委会修改了《刑事诉讼法》和《刑法》。两部法律均明确规定：死刑由最高人民法院核准。这一规定与《人民法院组织法》不同，使后者又面临着巨大的法律冲突。2006 年 9 月修改通过《人民法院组织法》。2007 年 2 月最高人民法院颁布《关于复核死刑案件若干问题的规定》，所有死刑案件核准权收归最高人民法院，由最高人民法院统一行使。这是中国 20 多年司法改革的突破性举措，对在刑讯逼供情况下判决的死刑案件的司法公正多了救济途径，使中国尊重保障人权迈出了关键一步。人民法院坚持死刑二审案件全部开庭审理的制度，保障了死刑被告人的各项诉讼权利。2015 年 1 月，最高人民法院印发的《关于办理死刑复核案件听取辩护律师意见的办法》规定，辩护律师要求当面反映意见的，案件承办法官应当及时安排。把死刑复核和死刑案件二审开庭分开，从原来的一个程序变成两个程序，是防止冤错案发生的重要程序性环节，强化了存在酷刑情况下判决的死刑案件的司法公正，凸显了现阶段中国不废除死刑，但慎用死刑和逐步减少死刑的刑法改革方向。

（四）全面落实重大案件讯问犯罪嫌疑人全程录音录像制度

从 1994 年开始，英国要求警察在对嫌疑人进行讯问时，必须实行同步录音，并且要用双卡录音机同时录制两盘录音带，不允许拷贝。从 1999 年以后，进一步要求在讯问时必须同步录像，同样要制作两盘录像带，其中一盘在讯问完毕后当即封存，另一盘随案移送，最后提交法院作为证据。如果在法庭上播放时，当事人对录音、录像的内容提出异议，可在法官主持下打开封存的另一盘进行比对，以杜绝删减或篡改供词内容等弊端。在讯问时进行同步的录音录像，开始时警察有疑虑甚至有抵触，但这样做了以后，使警察讯问所获取的供词在法庭上被采信的概率大大提高。

2005年11月，最高人民检察院发布《人民检察院讯问职务犯罪嫌疑人实行全程同步录音录像的规定（试行）》，这是最高人民检察院深入推行"规范执法行为，促进执法公正"专项整改活动的一项重大举措。规定要求人民检察院在办理直接受理侦查的职务犯罪案件时，每次讯问犯罪嫌疑人过程中，应当对讯问全过程实施不间断的录音、录像。讯问全程同步录音、录像，实行讯问人员和录制人员相分离的原则。为落实上述规定，2006年12月，最高人民检察院发布《人民检察院讯问职务犯罪嫌疑人实行全程同步录音录像技术工作流程（试行）》和《人民检察院讯问职务犯罪嫌疑人实行全程同步录音录像系统建设规范（试行）》，各级检察院均实行了讯问职务犯罪嫌疑人全程同步录音录像，从根本上有效遏制和预防了刑讯逼供等违法办案行为的发生。

2012年对《刑事诉讼法》进行修正，严禁在诉讼中使用以刑讯逼供获得的证词作为证据，并要求重大犯罪案件应当对讯问过程进行录音或录像。《刑事诉讼法》第一百二十三条规定："侦查人员在讯问犯罪嫌疑人的时候，可以对讯问过程进行录音或者录像；对于可能判处无期徒刑、死刑的案件或者其他重大犯罪案件，应当对讯问过程进行录音或者录像。录音或者录像应当全程进行，保持完整性。"对于该项制度的实施具有重要作用和意义。

2014年以来，公安机关全面实行重大案件讯问犯罪嫌疑人全程录音录像制度，并将逐步实现对所有刑事案件的讯问过程进行录音录像。最高人民检察院也印发规定，进一步完善讯问职务犯罪嫌疑人实行全程同步录音录像的制度，并对办案人员实施选择性录音录像，或为规避监督而故意关闭录音录像系统的不当行为明确规定了法律责任。2014年公安部印发了《公安机关讯问犯罪嫌疑人录音录像工作规定》，在《刑事诉讼法》规定的基础上，进一步细化了应当讯问录音录像的案件范围，明确每一次讯问应当全程不间断进行，并规定了严格的监督管理和责任追究制度，以确保讯问活动规范合法。

（五）制定系列规范拘留、禁毒及监狱等监所的规章制度

中国先后制定了一系列规范监狱执行法律，主要有：《监狱劳教人民警察队伍建设规划纲要》（系列）、《司法部关于加强警务督察工作的意见》（2006年）、《监狱人民警察六条禁令》（2006年）、《关于加强监狱安全管理工作的若干规定》（2009年）、《中国监狱工作"十二五"时期发展规划纲要》（2011年）、《监狱人民警察违法违纪处分规定》（2012年）等，这些规定都明确要求监狱人民警察依法、严格、公正、文明执法，切实保障罪犯人格不受侮辱，其人身安全、合法财产和辩护、申诉、控告、检举以及其他未被依法剥夺或者限制的权利不受侵犯。明确规定严禁殴打、体罚、虐待或者指使、纵容他人殴打、体罚服刑人员，对违反规定的监狱人民警察视情节给予记过、记大过、降级、撤职、开除处分，涉嫌犯罪的，移送司法机关追究刑事责任。

1. 制定精神病人的强制医疗程序

中国《刑事诉讼法》设置了依法不负刑事责任的精神病人的强制医疗程序，规定：实施暴力行为，危害公共安全或者严重危害公民人身安全，经法定程序鉴定依法不负刑事责任的精神病人，有继续危害社会可能的，可以予以强制医疗。强制医疗由人民检察院申请，由人民法院决定。人民法院审理强制医疗案件，应当通知被申请人或者被告人的法定代理人到场。被申请人或者被告人没有委托诉讼代理人的，人民法院应当通知法律援助机构指派律师为其提供法律帮助。被决定强制医疗的人、被害人及其法定代理人、近亲属对强制医疗决定不服的，可以向上一级人民法院申请复议。强制医疗机构应当定期对被强制医疗的人进行诊断评估。对于已不具有人身危险性，不需要继续强制医疗的，应当及时提出解除意见，报决定强制医疗的人民法院批准。被强制医疗的人及其近亲属有权申请解除强制医疗。人民检察院对强制医疗的决定和执行实行监督。

2. 拘留所权益保障

《拘留所条例》2012年4月1日起施行。该条例保障了被拘留人的以下合法权益：《拘留所条例》第三条规定："拘留所应当依法保障被拘留人的人身安全和合法权益，不得侮辱、体罚、虐待被拘留人或者指使、纵容他人侮

辱、体罚、虐待被拘留人。"

3. 禁毒场所权利保障

2007年12月29日施行《禁毒法》，该法规定对拒绝接受社区戒毒等吸毒成瘾人员实行强制隔离戒毒，同时规定强制隔离戒毒场所管理人员不得体罚、虐待或者侮辱戒毒人员；对有严重残疾或者疾病的戒毒人员，强制隔离戒毒所应当给予必要的看护和治疗；对患有传染病的戒毒人员，应当依法采取必要的隔离、治疗措施；对有可能发生自伤、自残等情形的戒毒人员，可以采取相应的保护性约束措施。

2011年6月26日中国通过《戒毒条例》，该条例第四十五条规定，强制隔离戒毒场所的工作人员侮辱、虐待、体罚强制隔离戒毒人员的，依法给予处分；构成犯罪的，依法追究刑事责任。

2011年9月28日，公安部发布《公安机关强制隔离戒毒所管理办法》，细化了《禁毒法》和《戒毒条例》中有关保护戒毒人员合法权益的规定，第二十二条规定戒毒人员提出检举、揭发、控告，以及提起行政复议或者行政诉讼的，强制隔离戒毒所应当登记后及时将有关材料转送有关部门。第二十六条规定律师可以会见戒毒人员。第三十六条规定：戒毒人员欺侮、殴打、虐待其他戒毒人员的，应当根据不同情节分别给予警告、训诫、责令具结悔过或者禁闭；构成犯罪的，依法追究刑事责任。

4. 看守所权利保障

2008年2月14日，公安部发布《看守所留所执行刑罚罪犯管理办法》，第五条规定："罪犯的人格不受侮辱，人身安全和合法财产不受侵犯，罪犯享有辩护、申诉、控告、检举以及其他未被依法剥夺或者限制的权利"。第六条规定："看守所应当保障罪犯的合法权益，为罪犯行使权利提供必要的条件。"2009年12月25日，公安部、卫生部联合下发《关于切实加强和改进公安监管场所医疗卫生工作的通知》，要求各级公安机关、卫生部门积极推进公安监管场所医疗机构建设。

2011年6月29日，公安部、卫生部联合制定《看守所医疗机构设置基本标准》，明确了看守所医疗机构的设置标准、医务人员配置标准和医疗器材设备配置标准。各地看守所与医院建立协作机制，设立危重病人救治绿色通道，医务人员进驻看守所，提高了看守所的医疗水平。

2011年9月13日，公安部制定《看守所告知在押人员权利和义务的规定》，规定看守所应当在收押时向在押人员告知并在监室墙上张贴其依法享有的权利以及权利受到侵害时的救济途径，人格受到尊重，不被看守所管理人员及其他在押人员欺压、凌辱、殴打、体罚、虐待。在押人员合法权益受到侵害时，可以直接或者通过监室内报警装置向看守所民警报告；约见看守所领导；直接向驻所检察官反映，或者通过看守所民警约见驻所检察官；向司法机关投寄信件；通过律师、家属向有关部门反映；向看守所特邀监督员反映。

2009年12月7日，最高人民检察院、公安部联合下发《关于做好看守所与驻所检察室监控联网建设工作的通知》，将看守所主要执法信息和监控图像与驻所检察室联网，方便驻所检察官对看守所实行全程实时监督。

2011年12月29日，最高人民检察院、公安部、民政部联合下发《看守所在押人员死亡处理规定》，规范在押人员死亡调查程序，明确了公安机关、人民检察院在调查过程中各自的职责和相互协调配合，规定人民检察院对公安机关调查处理工作进行检察监督。

5. 监狱权利保障

《监狱法》第五十四条规定，监狱应当设立医疗机构和生活、卫生设施。罪犯的医疗保健列入监狱所在地区的卫生、防疫计划。2010年制定的《监狱罪犯生活卫生管理办法》，对罪犯的卫生防疫、医疗救助等内容作出规范。中国近年来加大保证禁止酷刑的信息科技设施及技术投入。1995年司法部发布《关于创建现代化文明监狱的标准和实施意见》，确定了监狱和监狱管理部门都要把创建现代化文明监狱作为监狱建设和发展的总体目标。2004年司法部又发布《现代化文明监狱标准》，推进监狱以监狱设施、技术装备、管理教育设施、生活卫生设施以及生产方面的技术、设备、工艺为内容的硬件建设，以及以监狱警察素质、执法水平、管理制度、教育方法、劳动手段、改造效果为内容的软件建设。以河北省监狱管理局为例，河北省监狱信息化一期建设工程（2011—2013 年）投资达到 8344 万元，建设项目包括网络基础、应用系统、信息资源库、信息安全体系、技防系统。①

2002 年初，中国还启动了全国性的监狱布局调整工程，并将其正式列入国家基础设施项目计划。监狱基本位于或靠近大中城市、城镇和主要交通沿线。根据对罪犯管理和改造的需要，逐步按照高度、中度、低度三个戒备等级对监狱进行分类建设和管理，促使监狱区域分布均衡、合理，监狱布局科学、合理、规范。②目前，监狱布局调整已取得了初步成效。监狱机关已普遍完成现代化、规范化改造。尤其近年来，中国还大量运用信息科技设施及技术投入监狱设施，采取设置手机短信平台、开设咨询专线、设立触摸式电脑查询系统等多种形式，实行狱务公开等。

中国对刑侦科技投入力度的加大，从源头上遏制刑讯逼供行为。中国公安部先后建立了"全国未知名尸体信息系统""疑似被侵害失踪人员信息系统"和"全国 DNA 信息系统"等一系列信息库。各地侦查机关对看守所执法办案场所进行了规范化改造，办案区与其他功能区实行物理隔离，各功能室按照执法办案流程进行设置，并安装电子监控设备，引导民警规范执法。侦查机关全面推行网上执法办案和监督管理，要求案件的接警、作出处理决定或者移送审查起诉，以及涉案财物管理等主要执法环节都要依照法定程序在网上进行，法制、督察部门可以随时在网上对案件办理进行监督。同时，中国逐步为一线民警配备执法现场记录仪等装备，在执法办案场所安装全程录音录像设备，对接、出警等重要执法环节实行同步录音录像，规范巡查、讯问等工作。截至 2017 年 6 月，中国 2501 个看守所实现留所服刑罪犯互联网双向视频会见。③

以上这些措施对于滥用强制措施、非法取证和刑讯逼供等问题达到有效

---

① 李学勤.河北省被羁押人及家属权利保障现状 [J].河北公安警察职业学院学报，2012（4）：30-34.
② 国家发展改革委、财政部、国土资源部（现为自然资源部）、建设部共同下发《关于进一步推进监狱布局调整工作的意见》。
③ 国务院新闻办公室.《中国人权法治化保障的新进展》白皮书，2017。

遏制的目的。以河北省为例，2011年看守所提审室一律安装视频监控设施，视频信号接入各级监控中心，由各级督察部门对侦查人员的执法行为进行实时监控，对重大案件的审讯，一律制作全景式视听资料。该系统集全程录音录像、网络实时观看、远程传输指挥、监控资料数字化存储等功能于一体。驻所检察室、检察院监控终端、上级检察院侦查指挥中心三地可同时监控看守所内的羁押与提审情况，有效杜绝了刑讯逼供。

（六）强化检察机关对酷刑行为监督调查制度

中国检察机关是国家法律监督机关。《刑事诉讼法》确定了人民检察院依法对刑事诉讼实行法律监督的内容。辩护制度中，增加了检察机关对公安、司法机关及其工作人员阻碍辩护人、诉讼代理人依法履行职责的法律监督权。非法证据排除制度中，增加了检察机关对侦查人员非法取证的法律监督权，发现侦查活动确有违法的，提出纠正意见；构成犯罪的，依法追究刑事责任；对非法证据应当依法予以排除，不得作为起诉决定的依据。强制措施制度中，规定了检察机关对指定居所监视居住的决定和执行是否合法行使法律监督权；审查批捕程序中，要求在一定情形下应当讯问犯罪嫌疑人；应当听取辩护律师的意见；犯罪嫌疑人被逮捕后，人民检察院应当对羁押的必要性进行审查，作出相应处理。

侦查程序中，增加检察机关对查封、扣押、冻结等侦查措施的法律监督权。死刑复核程序中，增加检察机关介入死刑复核程序的内容，最高人民检察院可以向最高人民法院提出意见；最高人民法院应当将死刑复核结果通报最高人民检察院。特别程序中，增加检察机关对特别程序的法律监督权，如明文规定在未成年人刑事案件审查批捕程序中，检察机关必须讯问犯罪嫌疑人、被告人，听取辩护律师的意见。强制医疗程序中，增加检察机关对强制医疗决定和执行活动实行监督这一程序。中国检察机关在监管场所实行被监管人权利义务告知、检察官信箱、在押人员约见检察官、派驻检察官接待日、与在押人员谈话、在押人员投诉处理机制等制度。

《刑事诉讼法》还规定了人民检察院对非法取证行为的调查程序和人民法院在审理过程中对非法证据排除调查程序。第五十七条规定："人民检察院接到报案、控告、举报或者发现侦查人员以非法方法收集证据的,应当进行调查核实。对于确有以非法方法收集证据情形的,应当提出纠正意见;构成犯罪的,依法追究刑事责任。"第一百七十五条第一款增加规定:"人民检察院审查案件……认为可能存在本法第五十六条规定的以非法方法收集证据情形的,可以要求其对证据收集的合法性作出说明。"第五十八条规定:"法庭审理过程中,审判人员认为可能存在本法第五十六条规定的以非法方法收集证据情形的,应当对证据收集的合法性进行法庭调查。当事人及其辩护人、诉讼代理人有权申请人民法院对以非法方法收集的证据依法予以排除。"第五十九条规定:"在对证据收集的合法性进行法庭调查的过程中,人民检察院应当对证据收集的合法性加以证明。现有证据材料不能证明证据收集的合法性的,人民检察院可以提请人民法院通知有关侦查人员或者其他人员出庭说明情况;人民法院可以通知有关侦查人员或者其他人员出庭说明情况。有关侦查人员或者其他人员也可以要求出庭说明情况。经人民法院通知,有关人员应当出庭。"第六十条规定:"对于经过法庭审理,确认或者不能排除存在本法第五十六条规定的以非法方法收集证据情形的,对有关证据应当依法予以排除。"同时根据《行政监察法》和《人民警察法》的规定,侦查机关纪委、监察部门可以依法调查民警刑讯逼供、滥用强制措施等侵犯涉案人员人身权利的违法违纪案件。

　　1979年开始实施的《人民检察院组织法》规定,检察机关有权对于刑事案件判决、裁定的执行和监狱、看守所、劳动改造机关的活动是否合法实行监督;人民检察院发现刑事判决、裁定的执行有违法情况时,应当通知执行机关予以纠正;人民检察院发现监狱、看守所、劳动改造机关的活动有违法情况时,应当通知主管机关予以纠正。中国的检察机关组建监所派出检察院,对侦查程序中的违法违规行为进行监督和检查,使得滥用强制措施、非法取证和刑讯逼供等问题得到有效遏制。2008年2月,最高人民检察院通过的《人民检察院监狱检察办法》《人民检察院看守所检察办法》《人民检察院劳教检察办法》和《人民检察院监外执行检察办法》,详细规定了检察机关对监狱、看守所、劳动教养场所、监外执行实施法律监督的职责、检察的内容和方法等。2009年11月,《人民检察院检察建议工作规定(试行)》发布并施行,规定人民检察院对人民法院、侦查机关、刑罚执行机关在执法过程中存在不规范问题需要改进的,可以提出检察建议。

2010年10月,《最高人民检察院、公安部关于人民检察院对看守所实施法律监督若干问题的意见》发布并施行,规定看守所的收押、换押及羁押犯罪嫌疑人、被告人等执法和管理活动接受检察机关的法律监督,规范了对看守所执法和管理活动的监督方式、监督程序以及监督责任。中国普遍建立了检察机关与看守所信息交换机制、定期联席会议制度,强化对看守所执法活动的经常性监督和动态监督,以及时发现和纠正监管活动中发生的牢头狱霸、体罚虐待等违法现象。

2011年11月,最高人民检察院印发《关于加强人民检察院派驻监管场所检察室建设的意见》,规范了人民检察院派驻监管场所检察室的设置和管理,以及派驻监管场所检察业务建设和检察队伍建设。检察机关对公安派出所刑事侦查活动进行监督,目标就是要保证证据的合法性,保证指控犯罪的效果,实现国家法律统一正确适用。中国已基本实现监所派驻检察室全覆盖。重点关注侦查活动中刑讯逼供、暴力取证等非法取证案件,以及采取强制措施、强制性侦查措施可能侵犯犯罪嫌疑人人身权利、财产权利的案件。派驻监管场所检察制度进一步完善,派驻检察机构成为中国检察机关保障在押人员人权的重要形式和途径。

2019年最高检为畅通律师诉求渠道、方便律师控告申诉搭建了新平台。中国各级检察机关设置12309检察服务大厅、设置律师来访绿色通道,"12309中国检察网"增设"律师执业权利保障专区",接听、分流和处置专席,专门受理律师提出执业权利受到侵犯的控告申诉案件。"12309中国检察网"微信公众号和手机App客户端同步上线,实现第一时间向检察机关提出控告申诉,检察机关确保及时处理反馈。最高检保障律师执业权利工作,依法履行检察监督职责。

(七)刑事案件律师辩护全覆盖

2017年10月,最高人民法院、司法部印发《关于开展刑事案件律师辩护全覆盖试点工作的办法》。在北京等8个省市开展刑事案件审判阶段律师辩护全覆盖试点工作。刑事案件律师辩护全覆盖主要是刑事案件审判阶段的律师辩护全覆盖，具体包括：一是被告人除自己行使辩护权外，有权委托律师作为辩护人。二是被告人是未成年人，盲、聋、哑人，尚未完全丧失辨认或者控制自己行为能力的精神病人，可能被判处无期徒刑、死刑的人，没有委托辩护人的，人民法院应当通知法律援助机构指派律师为其提供辩护。三是其他适用普通程序审理的一审案件、二审案件，按照审判监督程序审理的案件，被告人没有委托辩护人的，人民法院应当通知法律援助机构指派律师为其提供辩护。四是适用简易程序、速裁程序审理的案件，被告人没有辩护人的，人民法院应当通知法律援助机构派驻的值班律师为其提供法律帮助。

2018年12月，最高人民法院、司法部出台《关于开展刑事案件律师辩护全覆盖试点工作的办法》，将刑事案件审判阶段律师辩护试点范围扩大到中国31个省、自治区、直辖市。截至2022年，中国共有2594个县（市、区）开展了审判阶段刑事案件律师辩护全覆盖试点工作，占县级行政区域总数的90%以上。刑事案件律师辩护全覆盖工作是人权司法保障的重大进步。

2022年，最高人民法院、最高人民检察院、公安部、司法部发布新修订的《关于进一步深化刑事案件律师辩护全覆盖试点工作的意见》，进一步深化司法体制综合配套改革、促进社会公平正义、加强人权司法保障。该意见要求，对犯罪嫌疑人没有委托辩护人且具有可能判处三年以上有期徒刑、本人或其共同犯罪嫌疑人拒不认罪、案情重大复杂、可能造成重大社会影响情形之一的，由人民检察院通知法律援助机构指派律师提供辩护。强调办案机关在各个诉讼阶段明确告知犯罪嫌疑人、被告人有权获得值班律师的法律帮助。

该意见落实了权利告知，要求："人民法院、人民检察院、公安机关应当在侦查、审查起诉、审判各阶段分别告知没有辩护人的犯罪嫌疑人、被告人有权约见值班律师获得法律帮助，并为犯罪嫌疑人、被告人约见值班律师提供便利。前一诉讼程序犯罪嫌疑人、被告人拒绝值班律师法律帮助的，后一诉讼程序的办案机关仍需告知其有权获得值班律师法律帮助，有关情况应当记录在案。"同时提出："值班律师提供法律帮助应当充分了解案情，对于案情较为复杂的案件，应当在查阅案卷材料并向犯罪嫌疑人、被告人充分释明相关诉讼权利和程序规定后对案件处理提出意见。"该意见要求 2022 年底前中国基本实现审判阶段律师辩护全覆盖，对犯罪嫌疑人、被告人提供更广泛、更深入、更有效的刑事辩护或法律帮助，这是禁止酷刑司法保障的又一重要举措。

（八）积极加强和开展与国际社会的对话、交流与合作

中国一直重视包括禁止酷刑在内的促进和保护人权国际交流与合作。中国及时向相关人权机构提交履约报告，与条约机构开展建设性对话，并根据中国情况通过和执行合理可行的建议。中国政府十分重视根据公约提交报告并接受审议的工作。自从中国成为公约缔约国以来，对于委员会在审议中国历次报告时提出的意见和建议，中国政府高度重视，并根据本国的实际情况，不同程度地予以采纳或制定措施予以落实。①

中国向联合国人权委员会递交的《国家人权报告》是由中国外交部牵头成立了由近 30 家立法、司法、行政部门组成的跨部门工作组，联合起草报告，并以口头和书面形式征询了近 40 家非政府组织和学术机构的意见，通过外交部网站征求了公众意见后提交的。后由外交部牵头成立落实建议工作组，并将国别人权审查工作组报告分发给国内有关部门梳理落实情况。政府积极将审查建议与国家立法、行政法规和经济社会发展各领域规划相结合。

2005 年 11 月 21 日，联合国人权委员会酷刑问题特别报告员曼弗雷德·诺瓦克（Manfred Nowak）应中国外交部邀请对中国的监狱和拘留中心进行实地探访，了解中国的人权状况，这是中国首次接待联合国的酷刑调查专家，具有历史性的意义。中国与欧盟等各国与地区的人权对话，加深了彼此的了解、沟通与合作。中国还与世界各国和地区就人权问题展开非政府间的专家学者和人权组织间的研讨会。中国重视并积极开展与联合国有关禁止酷刑工作机构的合作。20 世纪 90 年代以来，中国一直持续开展与联合国人权事务高级专员办公室的合作。2000 年中国与联合国人权事务高专办公室签署了《关于开展人权领域技术合作的谅解备忘录》，根据该备忘录，中国与联合国人权高专

---

① 乔宗淮. 中国执行《禁止酷刑公约》情况 [N]. 新华每日电讯，2000-05-05.

办公室在司法管理、人权教育、法治建设等领域开展了一系列人权合作项目。自 20 世纪 90 年代以来，联合国人权委员会高级专员玛丽·罗宾逊先后 7 次访华，2004 年联合国人权高专办项目评估团访华，对《合作谅解备忘录》的执行情况进行评估。中国还积极开展与联合国人权委员会专题特别报告员和工作组的合作，迄今已两次邀请联合国人权委员会任意拘留问题工作组访华，宗教不容忍问题报告员也曾应邀访华。①

《国家人权行动计划》是中国政府第一次制定的以人权为主题的行动计划，对中国人权事业作出全面规划。有利于改善中国的人权状况，推动中国人权事业的进步，也为中国人权对外宣传提供坚实的基础。1993 年世界人权大会呼吁各国制定国家人权行动计划，通过明确具体的步骤和措施来促进各国人权保障的改善。据联合国人权高专办网站截至 2016 年 9 月 25 日公布的统计数据，全世界共有 37 个国家制定了 49 期国家人权行动计划，有 9 个国家制定过两期行动计划，有 3 个国家制定过三期国家人权行动计划。中国《国家人权行动计划（2009—2010 年）》，是中国第一次以人权为主题制定的国家规划，是落实"国家尊重和保障人权"的宪法原则、推进中国人权事业发展的行动纲领性质的政策文件。行动计划明确了未来两年中国政府在促进和保护人权方面的工作目标和具体措施。国家人权行动计划是在中国政府各有关部门和社会各界广泛参与下制定的。

中国第四期《国家人权行动计划（2021—2025 年）》已开始实施。② 全社会尊重和保障人权的意识明显提升，各项人权保障全面加强。对于在更高水平上推进中国人权事业发展具有重要的意义，也在世界各国制定和实施国家人权行动计划方面走到了最前沿。

另外，中国在减少死刑的刑事司法改革推进中，在立法上削减死刑罪名，逐步减少适用死刑的犯罪，特别是 2010 年《刑法修正案八》一次性取消 13

---

① 刘贞晔. 中国参与联合国禁止酷刑规范的制度分析 [J]. 教学与研究，2008（9）：52-58.
② 中国先后制定并实施了四期国家人权计划，分别是：《国家人权行动计划（2009—2010 年）》《国家人权行动计划（2011—2015 年）》《国家人权行动计划（2016—2020 年）》《国家人权行动计划（2021—2025 年）》。

个经济犯罪、非暴力型犯罪的死刑罪名，是中国减少死刑方面的重大改革。中国还需要继续完善和改革死刑案件的审理程序，保障死刑案件审判公正、独立，大力提高死刑案件的审理质量。

第二节 《禁止酷刑公约》在世界各国的具体实施

一、《禁止酷刑公约》在世界各国国内的实施

缔约国国内层面的实施是国际条约实施的关键。对于条约在国内的效力和地位、能否直接适用和优先适用等涉及条约和国内法关系的问题，现在普遍的观点是：由各国国内法规定的事项。因此，缔约国国内的立法、司法和其他措施对条约权利的最终实现起着决定性作用，通常国际条约在国内适用的方式主要也取决于国内法的规定。缔约国有关人权条约的立法实践大致可以分为以下两类情况。

第一类是规定条约以并入方式在其国内具有法律效力，如日本、德国、意大利、法国、智利等国家。智利1972年就已批准《禁止酷刑公约》，1989年对其宪法作了修改，将其所参加的条约并入国内法律秩序，完成国内程序。美洲很多国家的宪法规定，条约在国内具有直接和优先的效力。如1978年秘鲁宪法第105条规定："人权条约包含的条款具有宪法地位。其中的权利非经下列宪法修正程序不得更改。"

第二类是要求条约经过立法转化或立法实施。在丹麦、奥地利、英国和英国的前殖民地国家等，条约必须由立法机关颁行特别法转化后才能由国内机关适用。然而，仍然有不少国家的立法实践与条约的要求相去甚远。美国1977年签署《公民权利和政治权利国际公约》，1992年批准时却发表声明，宣布为"非自动执行"条约，国会至今没有通过旨在实施该公约的法律。

中国对国际条约的效力、地位等没有在宪法中作出规定。

为使中国国内法律体系和国际条约的规定保持一致，首先是中国在参加国际条约时，往往要考虑到国际条约与国内法的协调问题，如果拟参加的国

际条约不与国内法发生原则性冲突,中国才会参加,这为条约和国内法的一致性以及条约在国内的顺利实施作了前期审查和铺垫。其次是中国在履行国际条约义务时,如果国际条约与国内法在某些具体规定上存在差异,除中国在批准或加入时声明保留的条款外,以国际条约的规定优先。

依照中国《宪法》第六十七条的规定,中国加入国际人权公约需具有约束力,全国人大常委会对公约一经批准即对中国具有法律约束力,而不必再专门为此制定相应的法律将之转化为国内法。中国对条约的效力、地位等不作规定。司法实践是:中国批准和加入的国际条约对中国具有法律的约束力,但这并不意味着条约在中国国内有直接效力,国际条约在中国司法体系中不具备直接效力,不可以直接适用。到目前为止,中国批准的国际条约没有被援引到中国司法实践中。中国参加的国际条约并不能被直接纳入国内法体系,也不能直接适用。中国加入《禁止酷刑公约》前后,进行了大量的转化工作,先后修订了《刑法》《刑事诉讼法》等。

《禁止酷刑公约》经全国人大常委会批准,中国政府应依《禁止酷刑公约》承担相应的法律义务,通过国内法律严格履行《禁止酷刑公约》规定。目前在实践中尚无在中国法院直接援引《禁止酷刑公约》的案例,中国法院是通过适用与《禁止酷刑公约》内容一致的国内法(包括法律和司法解释)来落实《禁止酷刑公约》规定的,保障公民根据《禁止酷刑公约》享有的各项权利。[①] 但是,如果《禁止酷刑公约》的规定与国内法相冲突,需要国内法对此冲突予以明确,如果无明确规范或是笼统确定其具有同等地位,需要法院再次解释来适用。但解释中对于条约的权威性等问题是中国在实施《禁止酷刑公约》时需要解决的。

二、《禁止酷刑公约》与世界各国国内法的结合情况

禁止酷刑委员会认为,将酷刑行为界定为有别于普通攻击行为或其他犯罪行为的罪行,有助于实现《禁止酷刑公约》的目标,尤其可以使得更多社会公众明确酷刑罪的性质。《禁止酷刑公约》第4条第1、2款分别规定:"每

---

① 中国关于禁止酷刑委员会问题单的答复材料.CAT/C/CHN/Q/5/Add.2.

一缔约国应保证将一切酷刑行为定为刑事罪行。""每一缔约国应根据上述罪行的严重程度,规定适当的惩罚。"因此,《禁止酷刑公约》倡议国家将酷刑罪入刑。

(一)外国酷刑罪立法实践

根据《禁止酷刑公约》第 4 条的规定,缔约国是否必须以"酷刑罪"入刑,也就是是否有义务必须设立"酷刑罪"罪名呢? 从缔约国来看,各缔约国基于各自的司法体制及传统,酷刑基本上有以下类型。

1. 作为独立的类罪

荷兰于 1988 年 9 月 29 日采纳了《禁止酷刑公约》,立法者认为,刑法典中一般暴力犯罪或严重暴力犯罪不能准确评价酷刑罪的特征,严重暴力犯罪是指那些对人体故意的严重伤害行为,但是酷刑虽可以给人带来极端的痛苦和忧虑,但可能不在人体或精神上留下伤害的痕迹,对于这种情形,以严重暴力犯罪起诉是不妥当的。因此,参照《禁止酷刑公约》将极端严重的暴力行为认定为酷刑,即引起剧烈忧虑或其他严重扰乱精神的行为都是酷刑罪的行为。当对酷刑有教唆或明确或默示同意时,罪犯的官方身份是构成酷刑罪必不可少的条件,即行为人应为公务员而对他人身体施加酷刑行为者不一定需要公务员身份,也可直接构成该罪。

法国刑法典将酷刑和野蛮暴行升格为独立罪名,第 222 条规定了对人施以酷刑或野蛮暴行的行为。但对实施酷刑的主体没有限定,即公职人员以外的人也可以实施。至于行使司法、警察权力的人或者承担公共服务任务的人在行使权力或执行公务之际犯罪,则要加重处罚。

2. 作为侵害人身权利罪

加拿大刑事法典将酷刑罪归入第 8 章"侵犯人身与名誉的犯罪"一节中。

3. 作为渎职罪

日本 1995 年修正公布的《日本刑法典》第 134 条规定:"执行裁判、检察或警察职务之人或其协助者,于执行职务时,对刑事被告人或其他之人,施以暴行或凌虐者,处七年以下惩役或禁锢。看守或解送依法被拘禁者之人,对被拘禁者施以暴行或凌虐者亦同。"第 135 条规定:"犯前条之罪,因而致人受伤的，处一年以上有期徒役；致人死亡的，处五年以上有期徒役。"该法认为特别公务员暴行、凌辱、虐待罪属于滥用职权，并归入渎职罪中。韩国刑法典将暴行、残酷行为罪归入第7章公务员职务犯罪中。德国的法律规定与其基本相同。德国刑法典第30章规定了职务中的犯罪行为，其中第340条规定了职务中的身体伤害罪，即公务员在执行职务时或者在与其职务相关联中实施或者让他人实施身体侵害。第343条规定了刑讯逼供罪。

从各国关于酷刑的立法的基本情况看，大部分没有采用联合国《禁止酷刑公约》中的定义。酷刑在刑法中基本都不是独立的罪名，而是将之包含于一般侵犯人身权利的犯罪中。

（二）中国国内法禁止酷刑体系

中国已经签署和批准了《禁止酷刑公约》，并通过一系列国内立法作出对《禁止酷刑公约》所规定的缔约国义务，中国基本作出了禁止酷刑的对应性规定。但国内法还没有对"酷刑"作出完整定义，在最高院《关于适用〈中华人民共和国刑事诉讼法〉的司法解释》和最高检《刑事诉讼规则》中有关于酷刑的规定，但是与《禁止酷刑公约》第1条有所不同。

根据《禁止酷刑公约》的宗旨、精神及相关条款，中国虽然已将"酷刑"刑法化，但是中国刑法典在条文上与《禁止酷刑公约》第1条的"酷刑"定义存在差异，未建立专门的"酷刑"罪名体系。不过在实质精神上与公约一致。中国国内刑法禁止酷刑已形成体系。

刑法典主要通过6个特别条款（第二百三十八条、二百四十五条、二百四十七条、二百四十八条、二百五十四条、四百四十三条），设立7种直接涉及酷刑的犯罪将公约规定具体化。

犯罪主体既有一般主体，也有特殊主体（如构成报复陷害罪的主体为国家机关工作人员，构成虐待部属罪的主体为军职长官）。

犯罪行为既可能为主体直接"实施"的行为，也包括"指使"（语义上包括《禁止酷刑公约》规定的积极唆使和消极的同意或默许）其他人实施酷刑行为，如虐待被监管人罪。

一般主体或特殊主体均可实施的涉酷刑犯罪，对特殊主体加重或从重处罚，如国家工作人员利用职权犯非法拘禁罪的加重处罚。司法工作人员滥用职权犯非法搜查罪的加重处罚；除处罚行为犯外，对于结果犯加重处罚，甚至适用可能判处死刑的重罪，如司法人员刑讯逼供或暴力取证，或监狱、拘留所、看守所等监管机关的监管人员虐待被监管人员，造成伤残或死亡后果的，以故意伤害罪或故意杀人罪从重处罚。

在实施其他犯罪行为时并有涉及酷刑行为的，可数罪并罚，如2015年《刑法修正案（九）》第四十二条规定：犯组织、强迫他人卖淫罪，并有杀害、伤害、强奸、绑架等犯罪行为的，依照数罪并罚的规定处罚。

刑法中存在直接正犯、间接正犯（教唆犯即间接正犯）、共犯等类型，因此酷刑行为、试图实施酷刑、命令使用酷刑或酷刑的合谋等实际上均为中国刑法所涵盖，在行为类型上基本没有遗漏。

按照犯罪构成原理，符合《禁止酷刑公约》"酷刑"定义的行为，即使未为刑法直接涉及酷刑的罪名所涵盖，但可能因成立其他犯罪而受到刑事处罚，如《刑法修正案（九）》取消了9个罪名的死刑，第十九条增加规定："对未成年人、老年人、患病的人、残疾人等负有监护、看护职责的人虐待被监护、看护的人，情节恶劣的，处三年以下有期徒刑或者拘役。"

自1987年中国批准《禁止酷刑公约》并依其规定提交实施报告以来，禁止酷刑委员会认为中国的国内立法未能与《禁止酷刑公约》规定保持一致。在1996年审议中国提交的第二期报告以后，该委员会认为，中国"没有按照公约的要求对'酷刑'进行专门立法界定并确定酷刑是一种犯罪"，并且建议中国"用与该公约相一致的措辞对酷刑罪予以立法界定"。[1]

在1997年中国对《刑法》作了较大幅度的修订之后，禁止酷刑委员会于2000年5月在评议中国的第三期报告时又提出了内容相同的建议。[2] 禁止酷刑委员会议评议中国的第五期报告时再次提出：《刑事诉讼法》和2014年修正的《刑法》中的若干条款禁止并惩罚可被视为酷刑的具体行为。然而，委员会仍感关切的是，这些条款中没有包括《禁止酷刑公约》第1条对酷刑定

---

[1] Committee Against Torture.China，A/51/44，para.150.

[2] Committee Against Torture.China，A/51/44，para.123.

义的所有要素。再次呼吁缔约国在立法中纳入对酷刑的全面定义,符合《禁止酷刑公约》并涵盖《禁止酷刑公约》第1条规定的所有要素。缔约国应确保所有公职人员和以公职身份或在公职人员同意或默许下行事的人员可因实施酷刑而被起诉。①该委员会的依据是《禁止酷刑公约》第4条,委员会认为:"《禁止酷刑公约》中的定义若与国内法中纳入的定义有重大差距,就会出现实际或可能的漏洞,从而导致有罪不罚。"②

(三)酷刑罪国内立法的必要性

对酷刑罪作出统一而明确的规定,极其有利于司法机关及其执法人员对酷刑罪的认知,尤其是性质认定。根据《禁止酷刑公约》的规定,不是必然要求缔约国在其刑法中单独确定"酷刑罪"。国际法和国内法是两个不同而又有密切联系的法律体系,国际法在国内实施的方式取决于各国国内法,特别是宪法的规定。各国就其方式而言,既可以通过转化也可以采用直接并入的实施方式。就《禁止酷刑公约》而言,要求在国内法中把酷刑行为规定为刑事犯罪,并不是要求缔约国必须设立一个特别的单独的酷刑罪名。重要的是,一切酷刑行为在国内法中是刑事罪行并且受到严厉的惩罚,每个缔约国自己决定,是把酷刑单独定为一个罪行还是把酷刑行为分列在一类或几类罪名之中。无论采取哪种方式,刑法都应当包含《禁止酷刑公约》第1条所界定的一切情形。因此,禁止酷刑委员会对中国报告作出上述评议和建议是缺乏理论依据的。③

如上文,刑法规定酷刑罪的仅是法国、荷兰。但是德国刑法典通过职务中的犯罪行为和逼供罪对酷刑的行为作出规定。法国刑法典对酷刑的惩罚范围比《禁止酷刑公约》宽泛。中国如果采用单设罪名的模式,又使酷刑罪所规范的行为与现有的刑法条文规范的行为重复,势必造成立法资源的浪费。有的学者提出建立专门统一的《禁止酷刑法》④,有的学者主张单独设立酷刑

---

① 禁止酷刑委员会关于中国第五次定期报告的结论性意见.CAT/C/CHN/CO/5.
② 同上。
③ 王光贤."酷刑"定义解析[J].国家检察官学院学报,2002(4):13-18.
④ 陈云生.禁止酷刑:当代中国的法治和人权保护[M].北京:社会科学文献出版社,2000:184-186.

罪。①但是中国绝大多数学者认为，国际法在国内实施的方式取决于各国国内法（特别是宪法）的规定。具体方式可以是多种多样的。

根据《禁止酷刑公约》酷刑罪规定，酷刑罪虽然应为一类犯罪而非特定的个罪，虽然中国刑法中没有直接规定酷刑罪的条款，但是《刑法》第二百四十七条和第二百四十八条对司法工作人员和监管人员侵犯犯罪嫌疑人、被告人和证人以及被监管人的人身权利的行为，分别规定了三个罪名，即刑讯逼供罪、暴力取证罪和虐待被监管人员罪，特别是第二百四十七条同时规定，非司法工作人员在司法工作人员的唆使、同意或允许的情况下对他人施加的刑讯逼供行为也应当以刑讯逼供罪的共犯论处，从立法上对酷刑行为的经常发生方式作了禁止性规定。加之刑法其他的相关条款，可以说，这些规定基本上涵盖了《禁止酷刑公约》所要求的对酷刑行为的惩罚，并不妨碍其为国际刑法上的"类犯罪"的事实。②

虽然从法律的明确性和便于司法的角度看，把酷刑单独设为一个罪名的确有一定的好处，便于司法实务操作，有利于对酷刑的查处，但是，就中国目前的现实来说，专门规定酷刑罪缺乏现实性和可操作性。因为除了禁止酷刑，还有另外许多诸如反贪污、反洗钱、反腐败、反恐怖主义等没有单独的立法。而如果每种类型的刑事犯罪都建立专门法律，势必破坏刑法的完整与统一。③而且中国刑法中，犯罪的特点是严重的社会危害性、刑事违法性和刑罚当罚性，对那些情节轻微、危害不大的行为不认为是犯罪，如果把所有的酷刑行为都纳入犯罪的范围，这不符合中国的刑法传统和制裁体制。④中国规定基本上涵盖了《禁止酷刑公约》所要求的对酷刑行为的惩罚，较好的方式是对刑讯逼供罪进行修正与补充。

三、酷刑施行主体的范围

《禁止酷刑公约》第4条要求对合谋或参与酷刑的人予以惩罚，国家公职

---

① 张旭.人权与国际刑法[M].北京：法律出版社，2004：264.
② 王光贤."酷刑"定义解析[J].国家检察官学院学报，2002（4）：13-18.
③ 赵秉志，陈弘毅.国际刑法与国际犯罪专题探讨[M].北京：中国人民大学出版社，2002.
④ 韩克芳.反酷刑政策与罪犯人权保障[J].法学论坛，2007（2）：49-57.

人员如果唆使或同意默许他人实施酷刑，应给予惩罚。具有国家公职人员身份，或在国家公职人员授意下的非国家公职人员，都可以成为施行酷刑的主体。

但是中国对非公职人员滥用酷刑的行为规定欠缺。对于刑讯逼供罪、暴力取证罪以及虐待被监管人员罪这些纯正酷刑犯罪的主体规定就明显失之于窄，尤其是在刑讯逼供罪和暴力取证罪中。《刑法》第九十四条将"司法工作人员"界定为"有侦查、检察、审判、监管职责的工作人员"，因此本罪只能发生在刑事诉讼过程中，犯罪主体也只能是刑事司法工作人员。如果是公职人员，但是非司法工作人员，以暴力等方式取得证言的情况，就不适用。

中国现有立法强调司法人员的酷刑行为，而忽视了其他可能实施酷刑的人员。这种狭窄的主体范围明显小于《禁止酷刑公约》所规定的范围。唆使、同意或默许被羁押人对其他被羁押人实施酷刑的监狱警察，以及临时雇用的或非司法部门推荐的协助刑侦工作的人员都可能被排除在酷刑罪之外，只能以故意伤害罪、非法拘禁罪、侮辱罪等处罚。[①]但是《刑法》第二百四十七条规定："司法工作人员对犯罪嫌疑人、被告人实行刑讯逼供或者使用暴力逼取证人证言的，处三年以下有期徒刑或拘役。致人伤残、伤亡的，依照本法第二百三十四条、第二百三十二条的规定定罪从重处罚。"从量刑上看是比较严的，即如果刑讯逼供产生了致人"伤残、死亡"的结果，要按故意伤害罪和杀人罪从重处罚。即使没有造成任何伤害后果，也要处三年以下有期徒刑或拘役。可以看出对刑讯逼供犯罪行为的严惩。如果按照故意伤害罪、非法拘禁罪、侮辱罪等定罪处罚，则无法体现立法者意图。

例如，依照第二百五十八条的规定，虐待被监管人罪是指监狱、拘留所、看守所等监管机构的监管人员对被监管人直接实施殴打或者体罚虐待的行为，或者指使被监管人殴打或者体罚虐待其他被监管人的行为。只有"指使被监管人殴打或者体罚虐待其他被监管人"的行为，才有可能构成该罪。如果监管人员所指使的既不是被监管人，也不是其他监管人员，那么，按照该款的规定，就不可能追究监管人员的刑事责任。另外，监管人员默许、明知而不阻止其他人殴打或者体罚虐待被监管人，而不予制止甚至变相鼓励他人殴打或者体罚虐

---

① 2003年"孙志刚案"中的被告人身份为广州市收容救治站人员，在该案中被告人以故意伤害罪定罪。

待被监管人也有可能在规定之外。在司法实践中一些牢头狱霸在某些监管人员的纵容包庇之下，严重破坏监管秩序，侵犯被监管人的人身权利。例如：云南晋宁县看守所的"躲猫猫"案件，看守所民警以犯玩忽职守罪定罪。①

禁止酷刑委员会注意到，中国制定了禁止实行刑讯逼供或者使用暴力逼取证人证言的条款（《刑法》第二百四十七条），但委员会感到关切的是，禁令可能没有涵盖所有公职人员和以公职身份行事的人员。此外，这些条款没有涉及出于对被告或犯罪嫌疑人进行逼供以外目的而实施的刑讯。②

四、酷刑受害者主体问题

《禁止酷刑公约》对酷刑受害者主体的用语是"a person"，并没有指明是犯罪被告人或嫌疑人。虽然酷刑很大一部分是发生在罪犯或犯罪嫌疑人身上，大部分受害者可能处于与外界隔离状态，也就是相对于其他人更容易成为酷刑的对象，但酷刑行为并不要求发生在刑事司法过程中，也不要求是针对特定的人。但是，由于中国《刑法》第二百四十七条明确规定"对犯罪嫌疑人、被告人实行刑讯逼供"，所以刑讯逼供罪的犯罪对象只能是司法机关在刑事侦查和审查起诉过程中被列入犯罪嫌疑人中的人与在起诉和审判过程中被作为刑事被告人的人。不是犯罪嫌疑人和被告人，就不能成为刑讯逼供罪的犯罪对象，司法人员对犯罪嫌疑人和被告人以外的人刑讯逼供，即使情节非常恶劣，只要没有造成被害人受伤或者死亡的结果，其行为也就不构成刑讯逼供罪。这样就排除了其他可能受到酷刑侵犯的主体，如行政权控制下的主体，包括治安处罚及其他行政执法对象等一切可能的受害人。因为刑讯逼供罪、暴力取证罪和体罚虐待被监管人员罪的对象只能是犯罪嫌疑人和被告人。

---

① 2009年1月28日，24岁的云南省玉溪市北城镇农民李荞明因涉嫌盗伐林木罪被刑事拘留，羁押至晋宁县看守所。2月12日，李荞明死亡。晋宁县公安局在向李荞明的家属说明死亡原因时，称其是在狱中与狱友玩"躲猫猫"游戏时，头部不慎撞墙后死亡。8月14日，云南省昆明市嵩明县人民法院作出一审宣判，晋宁县看守所原民警李东明犯玩忽职守罪，判处有期徒刑1年6个月，缓刑2年。民警苏绍录犯虐待被监管人罪，判处有期徒刑1年。同日昆明市中级人民法院对"躲猫猫"案件中，在看守所内故意伤害致李荞明死亡的张厚华、张涛、普华永3名被告人，分别判处无期徒刑和有期徒刑。

② 禁止酷刑委员会关于中国第五次定期报告的结论性意见，CAT/C/CHN/CO/5.

《关于办理刑事案件严格排除非法证据若干问题的规定》和《关于办理死刑案件审查判断证据若干问题的规定》（简称两个《证据规定》）明确将"采用刑讯逼供等非法手段取得的犯罪嫌疑人、被告人供述"与"采用暴力、威胁等非法手段取得的证人证言、被害人陈述"区分开来，分别认定为两种不同的非法证据类型。据此，两个《证据规定》中的"刑讯逼供"是狭义上的，仅指通过刑讯方式获取的犯罪嫌疑人、被告人供述，而不包括通过暴力方式获取的证人证言、被害人陈述。值得注意的是，实践中，侦查机关所实施的刑讯逼供行为，可以根据其主观目的的不同而分为三种类型：一是以刑讯逼取犯罪嫌疑人、被告人的有罪供述；二是以刑讯逼使犯罪嫌疑人、被告人交代其罪；三是以刑讯逼使犯罪嫌疑人、被告人检举、揭发他人的犯罪行为。上述第一种和第二种情形，属于典型的刑讯逼供，因此而取得的证据，应当予以排除。但是，对于第三种类型的刑讯，是否属于刑讯逼供，则理论上可能存在争议，因为，在这一类型刑讯中，作为刑讯对象的本案犯罪嫌疑人、被告人实际上处于另一案件的证人角色，侦查机关之所以对其实施刑讯，并非为了逼取其对本案的有罪供述，而是为了获取其对他人犯罪事实的检举、揭发，此时，该犯罪嫌疑人、被告人的身份其实是另一案件的证人，对其实施刑讯，系"暴力取证"，而非"刑讯逼供"。

两个《证据规定》似乎已经意识到这一问题，而在条文表述上刻意回避了主体的范围，例如，《关于办理死刑案件审查判断证据若干问题的规定》第十九条规定："采用刑讯逼供等非法手段取得的被告人供述，不能作为定案的根据。"《关于办理刑事案件严格排除非法证据若干问题的规定》第一条也规定："采用刑讯逼供等非法手段取得的犯罪嫌疑人、被告人供述和采用暴力、威胁等非法手段取得的证人证言、被害人陈述，属于非法言词证据。"上述两个条文均未再采用《刑事诉讼法》第四十三条的表述方式，而是回避了实施刑讯逼供的主体范围，从文义解释的角度讲，这意味着无论是审判人员、检察人员、侦查人员，还是私人、纪检监察机关、行政执法机关，只要是"采用刑讯逼供等非法手段取得的犯罪嫌疑人、被告人供述"，均应视作刑讯逼供获取的非法口供而予以排除。

五、禁止酷刑程度问题

中国的酷刑一般是指暴力,并且从程度上要求造成死亡或人身伤害。《关于办理刑事案件严格排除非法证据若干问题的规定》第二条规定"暴力"包括"殴打、违法使用戒具",第三条规定"威胁"包括"采用以暴力或者严重损害本人及其近亲属合法权益等进行威胁",第四条规定"非法方法"还包括"采用非法拘禁等非法限制人身自由的方法"。《关于办理刑事案件严格排除非法证据若干问题的规定》对不同的非法取证行为作了不同的规定:侦查人员采用"威胁"手段的,手段限定为"以暴力或者严重损害其本人及其近亲属合法权益等"相威胁,程度需要达到令被讯问人"遭受难以忍受的痛苦而违背意愿",司法机关才可以排除非法证据;而侦查人员采取"非法拘禁"等手段的,则不需要达到上述程度,可以直接成为适用强制性排除规则的对象。

联合国《禁止酷刑公约》有酷刑和其他残忍、不人道或有辱人格的待遇或处罚的区分。中国《刑法》第二百四十八条规定:"监狱、拘留所、看守所等监管机构的监管人员对被监管人进行殴打或者体罚虐待,情节严重的,处三年以下有期徒刑或者拘役;情节特别严重的,处三年以上十年以下有期徒刑;致人伤残、死亡的,依照本法第二百三十四条、第二百三十二条的规定定罪从重处罚。""监管人员指使被监管人殴打或者体罚虐待其他被监管人的,依照前款的规定处罚。"依据该规定,虐待被监管人的行为,只有"情节严重"的才能构成犯罪,情节不严重的,就不能以犯罪论处。所谓"情节严重",就不是一般的体罚或者虐待,而是长期的、采取残酷恶劣的手段体罚或者虐待被监管人,或者体罚或虐待行为使被监管人遭受身体伤害而又没有达到重伤的程度,或者使被监管人遭受严重精神折磨和痛苦的行为。

中国《刑法》第二百四十七条对刑讯逼供罪是这样规定:"司法工作人员对犯罪嫌疑人、被告人实行刑讯逼供或者使用暴力逼取证人证言的,处三年以下有期徒刑或者拘役。致人伤残、伤亡的,依照本法第二百三十四条、第二百三十二条的规定定罪从重处罚。"从量刑上看是比较严的,即如果刑讯逼供产生了致人"伤残、死亡"的结果,要按故意伤害罪和杀人罪从重处罚。即使没有造成任何伤害后果,也要处三年以下有期徒刑或拘役。可以看出立法者对刑讯逼供犯罪行为的严惩态度十分明显。但是该条存在的缺陷十分明显。刑讯逼供致人伤残、死亡的情况有，但毕竟是极少数，大量的刑讯逼供行为都不会达到这样的程度。因为有"伤残、死亡"的情节作为参考标准，刑讯者在实施刑讯时便可"有的放矢"，甚至研究出一系列不至于致人"伤残和死亡"的刑具和施刑办法。而三年以下的有期徒刑或拘役没有设置相应的情节。如果侦查机关程度控制在嫌疑人"伤残、死亡"之外，再加上刑讯逼供犯罪的证据特别难以获取，导致实际上法院根本无法对大量的刑讯逼供行为定罪量刑，这使得"三年以下的有期徒刑或拘役"几乎是形同虚设。基于以上的立法缺陷，侦查机关产生错误认识：只要对犯罪嫌疑人的刑讯所造成的损害没有产生伤残、死亡的结果便不会或不能被追究，从而严重背离了立法者的本意。

因此，刑法对酷刑罪规定的犯罪构成过于严格。刑法把虐待被监管人员的行为规定为犯罪是非常必要的，但根据该规定只有"情节严重"的才构成犯罪。而所谓"情节严重"，是指殴打或者体罚虐待的手段残酷、造成被监管人伤残等严重后果的；多次进行体罚虐待的，或者由于殴打或者体罚虐待引起监所内人员骚动的，等等。按照这种规定就使得相当一部分虐待被监管人员的行为被排除在刑法追究的范围之外，无法受到刑事制裁。体罚虐待被监管人员罪不能包括默许体罚虐待被监管人的行为。根据刑法的规定，除了自己实施体罚虐待行为外，只有"指使被监管人殴打或者体罚虐待其他被监管人"的行为，才有可能构成犯罪。这就意味着没有指使行为或指使对象不是被监管人员的就不构成犯罪，同样使得很多情况下无法追究有关监管人员的刑事责任。

2006年最高检出台了《关于渎职侵权犯罪案件立案标准的规定》，对刑讯逼供案的八种立案情形作了详细的规定，新的立案标准比以前显然更加详细，"以较长时间冻、饿、晒、烤等手段逼取口供"等情形也被增加进来。其中第二（三）项规定："刑讯逼供罪是指司法工作人员对犯罪嫌疑人、被告人使用肉刑或者变相肉刑逼取口供的行为。涉嫌下列情形之一的，应予立案：1. 以殴打、捆绑、违法使用械具等恶劣手段逼取口供的；2. 以较长时间冻、饿、晒、烤等手段逼取口供，严重损害犯罪嫌疑人、被告人身体健康的；3. 刑讯逼供造成犯罪嫌疑人、被告人轻伤、重伤、死亡的；4. 刑讯逼供，情节严重，导致犯罪嫌疑人、被告人自杀、自残造成重伤、死亡，或者精神失常的；5. 刑讯逼供，造成错案的；6. 刑讯逼供3人次以上的；7. 纵容、授意、指使、强迫他人刑讯逼供，具有上述情形之一的；8. 其他刑讯逼供应予追究刑事责任的情形。"

该规定二（五）规定："虐待被监管人罪（第248条）是指监狱、拘留所、看守所、拘役所、劳教所等监管机构的监管人员对被监管人进行殴打或者体罚虐待，情节严重的行为。涉嫌下列情形之一的，应予立案：1. 以殴打、捆绑、违法使用械具等恶劣手段虐待被监管人的；2. 以较长时间冻、饿、晒、烤等手段虐待被监管人，严重损害其身体健康的；3. 虐待造成被监管人轻伤、重伤、死亡的；4. 虐待被监管人，情节严重，导致被监管人自杀、自残造成重伤、死亡，或者精神失常的；5. 殴打或者体罚虐待3人次以上的；6. 指使被监管人殴打、体罚虐待其他被监管人，具有上述情形之一的；7. 其他情节严重的情形。"

可以看出，将《刑法》第二百四十七条的适用限于手段残忍、影响恶劣；致人自杀或者精神失常；造成冤、假、错案；3次以上或者对3人以上进行刑讯逼供；授意、指使、强迫他人刑讯逼供。将第二百四十八条的立案限于造成被监管人轻伤；致使被监管人自杀、精神失常或其他严重后果；对被监管人3人以上或3次以上实施殴打、体罚虐待；手段残忍、影响恶劣；或指使被监管人殴打、体罚虐待其他被监管人。

但是，在司法实践中很多体罚虐待可能被刑法排除在应当追究的范围之外，尤其是精神上的痛苦。《刑法》第二百四十八条中所规定的殴打或虐待被监管人的罪行，将罪行范围限制在监管机构的监管人员的行为或监管人员指使其他被监管人实施的行为，而且这种罪行的范围仅限于实施人身伤害。[①]

六、精神损害纳入酷刑范畴问题

《禁止酷刑公约》第1条规定：所有使人肉体上遭受剧烈疼痛的酷刑行为同时也都会导致精神上的极度痛苦，并带来持久的精神伤害乃至后遗症。但是，部分酷刑并不是造成肉体的极度痛苦，而是精神上的。《禁止酷刑公约》

---

① 联合国关于中国第五次定期报告的结论性意见，CAT/C/CHN/CO/5.

所定义的酷刑明确包括精神类的酷刑。因此，精神上的极度折磨也应被认定为刑讯逼供。但是在中国刑事法律中，注重强调对肉体类酷刑导致的损害，对于精神类的损害缺乏关注。

首先，认定精神伤害为肉体伤害的附加，这种认定条件比较单一。刑讯逼供的手段和虐待被监管人员的方式被认为包括精神折磨，但在暴力取证罪中，手段限于"暴力"，而完全排除对精神的伤害。

其次，与肉体类酷刑定罪的程度对比，对精神类酷刑定罪及处罚程度差别很大。中国的酷刑犯罪进行规制的罪名中，都要求"致人重伤""致人死亡"等致伤致残的程度。例如，《刑法》第二百四十七条规定："司法工作人员对犯罪嫌疑人、被告人实行刑讯逼供或者使用暴力逼取证人证言的，处三年以下有期徒刑或者拘役。致人伤残、死亡的，依照本法第二百三十四条、第二百三十二条的规定定罪从重处罚。"第二百四十八条规定："监狱、拘留所、看守所等监管机构的监管人员对被监管人进行殴打或者体罚虐待，情节严重的，处三年以下有期徒刑或者拘役；情节特别严重的，处三年以上十年以下有期徒刑。致人伤残、死亡的，依照本法第二百三十四条、第二百三十二条的规定定罪从重处罚。"除第二百四十八条的"情节特别严重"，扩大化解释包含精神酷刑之外，中国所有禁止酷刑的规定都是肉体类的酷刑。

可见，中国《刑法》明确禁止并惩罚的酷刑行为包括殴打、体罚、虐待，致人伤残、死亡是加重情节。以上所列举的都是肉体上的剧烈疼痛，甚至损害，而且中国立法没有吸收《禁止酷刑公约》第 1 条所界定的精神酷刑，这样把普遍存在的侮辱性讯问或处罚等完全排除在酷刑犯罪之外。中国《刑法》对于精神类酷刑，包括较长时间光照、冻饿、恐吓，侮辱性审讯，疲劳审讯等均没有确定。精神类酷刑对受害者的精神损害同等重要，甚至，随着中国对肉体类酷刑行为打击力度的加大，侦查机关对于精神类的酷刑更为偏好，因为其具有很大的隐秘性，因此中国《刑法》对禁止酷刑的推进，在立法中应包含禁止精神类酷刑，这有利于对受害者的保护。

《最高法关于适用〈中华人民共和国刑事诉讼法〉的解释》，自 2021 年 3 月 1 日起施行，第一百二十三条规定："采用下列非法方法收集的被告人供述，应当予以排除：（一）采用殴打、违法使用戒具等暴力方法或者变相肉刑的恶劣手段，使被告人遭受难以忍受的痛苦而违背意愿作出的供述；（二）采用以暴力或者严重损害本人及其近亲属合法权益等相威胁的方法，使被告人遭受难以忍受的痛苦而违背意愿作出的供述；（三）采用非法拘禁等非法限制人身自由的方法收集的被告人供述。"

刑事诉讼法把遭受剧烈痛苦包括精神痛苦，列入非法证据排除，但是对于追究刑讯逼供的刑事责任并不包含精神痛苦，没有改变中国现行法律对刑讯逼供罪或暴力取证罪的界定。禁止酷刑委员会赞赏最高人民法院将采用其他使被告人在精神上遭受剧烈疼痛或者痛苦的方法认定为"刑讯逼供"。然而，委员会仍感关切的是，最高法的解释适用于排除证据而不是刑事责任（第2条和第4条）。2008年11月禁止酷刑委员会在审查中国第四次定期报告后的结论性意见中指出，中国法律"有关酷刑的规定仅涉及身体虐待，而不包括施加严重的精神痛苦或折磨"，因此建议中国"应在其国内法中纳入酷刑定义"[①]。2015年12月3日，禁止酷刑委员会审议中国政府第五次履约报告的结论性意见虽然积极评价中国最高人民法院的司法解释承认使用其他方法引起被告人精神上遭受剧烈疼痛或痛苦也作为酷刑，但指出这只是关于证据排除问题的适用解释而不涉及刑事责任[②]。

随着社会发展，强调精神损害赔偿是国际社会发展的趋势，也普遍被各国刑法所认可。精神损害赔偿的抚慰性就在于用经济赔偿的物质手段，给受害者尤其是精神酷刑的受害者以精神上的抚慰，部分解除其精神痛苦。

七、对酷刑犯罪规定的刑罚问题

中国刑法对酷刑犯罪设置的法定刑普遍偏轻，惩治力度不足。在包括非法拘禁罪、刑讯逼供罪、暴力取证罪、虐待被监管人员罪在内的很多酷刑犯罪以及非法搜查罪等其他职务犯罪上，存在刑罚偏低的现象，其中尤以刑讯逼供罪和暴力取证罪最为典型。

按照《刑法》第二百四十七条的规定，司法工作人员对犯罪嫌疑人、被告人实行刑讯逼供的，处三年以下有期徒刑或者拘役。因此，可以得出这个

[①] 联合国关于中国第四次定期报告的结论性意见，CAT/C/CHN/CO/4.

[②] 联合国关于中国第五次定期报告的结论性意见，CAT/C/CHN/CO/5.

结论：刑讯逼供没有造成死亡以上的后果，最高刑为三年。但是按照《刑法》第三百零五条的规定："在刑事诉讼中，证人、鉴定人、记录人、翻译人对与案件有重要关系的情节，故意作虚假证明、鉴定、记录、翻译，意图陷害他人或者隐匿罪证的，要处三年以下有期徒刑或者拘役；情节严重的，处三年以上七年以下有期徒刑。"按照《刑法》第三百零六条的规定："在刑事诉讼中，辩护人、诉讼代理人毁灭、伪造证据，帮助当事人毁灭、伪造证据，威胁、引诱证人违背事实改变证言或者作伪证的，要处三年以下有期徒刑或者拘役；情节严重的，处三年以上七年以下有期徒刑。"

比较刑讯逼供罪与伪证罪和辩护人、诉讼代理人毁灭证据、伪造证据、妨害作证罪，这三种罪都妨害刑事司法活动的正常进行。刑讯逼供罪不仅妨害司法活动，而且采用的手段造成对犯罪嫌疑人、被告人人身权利的严重侵犯，因此其社会危害性要比后两种罪重得多。刑法对前两种罪规定的法定刑，最高都是七年有期徒刑，而刑讯逼供罪的法定刑最高只有三年有期徒刑。因此，刑法对刑讯逼供罪规定的法定刑过轻，不利于禁止酷刑。

八、禁止酷刑的不可克减性

《禁止酷刑公约》第2条规定："任何特殊情况，包括上级官员或政府当局的命令不得援引为实行酷刑的理由。"但中国《公安机关人民警察执法过错责任追究规定》规定，因法律规定不明确、有关司法解释不一致；因不能预见或无法抗拒的原因致使执法过错发生的，不追究过错的责任。

九、酷刑受害人救济条件

《禁止酷刑公约》第14条规定："每一缔约国应在其法律体制内确保酷刑受害者得到补偿，并享有获得公平和充分赔偿的强制执行权利，其中包括尽量使其完全复原。如果受害者因受酷刑而死亡，其受抚养人应有获得赔偿的权利；本条任何规定均不影响受害者或其他人根据国家法律可能获得赔偿的任何权利。"从禁止酷刑的国际标准来看，只要公务人员实施了酷刑行为，酷刑受人就应得到国家救济赔偿，而不论酷刑受害人是否有罪。

首先，中国对刑事的国家赔偿包括人身自由、生命健康、财产返还或赔偿、被害人的经济损失以及精神损害抚慰金等几个方面,主要为金钱赔偿。中国对酷刑受害人的救济还没有体现《禁止酷刑公约》中的"恢复、补偿、复原、清偿和保证不再发生"这五种形式的赔偿。①

其次,中国对受害人确定范围比较窄,《国家赔偿法》规定为仅是受害者本人。而根据《禁止酷刑公约》第14条,酷刑受害者还应包括"受害者的直系亲属或受扶养人以及出面干预以援助受害者或防止受害情况而蒙受损害的人"。禁止酷刑委员会认为缔约国对酷刑实施者有罪不罚、从轻惩罚或批准赦免不仅违反了《禁止酷刑公约》第4条,也构成对《禁止酷刑公约》第14条第1款的违反。这实际上也是对酷刑受害者实质性救济的一种缺失。

最后,国家赔偿条件规定尚需完善。《国家赔偿法》第十七条规定:"行使侦查、检察、审判职权的机关以及看守所、监狱管理机关及其工作人员在行使职权时有下列侵犯人身权情形之一的,受害人有取得赔偿的权利:(一)违反刑事诉讼法的规定对公民采取拘留措施的,或者依照刑事诉讼法规定的条件和程序对公民采取拘留措施,但是拘留时间超过刑事诉讼法规定的时限,其后决定撤销案件、不起诉或者判决宣告无罪终止追究刑事责任的;(二)对公民采取逮捕措施后,决定撤销案件、不起诉或者判决宣告无罪终止追究刑事责任的;(三)依照审判监督程序再审改判无罪,原判刑罚已经执行的;(四)刑讯逼供或者以殴打、虐待等行为或者唆使、放纵他人以殴打、虐待等行为造成公民身体伤害或者死亡的;(五)违法使用武器、警械造成公民身体伤害或者死亡的。"

《国家赔偿法》第十九条第一款规定因公民自己故意作虚假供述,或者伪造其他有罪证据被羁押或者被判处刑罚的,国家不承担赔偿责任。这就使中国的国家赔偿制度陷入了怪圈。中国错案赔偿的判断标准是"没有犯罪事实",而这个标准是根据法院的最终判决而确定的。公安机关为了避免赔偿的发生,就最大可能地强迫被告人认罪。只要被告人定罪,就不需要赔偿;只要被告人自己作了虚假供述,就不需要国家赔偿。这就背离了国家赔偿的立法原意。②法院考虑公、检、法同属政法机关,避免其他单位国家赔偿的后果,

---

① 龚刃韧.《禁止酷刑公约》在中国的实施问题 [J]. 中外法学,2016(8):955-970.
② 王金兰,李学勤.权力与权利和谐的现实分析:从不受酷刑权的角度 [J]. 河北法学,2006(3):58-63.

审判中对于酷刑问题采取漠视的态度，甚至采信刑讯逼供获得的证据，判决被告人有罪之后，刑讯逼供反而就会"合法化"了。

第三节 《禁止酷刑公约》在中国国内的实施分析

中国禁止酷刑保障不仅是国内问题，而且成为国际人权问题的焦点。在中国司法实践中发生的如河南赵作海杀人冤案、湖北佘祥林杀妻冤案、云南杜培武杀妻冤案、河北聂树斌强奸杀人冤案、广东孙志刚被收容遣送伤害致死冤案、内蒙古呼格吉勒图案等提示中国禁止酷刑的工作还是任重道远。中国在禁止酷刑方面存在问题的原因主要有以下几个方面。

一、中国历史缺失禁止酷刑的法律文化传统

传统法律文化对人权观念的影响，使具体人权保护的过程受到不可避免的特定影响。中国是世界上酷刑历史最悠久的国度之一。从中国历史上来看，重刑思想十分强烈，始终对刑罚的功利作用非常重视。不论在刑罚结构还是刑事立法和司法实践中，刑讯逼供、体罚、虐待犯人等发挥着更为直接的作用，在当代中国仍有很大的影响力。

中央集权的封建君主专制政治结构的强大、稳定和单一始终影响着中国法律制度的发展，必然导致以皇权为代表的国家强制力的强大以及作为公法性质的刑法的发达。刑讯逼供在当时的诉讼活动中非常普遍，且被合法地规定成为一种制度。

中国封建传统中有着太多与现代人权理念大相径庭的因素：①至高无上的君主绝对专制的权力；②封建士大夫阶层家长式的统治；③等级分明的社会和严格的伦理关系形成的一方绝对权威、一方绝对服从的不平等权利义务关系；④个人融入家族的思想导致对个人自主性、主体性的压抑以及不鼓励对自己权利的主张；⑤自古而来的残忍、不人道的刑讯手段以及刑罚措施。[①] 中国长期以来强调通过法的威慑达到社会控制的目的。而中国长期的君主专制政治深刻地影响中国，古代为了适应专制统治需要，实行纠问式诉讼，审判机关可

[①] 陈弘毅.中国文化传统与现代人权观念 [J]. 法学，1999（5）：9-12.

以追究犯罪，兼施控诉与裁判职能；被告人没有独立诉讼地位和诉讼权利，被告人的口供是"证据之王"，刑讯逼供合法化；实行罪从供定和有罪推定原则等。①"当时的诉讼，没有专门的公诉机关，审判机关不是实行不告不理原则，而是有权主动追究犯罪，兼施起诉和审判两种职能。诉讼参与人所享有诉讼权利甚微，告诉人、证人都要受到拷打。被告人更是处于基本上无权的地位，是受追查、拷讯的对象。"②这加剧了社会对人权保障的意义普遍缺乏真正的理解。

二、刑事评价制度有直接关系

"命案必破"政绩思维导致了中国司法评价制度的量化思维。在刑事司法领域，对执法人员的评价制度普遍为数字化的业绩考核，即量化考核机制，执法人员的任务目标、办案阶段及奖惩标准均为数字化。以侦查部门为例，有：立案量、批捕量、破案率、批捕率、退补率、起诉率，还有黑恶势力线索或者打掉量、两抢一盗案件量、上级督办案件结案率等。同时，对数量会有相应计算公式，得到具体的考评分数。这种机制能够提高执法人员的办案效率，但是可能存在注重数量而忽视程序正当性的问题。破案率及破案案件的严重程度成为衡量侦查人员和侦查机关业绩的主要标准之一。这种考核评价体系，忽视甚至不考虑办案质量，很难还原案件事实。再加上"限时破案"和"办成铁案"这类非理性限制的压力，造成重口供甚至导致一定程度的刑讯发生。侦查机关无形中受到来自公众尽快侦破案件的巨大压力。基于维稳以便公、检、法三机关达成一致的意见，势必影响执法人员的自由判断。在侦查机关"命案必破"的原则规定和"限期破案"的督办下，使承办人员为快速取得证据采取非法手段，如刑讯逼供等。③

中国注重结果的刑事政策最集中表现为"命案必破"，破案率在国际上比较比例非常高，从维护社会稳定的角度看是非常有效果的。中国的命案破案率一直位居世界前列。这一成果有利于维护社会安全，较短时间内扭转了社会风气。但其中难免出现急于破案和草率定案的问题。严打期间案件，从性

---

① 陈弘毅.中国文化传统与现代人权观念[J].法学，1999（5）：9-12.
② 同上。
③ 周跃飞.中国刑事错案之现状、成因及对策：以呼格冤案为视角[J].法制与社会，2015(3)：54-58.

质上来看，普遍为严重的暴力性案件，对地方治安影响非常大，侦查机关也承受很大压力。尤其是在中国法治建设尚不成熟时期，容易造成程度不同的刑讯逼供。"严打"的惯性思维在很大程度上还左右着公检法的办案模式。如呼格吉勒图案、佘祥林案都是1996年"严打"期间发生的。

这种导向关注执法的结果，而对执法的过程关注不足，将完成情况简单归为达标或者不达标。法律的基本规则："不得以牺牲司法公正或威胁基本人权为代价来控制犯罪或建立秩序。"司法体系应保持自身的独立性。中国应注重结果导向与质量的平衡。

三、律师在免受酷刑权的保障中作用被限制

律师的会见权受到限制包括时间限制，建议委托人推翻被迫招供的任何律师都可能根据《刑法》第三百零六条被起诉。该条规定律师可因毁灭、伪造证据，威胁、引诱证人改变证言或者作伪证，被处以七年以下有期徒刑。2005年中国政法大学诉讼法研究中心进行了"讯问时律师在场、录音、录像三项调查讯问试验项目"，被外界认为是"中国讯问制度改革"的实验。[①] 讯问时律师在场面临的争议比录音、录像更大。律师在场阻力最大，律师在场虽能防范刑讯逼供，但现在的律师素质差别很大，很多律师考虑更多的是怎么帮当事人，不利于案件的审查。律师素质问题也导致律师在人权保障方面难以发挥更大的作用。刑讯逼供最有可能导致被告人作出虚假供述的因素。错案罪名相对集中于重罪，如故意杀人、抢劫、强奸、毒品案等。"限时破案"，审讯嫌疑人环境封闭，侦查活动缺少律师和检察机关监督。

四、禁止酷刑在地区之间发展得很不平衡，亚洲地区相对落后

现阶段，联合国体系内的人权保护机制是普遍性的国际法规范。但是到目前为止，三大洲都建立了区域性人权机构。虽然各机构在其组成、机制以及独立上有很大的不同，但它们的目标都是促进人权的进步与发展。尽管各区域性机制在结构、职能以及独立程度等方面有差别，但它们促进和维护人权的宗旨应该是一致的。虽然区域性人权机构的规定不能导致国际条约的无

---

① http://www.chinalawsociety.com.cn/media/shownews.asp？id=459.

效,但是对于国际条约的效力肯定会有影响。

如前文所述,从欧洲来看,《欧洲人权公约》是二战后最早制定的。由欧洲理事会起草,并于1953年9月生效,宣称:"对任何人不得施用酷刑或者非人道或者有辱人格的待遇或者惩罚。"该条约是在《世界人权宣言》之后国际间第一个明确禁止酷刑的区域性公约。《欧洲人权公约》缔约国确立了由欧洲人权委员会、欧洲人权法院和欧洲理事会的部长委员会组成的对人权的三重保障机制。1987年签署了《欧洲预防酷刑和非人道或者有辱人格待遇或者惩罚公约》(以下简称《欧洲防止酷刑公约》),基于该条约成立了欧洲防止酷刑委员会。欧洲国家基本都批准了该公约。

美洲早在1948年5月就通过了《美洲国家人权宣言》,在《美洲人权公约》生效之前相当长的时期内,其是美洲国家之间人权活动的依据。美洲国家1969年11月在哥斯达黎加签署了《美洲人权公约》,并根据该公约成立了美洲国家间人权委员会和美洲国家间人权法院。该公约规定了美洲国家间人权委员会的主要职责、美洲国家间人权法院的组成和管辖权、美洲国家间人权委员会和美洲国家间人权法院的程序等。该公约是继《欧洲人权公约》之后的第二个区域性人权保障公约。1985年美洲国家通过《美洲国家预防和惩罚酷刑公约》,对在美洲国家间如何有效地预防和惩罚酷刑犯罪作了系统的规定。该公约对酷刑的禁止性程度较《联合国禁止酷刑公约》更为严厉。例如"酷刑"的外延更宽,从而使酷刑罪的构成范围也相应变大,对公民人权保障的力度显然也更大一些。①

非洲国家禁止酷刑运动发展较为缓慢,1981年6月通过了《非洲人权和公民权利宪章》,该文件为非洲国家基本人权文件,其中所规定的禁止酷刑的内容与联合国《禁止酷刑公约》基本一致。

由于历史的原因,亚洲和非洲的绝大多数国家当时并没有机会直接参与制定基本人权文件,因而这两个大陆的许多文化传统并未在现有的人权标准中体现出来。在欧洲、美洲和非洲,区域性人权保护蓬勃发展。实践说明,在以尊重国家主权和不干涉内政为基础的国际法律发展阶段,通过区域安排执行国际人权标准可能是最佳途径,区域禁止酷刑机制可以弥补联合国禁止

---

① 张绍谦.论国际社会反酷刑运动的成就和特点[J].河南省政法管理干部学院学报,2004(2):45-48.

酷刑保障机制所存在的弊端。由于同一区域的国家在政治和法律制度、经济发展水平、文化、宗教、价值观念等方面的一致或接近，在人权的保护方面，它们更易于赋予所成立的国家机构所必要的真正的执行权能。

相对于欧洲和美洲，亚洲地区在总体形势上没有本地区禁止酷刑的共同规则，也没有地区内的人权监督和合作机制。1993年亚洲国家通过《曼谷宣言》宣布"有必要探讨是否能在亚洲设立关于促进和保护人权区域安排"，但只是宣告性的文书。

亚洲地区各国历史、文化、社会、经济、宗教和法律传统相对于其他洲存在较大差异，缺少一个综合性区域政治经济组织的主导。[①]再加之冷战时期，美苏在亚洲的战略争夺，美国等西方国家对亚洲国家人权进行指责和攻击，进一步激化了人权矛盾，这样很难制定一个区域性人权公约和区域性人权标准，致使亚洲区域性人权组织发展不足。因此，需要越来越依赖亚洲国家合作推进。

不同国家各自的法律制度、政治环境以及传统文化土壤使得同样的制度在不同国家的引入或移植会产生各不相同的作用。中国积极与国际社会的禁止酷刑组织合作，推动国际交流，尤其是国家间以客观的方式处理禁止酷刑问题。中国为此应消除禁止酷刑立法制度特别是相关制度存在的缺陷，通过修改和完善相关的法律制度，逐步消除中国禁止酷刑制度与国际禁止酷刑条约的差异，但是需要一个理性的态度，不能简单地将中国的该种现状与国际禁止酷刑保障准则作比较研究。中国禁止酷刑的发展方向及模式不能简单移植、引进各国通行而中国还没有采取的诸多制度，而应立足于中国现实去分析思考。作为一种社会现象，归根结底是由一定的物质生活条件决定的，中国目前还处于发展过程中，经济条件、文化背景、法律传统和国民素质都有自己的特殊性，没有任何理论和实践经验能够证明外国成功的制度完全适应中国国情。因此，仅仅从法律层面增加规定相对容易，而真正将规定实现则非常难。

中国正处在制度转型时期，禁止酷刑事业中还存在相当多体制构建方面的问题，中国的禁止酷刑制度与联合国《禁止酷刑公约》国际准则还有差距，彻底废除酷刑还有很长的路要走。

---

① 谷盛开. 亚洲区域性人权机制：理念与构建[J]. 现代国际关系，2006（2）：20-26.

第五章　中国加强非法言词证据排除的路径

第一节　加强禁止酷刑相关立法和实践的研究

中国开展全面依法治国，全方位提升人权保障法治化水平，将尊重和保障人权置于法治国家建设突出的位置。中国在立法、司法和执法等方面采取了一系列禁止酷刑机制和措施，取得了重大成就，2013—2018 年，中国通过审判监督程序纠正聂树斌案、呼格吉勒图案、张氏叔侄案等重大刑事冤假错案 46 起，涉及 94 人，共宣告 4868 名被告人无罪，依法保障无罪者不受追究。[①] 从国际社会上来看，禁止酷刑有效的法律制度要求资源配置从根本上体现出对国家权力制约和个人权利的保护，以求得国家权力的控制和对酷刑受害人的适度平衡，一方面要通过对执法人员规范，从而限制公权力的滥用和对个人的任意性伤害；另一方面，要赋予酷刑受害人足以抵御侵害和获得救济的权利。中国现行有关法律制度在赋予个人权利的程序保障方面有了质的飞跃，但是还需要进一步加强。中国应建立一套有效防止酷刑的法律机制，赋予处于弱势的个人以特定不受酷刑的权利，并通过合理、有效的程序保障，使这些权利得以真正成为抵御来自强大的公权力的侵害的有效手段。

基于《禁止酷刑公约》所确定的国际标准，并结合中国的司法实践，中国还需要进一步加强禁止酷刑保障司法改革。

[①] 最高人民法院. 中国法院的司法改革（2013—2018）[M]. 北京：审判机关出版社，2019.

一、深入研究《禁止酷刑公约》中国国内适用问题

如前文所述,《禁止酷刑公约》是根据现代法治思想制定的,也是在西方国家特别是欧洲国家主导下制定的,反映了许多西方国家的法治思想。[①] 中国传统思想观念与西方现代法治观念的冲突是存在的。

联合国通过的 7 个重要的国际禁止酷刑条约中,中国已经批准 5 个、签署 1 个、尚未签署的有 1 个。[②] 但中国在《宪法》中原则性地规定了全国人大常委会对条约和重要协定的决定批准、废除权及国务院的缔约权,而条约与国内法的关系及能否在法院直接适用,只能根据具体的法律和相关实践来确定。[③] 中国还没有解决现行法律与中国批准和加入的国际公约如何适用的法律规定问题。从国内立法上的直接根据来看,中国法院在直接适用《禁止酷刑公约》方面还是暂时缺位的。禁止酷刑委员会关于中国第五次定期报告的结论中就要求中国:请澄清《禁止酷刑公约》在国内法律体系中的地位。诉讼当事人是否援引或国内法院是否应用过《禁止酷刑公约》所载权利和第 1 条对酷刑的定义,以此作为案由或以此指导对法律规范的解释。[④]

中国目前关于条约直接适用的法律规定大都出现在有关涉外关系的法律适用的专门条款中,而国家在《禁止酷刑公约》下的缔约国义务主要是针对本国境内的本国公民的,但中国与保障禁止酷刑有关的法律,例如《工会法》

[①] 赵珊珊. 从惩罚走向预防:中国政府加入《禁止酷刑公约任择议定书》相关问题研究 [J]. 政法论坛,2012(5):107-119.

[②] 分别是:《公民权利和政治权利国际公约》(ICCPR)1998 年 10 月 5 日签署、《经济、社会和文化权利国际公约》(ICESCR)2001 年 2 月 28 日批准;《消除一切形式种族歧视国际公约》(CERD)1981 年 12 月 29 日批准;《消除对妇女一切形式歧视公约》(CEDAW)1980 年 11 月 4 日批准;《禁止酷刑和其他残忍、不人道或有辱人格的待遇或处罚公约》(CAT)1988 年 10 月 4 日批准;《儿童权利公约》(CRC)1992 年 1 月 31 日批准;《保护所有移徙工人及其家庭成员权利国际公约》(CMW)未签署。

[③] 从中国目前的法律来看,《民事诉讼法》较早规定了国际条约适用条款,第二百六十条规定:"中华人民共和国缔结或者参加的国际条约同本法有不同规定的,适用该国际条约的规定,但中华人民共和国声明保留的条款除外。"之后,其他法律如《行政诉讼法》《海商法》《商标法》《专利法》中也有类似的规定。

[④] 禁止酷刑委员会关于中国第五次定期报告的结论,CAT/C/CHN/CO/5.

《劳动法》《国家赔偿法》《未成年人保护法》《妇女权益保障法》等中大都不含有条约直接适用的规定。中国在实践中解决现行法律与中国已批准和加入的国际公约之间的矛盾主要有两种方法：

第一，在批准公约之前，对目前国内法无法有效保护的、与待批准的国际条约具有根本价值冲突的内容提出保留或解释性声明，并在满足将来国内法条件时撤回有关保留或解释性声明。

第二，在批准条约之前，现有法律显然与国际条约不符，但必须尊重国际条约的内容，通过修改或废除现有法律，确保国际条约在中国的有效实施。一旦一项国际条约获得批准，法理和法律应假定国家立法完全符合国际条约的规定，即使在发生冲突的情况下，也应通过修改有关法律和法规来保持价值的一致性。

除此以外，中国还有一类法律规定国际条约调整的事项不再适用国内法，从而避免国际条约与国内法发生冲突，例如2013年7月1日起施行《出境入境管理法》的规定。①

关于对《禁止酷刑公约》的国内适用问题，1990年4月27日中国政府代表在联合国禁止酷刑委员会审议中国政府提交的执行《禁止酷刑公约》报告时声明："根据中国的法律制度，有关的国际条约一经中国政府批准或加入并对中国生效后，中国政府就承担了相应的义务，不再为此另行制定国内法进行转换。"② 通常认为该声明是《禁止酷刑公约》在中国国内效力的表明，也是中国基本立场最权威的证明。但是，不能说国际条约可以在中国法院直接适用。原因如下。

第一，关于条约的缔结问题，根据中国现行《宪法》和《缔结条约程序》的规定，中国的缔约权，包括谈判、签署、批准、接受、核准、加入、修改、

---

① 《中华人民共和国出境入境管理法》第九十条规定：经国务院批准，同毗邻国家接壤的省、自治区可以根据中国与有关国家签订的边界管理协定制定地方性法规、地方政府规章，对两国边境接壤地区的居民往来作出规定。

② 人民日报（海外版），1991-11-16（4）.

废除、退出等项权利，由全国人大常委会、国家主席和国务院共同行使；① 在此基础上，国内有些学者认为全国人大常委会批准条约程序与立法程序基本相同，因此可以说，条约和法律在中国国内具有同等的效力。也就是说，中国缔结或参加的国际条约在国内法律地位上低于宪法，而与一般国内法处于同等的位阶。但是，仅根据全国人大常委会和国务院同时享有缔约权和立法权的事实，还难以令人信服地得出其决定批准、接受、核准或加入的包括国际禁止酷刑公约在内的国际条约必然属于中国法律的一个组成部分或一种渊源的结论。②

第二，即使承认全国人大常委会批准的条约与其通过的法律相同，也不能得出结论认为，《禁止酷刑公约》可以在中国法院直接适用。由于中国基本法律的制定机关是全国人民代表大会，全国人大常务委员会的立法权只能制定与其分配有关的基本法以外的法律，不得同该法律的基本原则相抵触。因此，全国人大常委会通过的国际条约从法律位阶上低于全国人民代表大会通过的基本法律。

再退一步，按照承认全国人大常委会制定的法律与其批准的条约效力相同的说法，它们之间的效力关系应按照"后法优于先法"的原则处理，但这又与2021年修订的《民事诉讼法》第二百六十七条不符。③ 而且，按照中国《宪法》和《缔结条约程序法》的规定，缔结和参加条约可以分为全国人大常委会批准的条约和重要协定及无需批准的由国务院缔结的条约和协定。但是在《民事诉讼法》等国内法中，对于规定条约的直接效力和优先效力方面，没有指出条约属于哪一类。因此，就可能出现全国人大常委会制定的法律与国务院缔结的条约和协定的效力可能与中国的法律效力位阶不一致的情况。

由于中国法律体系中直接适用国际条约只被限定在处理特别事项的范围

---

① 朱晓青.《公民和政治权利国际公约》的实施机制[J].法学研究，2000（2）：102-113.
② 班文战.国际人权法在中国人权法制建设中的地位和作用[J].政法论坛，2005（3）：85-92.
③ 《民事诉讼法》第二百六十七条中华人民共和国缔结或者参加的国际条约同本法有不同规定的，适用该国际条约的规定，但中华人民共和国声明保留的条款除外。

之内，对国际条约在中国法院直接适用的一般性原则在本质上不可以确定。①应该存在与之相应的国内法的授权，国际条约才能在中国法院直接适用。这种授权或者分别规定于各个有关禁止酷刑保障的普通法律中，或者在宪法中予以统一规定。在国内法没有授权的情形下，中国法院实施国际条约只能通过间接适用的方式。为确保履行国际禁止酷刑条约下的条约义务，根据中国现有的落实国际公约的基本机制，中国签署与批准的国际公约在国内不能直接适用，需要通过国内立法转化为法律规定才能对中国的执法实践产生影响力。立法机关通过这种转化机制被赋予了更多的推动国际公约贯彻的使命与职权，但是，也可能无形中限制了国际公约对执法实践的影响力。中国应修订、制定大量的与国际禁止酷刑条约相对应的国内法，建立起完整的禁止酷刑保护法律体系。这样，个人就可以在中国法院援引与国际禁止酷刑条约相对应的国内法条款来保障自己的禁止酷刑权益。更为重要的是，基于宪法基本权利与普通法律上述权利的效力关系，②除了修订和制定与《禁止酷刑公约》相适应的普通法，中国还应在禁止酷刑的保障方面，将《禁止酷刑公约》与宪法建立逻辑上的对应关系，及时将《禁止酷刑公约》的内容转化为基本宪法权利，完善宪法基本权利制度，建立宪法程序体系。

缔约国应根据《禁止酷刑公约》，不断审查在禁止酷刑方面取得的发展，同时弥补相应的不足，这主要依赖立法机关的立法活动来实现，立法机关应从具体禁止酷刑的角度考虑《刑事诉讼法》《监狱法》等其他相关法律的完善。同时，执法机关应加大对《禁止酷刑公约》的宣传力度，改善对因执法人员酷刑行为而导致的中国执法、法治建设方面负面影响的认识。

同时，鉴于国际法和国内法是两个不同的法律领域，正如国际法院的法官不能直接适用各缔约国的国内法，因此，国内法院的法官也不能直接适用国际条约。一个国家要履行自己所缔结的条约、承担的国际义务，缔约国的实践也是不统一的。比较可行的就是制定与国际条约内容相一致的国内立法，

---

① 李兆杰.文化多元性和国内法院在国际禁止酷刑法的实施中的作用.国际禁止酷刑与发展[M].北京：法律出版社，1998：236.

② 莫纪宏.现代宪法的逻辑基础[M].北京：法律出版社，2001：437.

以国内司法机关执行国内法的方式来履行国际条约。因此，修改原有的国内立法或者制定新的法律法规，使其符合中国所缔结的国际条约的义务，是当前中国履行条约义务的必要方法。[①] 中国通过制定与《禁止酷刑公约》相关内容一致的国家立法，就可以认为中国执行《禁止酷刑公约》。从理论上讲，国家必须确保其国民履行其根据《禁止酷刑公约》承担的义务。这种保证是一种特殊的保证，其形式是通过相应的国家立法，一旦通过，将使条约生效。一国根据其生效的国际条约的内容通过了国内立法，就履行其作为缔约国的国际条约规定的义务。关于国内法的适用，法官解释法律的方式和法官的自由裁量权属于该国国内司法的问题，与该执行国际条约无关。如果一个国家没有通过符合其国际条约义务的国家立法，那么即使该国的法院直接解释或者适用国际条约，也仍然可能被认定为没有履行国际条约的义务。

中国对《禁止酷刑公约》及其他国际法文件的系统适用要依法而有序地进行。例如丹麦在此方面的主要经验是：丹麦议会一旦批准了某项国际条约，该国议会立即展开一个有关现行丹麦法与该国际条约是否兼容的调查程序。丹麦议会将启动一个积极转换或直接接入某项国际法到国内法的程序。可见立即强化这种调查和从事某些国内法的相应修改或补充至关重要。

综上，《禁止酷刑公约》在一个国家内生效，该国就应当执行该条约的规定，享有该条约规定的权利、承担公约规定的义务。但是，基于各国司法体制的不同，各国执行《禁止酷刑公约》有不同的方式。中国没有统一规定《禁止酷刑公约》在中国的法律效力。中国签署与批准的国际公约在国内法上没有直接的适用效力，而是需要通过国内立法转化为法律规定才能对中国的执法实践产生影响力。这种转化机制使得中国立法机关能够更多地推动《禁止酷刑公约》执行，但也可能无形中限制《禁止酷刑公约》对实际执行的影响力。《禁止酷刑公约》要求所有缔约国应当不断地审视本国禁止酷刑的进展，并及时弥补相应的缺陷。根据现有的中国所签署的国际条约在国内的生效情况判断，法院不能直接引用国际禁止酷刑条约的规定作为审判根据。中

---

① 尹娟. 试论国际人权制度及其在国内的实施 [D]. 北京：中国政法大学，2004.

国是通过参照国际禁止酷刑公约修改国内法律的方法使《禁止酷刑公约》在国内适用，修改相关法律时吸收公约的部分规定，直至国内法与《禁止酷刑公约》条约相一致。

二、建议设置禁止酷刑专门机构

《禁止酷刑公约》第13条规定："每一缔约国应确保凡声称在其管辖的任何领土内遭到酷刑的个人有权向该国主管当局申诉，并由该国主管当局对其案件进行迅速而公正的审查。应采取步骤确保申诉人和证人不因提出申诉或提供证据而遭受任何虐待或恐吓。"2002年联合国《禁止酷刑公约任择议定书》第17条和第18条明确指出，缔约国应在该议定书对其生效后的一年内建立一个或多个独立的国家防范机制。

在政府性的禁止酷刑保障机构和非政府性的禁止酷刑保障机构的划分方面，中国政府性的禁止酷刑保障机构是：全国人大及其常委会、全国政协、民政部、文化部、公安机关、国家民委、国家宗教管理局、教育部、劳动和社会保障部、司法部、审判机关、检察机关、国务院儿童妇女工作委员会、国家乡村振兴局。非政府性的禁止酷刑保障机构有：中国残疾人联合会、中华全国律师协会、中华全国青年联合会、中国新闻工作者协会、中华全国总工会。① 通常认为这是中国保障禁止酷刑机构的基本构成。但是行使公共权力的机关不具有保护酷刑的专门机构的性质与功能，2000年成立的国家信访局是中国第一个负责信访工作的国家级信访机构。

中国需要建立专门的禁止酷刑保障机构。因此，建议中国根据具体国情及司法体制，改进和完善中国的禁止酷刑保障机制，在中国人大常委会设置禁止酷刑机构，这是中国禁止酷刑事业发展的客观需要，完全符合《禁止酷刑公约》的规定，它的设立宗旨正是为了确保酷刑得到"迅速而公正的审查"。为此，该委员会可以受理那些主张遭到刑讯逼供人员的投诉，定期检查被拘留人或囚犯的待遇。②

---

① 韩大元. 国家人权保护义务与国家人权机构的功能 [J]. 法学论坛，2005（6）：5-12.
② 屈学武. 反酷刑公约及中国反酷刑述论 [J]. 中国刑事法杂志，2002（1）：113-126.

第一，该机构可以加强中国对于禁止酷刑的预防机制。中国目前国内法禁止酷刑规定侧重于侵犯行为出现之后才能给予行为人惩罚和受害人救济，而事前预防机制较为薄弱。中国人大常委会设置禁止酷刑机构的事先预防机制无疑有助于健全事前预防机制，国家可以提供便捷、有效的救济形式，尤其是机构的设置有助于完善并强化中国的公共权利对禁止酷刑的保障的监督体系。

第二，该机构可以代表中国与联合国及各国禁止酷刑机构进行交流合作。尤其是负责《禁止酷刑公约》缔约国报告起草方面。联合国禁止酷刑委员会在对中国第五次缔约国报告审议中指出：缔约国没有提供完整的资料说明从所有来源收到多少与酷刑相关的申诉，并按照涵盖酷刑定义各方面的每种罪行予以分列。委员会也没有收到有关由检察机关依职权或根据医生举报信息所发起酷刑指控调查数量的资料。委员会进一步注意到，缔约国未能提供有关对犯罪者处以刑事制裁或纪律制裁的资料。①如果该机构有权力从有关司法、行政部门和统计局以全面、持续的方式收集一切同实现禁止酷刑有关的统计数据，使之具有独立性、及时性和有效性，编制全面透明的报告，就能有效地协调禁止酷刑条约机构的报告后续问题。人民团体、学术单位、非政府组织、报刊可随时对报告作出自己的评价。这样，通过缔约国报告制度使中国与禁止酷刑委员会建立真正有效的国际合作，有利于保证《禁止酷刑公约》监督制度的有效性，有效解决缔约国报告的数据统计问题。

中国在缔约国报告审议答复中提出：中国人大常委会的禁止酷刑机构可以领导协调《禁止酷刑公约》缔约国报告。在审议对话前的问题答复材料中，中国政府已提供部分涉及被羁押人数量、酷刑行为起诉和审判的数据，但由于中国幅员辽阔、人口众多、地区发展不平衡、人力和资源有限，各个区域的统计口径也不尽相同，难以在短时间内收集并汇总出其他各项详细数据。我们将认真研究委员会提出的建议，争取尽快提升数据统计的能力和水平。②根据《禁止酷刑公约》第11条规定，每一缔约国应经常系统性地审查对在其

---

① 禁止酷刑委员会关于中国第五次定期报告的结论性意见，CAT/C/CHN/CO/5.
② 同上。

管辖的领土内遭到任何形式的逮捕、扣押或监禁的人进行审讯的规则、指示、方法和惯例以及对他们的拘留和待遇的安排。这样，中国专门的禁止酷刑保障机构可以定期公布上述数据，经常检查办案质量，可以全面履行公约规定、有效预防酷刑。

第三，该机构可以有效引导非官方的民间组织，协调组织各级各类国家机构，包括立法、司法和行政机构。该机构协调统一国内禁止酷刑机构，中国各国家机关、人民政协、人民团体、非政府组织等都承担了部分禁止酷刑保障职责，这样通过系统地指导和协调种类繁多、数量庞大的国家机构，可以有效发挥其促进和保护禁止酷刑的功能。

第四，该机构负责开展国家层面的禁止酷刑宣传教育。可以负责全国统一规划禁止酷刑的政策和成立领导禁止酷刑教育的机构。对于推进保障禁止酷刑而言，禁止酷刑的宣传教育具有特别的重要意义。

综上，中国目前的禁止酷刑保障机制中缺少国家级别较高的机构。级别较高的机构的设立将使得对内协调国家机构和组织的沟通更加通畅，对外也可以统一代表中国禁止酷刑机关。该机构有利于提高中国参与联合国禁止酷刑事务，以及中国在国际禁止酷刑方面的影响力和开放度。这是从国家层面建立禁止酷刑保障机制，也是中国禁止酷刑保障与促进工作向更高层次提升的必然要求。

第二节　构建科学刑事评价制度及惩处制度

由于犯罪问题具有社会性，它所涉及的利害关系主体是多方面的。侦查机关的刑事评价不应是单一的，而是应采取多维的角度，案件的效率性、公正性以及合法性都是需要综合考虑的。也就是评价警察执法质量仅仅参考破案率是片面的。刑事案件的紧迫性和时效性是影响侦查机关选择刑讯逼供的主要原因。在司法实务中，各种不现实的限期破案做法也极大地促进了刑讯逼供的发生。就经济成本而言，酷刑只消耗侦查机关的体力和一些简单的工具，没有任何技术成本。取得口供后，可以查明案件真相，迅速达到侦查目的，节约大量经济成本并且能很快完成考核指标。而且警察为刑讯逼供支付的直接物质成本非常小，这无疑影响着侦查人员的审讯行为。

同时，中国目前不同刑事司法机关的绩效考评指标虽然表述不同，但设计思路大同小异，即尽可能地将刑事司法的工作内容以一种可量化的数据显现出来。主要考评指标包括"量"，如立案数、破案数、逮捕数、结案数；"率"，如有罪判决率、不起诉率、撤回起诉率、上诉率、二审改判率；"错"，如错误逮捕、错误起诉、错误定罪等。客观而言，这种用原始数据、比率等形式描述司法人员绩效的做法确实实现了考评的可度量化与客观化，也能在相当程度上反映司法人员的工作表现，还能在一定程度上监督与控制其案件处理行为。但也不得不看到，这些指标的设计没有充分考虑刑事司法工作的特殊性。刑事司法并不是一项完全以"产出"为最终导向的活动，而是一项包含了广泛政策目标与更多价值实现的工作，它们很难用数据指标予以量化。为了实现证据判断的灵活性与法律适用的可操作性，司法人员享有一定的自由裁量权。中国要改变简单通过办案指标和各种统计数据排队形成绩效排位的做法。从维护社会安全的角度来看，可能出现忽视个案中由于急于破案而导致的草率定案的问题。

因此，应当把结果的考评与过程考评、综合考评与个案评查相结合。也就是把案件的数量、质量、效果等多种因素结合起来综合评价，才能防止片面追求破案率、有罪判决率等。刑事评价制度及惩处制度应在与侦查机关、审判机关相互协调的基础上，根据中国各司法环节的指标来确定。所以，中国需要进一步优化实践中形成的量化考评惩处机制，建立科学、合理的司法绩效考核机制，这在保障非法证据排除方面，尤其是禁止酷刑方面尤为重要。

为了深化错案预防机制建设，2013年中国公安部印发《关于进一步加强和改进刑事执法办案工作切实防止发生冤假错案的通知》，其目的是完善执法制度和办案标准，强化案件审核把关，规范考评奖惩，从源头上防止冤假错案的发生。该通知第四条明确规定：不提不切实际的"口号"和工作要求，不得以不科学、不合理的破案率、批捕率、起诉率、退查率等指标搞排名通报，严禁下达"刑事拘留数""发案数""破案率""退查率"等不科学、不合理考评指标，积极引导广大民警既要多办案，更要办好案，坚决防止广大民警因办案指标和"限时破案"压力而刑讯逼供、办错案、办假案。

另外，错案追究机制还需完善，中国错案追究最先开始于法院系统，是国家机关追究司法人员责任的内部监督惩戒机制。1990年1月1日秦皇岛市海港区人民法院在全国率先确立错案责任追究制，1993年春由最高人民法院牵头推广。2005年，北京市第一中级审判机关率先取消"错案追究制"，不再以审判结果是否符合实质正义为标准来追究责任，仅从客观角度评价法官在审判过程中是否存在问题。各省市人民检察院、人民法院甚至相应级别的人大常委会都制定了冤错案件的责任追究办法。2013年《中共中央关于全面深化改革若干重大问题的决定》强调："健全错案防止、纠正、责任追究机制。"2013年最高检察机关出台《关于切实履行检察职能防止和纠正冤假错案的若干意见》，该意见虽然对考核制度进行了一些限制，但是规定：实施案件质量分析评查通报，建立和完善符合司法规律的考评体系。中国法院系统也已经在逐步弱化刑事错判追责制度。2013年最高院《关于建立健全防范刑事冤假错案工作机制的意见》中最后一条也明确：建立健全审判人员权责一致的办案责任制。审判人员依法履行职责，不受追究。审判人员办理案件违反审判工作纪律或者徇私枉法的，依照有关审判工作纪律和法律的规定追究责任。2014年《中共中央关于全面推进依法治国若干重大问题的决定》再次明确："对干预司法机关办案、造成冤假错案或者其他严重后果的党政机关和领导干部要依法追究刑事责任。"对于中国的司法评价机制和错案追究机制应从以下几个方面完善。

首先，建立科学合理的办案绩效考评体系。同时，构建对司法机关实施酷刑的公职人员的惩处机制应当是十分审慎的。在西方法国家中除职务犯罪等其他问题外，鲜有法官因为错判被免职或者受处分。中国现实的追责制度则是基于案件审判结果的客观正误来认定，符合群众的正义观念但是直接忽视了刑事诉讼客观规律及后果。

刑事酷刑案件的发生是具有一定的现实客观原因的，大多数导致刑事错判中刑事政策、取证能力等制约因素的影响十分明显，尤其是法院刑事错判的出现并非某个人之错，而是法制尚未健全的一个时代问题，将其归责于某一个或者几个承办者并不公允。要理性认识和理解，盲目地施压不能解决实际问题，可能导致司法机关被动的拖延。

其次，需要明确"错案"的标准和制度。如前所述，最高院和最高检的相关司法解释及各地方都制定了相应的错案责任追究办法和认定细则，难免存在司法标准适用不统一的问题。例如，把确定刑事赔偿作为刑事错案的标志，是否与司法人员的错误有因果关系不予考虑，甚至把改判或发回重审作为错案。这些做法会导致错案的认定标准和适用的不统一。

最后，要建立必要的容错机制。司法是主观判断性较强的活动，受到专业能力、工作经验等诸多因素的制约，在法律实践中，需要公职人员对在案证据进行审查和考量，通过自身的专业储备及社会经历去进行裁量，这是司法行为的特点。公职人员在审查案件时以法律作为依据，但是法律的规定并不周全，而实际案件的千差万别又难以同法条对应，导致主观判断必然会存在一定的局限性。因此，容错机制就是要符合司法规律以及司法独立原则，除极度不负责任、主观上完全放任的重大过失外，其他情形都可以结合实践建立必要的容错机制。

如果说追责同司法公职人员的"不利益"相关，那么刑事错判的另一大影响因素就是关乎司法人员利益的考核机制，致使一旦发生刑事错判，司法机关就承担各方面较大的压力，而追责是缓解这种压力的最佳途径。在行政化色彩较浓的司法体制中，无论追责还是考核，从设置初衷而言均是为了减少刑事错判的出现。而且，中国司法机关并未做到真正独立，还存有较强的行政化色彩。在这种司法环境下，司法人员的考核与晋级都需要将工作量化来进行比较，确定工作的优劣。刑事错判的出现可能会直接影响审判人员乃至院领导的晋升和评级。在这种利益的驱动下，司法人员对于刑事错判的发现和纠正是十分消极的，甚至可能事与愿违。因为对于司法规律的忽视，可能导致已经形成刑事错判的生效案件中掩藏刑事错判的发现及纠正。例如呼格吉勒图案追责过程中的后果①，司法机关由于上述的制约反而不愿去纠正，不仅未能保障实体正义的实现，反而在程序、实体方面均造成正义的缺席。因此，要考虑司法案件自身的规律性，以及防止追责和考核制度对案件审理及刑事错判纠正的不良影响。

还要注意到，目前中国对看守所监管人员的惩处机制单一，没有建立对监管人员因监管失职造成被监管人员人身权受到侵害时对监管人员进行惩罚的监督机制，致使监管人员失职导致被监管人员遭受人身损害事件泛滥，因此，应当通过考评和惩处机制增强监管人员的责任心。

中国需要更加合理、有效地制定执法质量考评机制，在很大程度上可以化解违法违规办案的内在利益驱动力，可以有效化解排除规则给司法机关带来的无形压力。刑事司法考评制度的关键是要实现程序的公平、公正、公开和透明，才能确保考评程序的正当性、考评结果的可接受性。建议应该加快信息技术与制度建设相结合的案件信息数据库的建设，形成以案件信息平台为基础的案件质量评估体系。相对于宏观的法律规范，考评机制发挥着更为直接的作用，它如同一个隐形标杆，引导着刑事诉讼的方向并影响着办案质量，关乎刑事司法系统的价值目标能否实现。办案质量的高低是司法机关执法水平的直接体现，要改变"重数量、轻质量"的不科学的考核标准。重视对办案质量的考核，在司法机关考核中加大办案质量考核的比重。改进"重破案效率、轻办案质量"的考核方法，将对办案质量的考核作为考核标准的重要内容，坚持制定数量和质量并重的考核奖惩机制。

第三节 完善禁止酷刑机制

一、推进不得自证其罪以及确定沉默权

不得自证其罪规则是国际刑事司法赋予被追诉人的程序性原则，其基本

---

① 内蒙古自治区最高人民法院对呼格吉勒图案经改判无罪后，对呼格吉勒图错案负有责任的27人进行了追责，基本涵盖案件的所有接触者。

含义是指禁止使用各种直接或间接的方式，例如殴打、侮辱、威胁、恐吓、诱骗等，对被羁押人、被告人的身体或心理制造压力以强迫其作出对自己不利的供述。不得自证其罪是保障司法程序禁止酷刑的重要前提，是国际刑事司法准则的必要组成部分。联合国《公民权利和政治权利国际公约》第14条规定"凡受刑事指控者，不被强迫作不利于他自己的证言或强迫承认有罪"。《保护所有遭受任何形式拘留或监禁的人的原则》有同样的规定；有的仅规定了沉默权，但没有规定不被强迫自证其罪，如联合国《少年司法最低限度标准规则》；还有的同时规定了不被强迫自证其罪和沉默权，如《国际刑事法院罗马规约》。不得自证其罪规则与其他刑事诉讼的基本原则，如无罪推定原则等基础性原则联系紧密。无罪推定并不是排除侦查机关对被羁押人的合理怀疑，而是要求由检方来承担举证责任，被羁押人或被告人没有自证其罪的义务，在证据不足的情况下，法官不应作出有罪推定的判决。

如前所述，中国刑事诉讼法确定了非法证据排除，但是如果在对被羁押人进行讯问时达到使被告人在肉体上或者精神上剧烈疼痛或者达到痛苦的程度，即使被追诉人出于不能接受恐惧或威胁等原因做出违背自己原本意愿的犯罪事实供述，同样不可以作为非法证据来进行排除，而且要求同时满足作出合理解释、不能补正、可能严重影响司法公正、收集程序违法。这样就存在以借助事后救济的方式来间接地实现不被排除的可能。在《禁止酷刑公约》中判断是否将供述作为非法证据而进行排除的标准是是否完全出于自己的意愿。

中国刑事诉讼法虽然规定被追诉人享有沉默权但同时维持了自相矛盾条款，即"被羁押人对侦查人员的提问，应当如实回答"。虽然"如实回答"被规定为被羁押人的法定义务，但是并不能直接导致"强迫嫌疑人自证其罪"，不得自证其罪与"如实回答"同时存在，侦查人员同时具有"禁止强迫"且"鼓励陈述"的双重职责，"如实回答"就可能成为侦查人员强迫被羁押人自证其罪的理由。为了保障禁止酷刑的国际标准的落实，避免被羁押人、被告人的回答有可能导致其自我归罪的问题，保证其供述的自愿性、自由性，建议取消"如实回答"，也就是沉默权的确定。

第一，沉默权的核心内容包含在不得强迫自证其罪之内。沉默权是被羁押人、被告人针对讯问，享有回答与不回答的权利；判断被羁押人、被告人的沉默权是否被侵犯的标准是是否违背他们意愿的方式进行讯问。依据不得强迫自证其罪的要求，国家机关无权以强迫的方式获取被羁押人和被告人的供述；在被羁押人、被告人拒绝回答的情况下，讯问主体也无权采取任何违背被讯问人意志的方法进行讯问，因而被羁押人、被告人自然就有回答与不回答的自由。由此可见，在保障被羁押人、被告人自由陈述方面，不被强迫自证其罪原则与沉默权具有相同的内涵。

第二，中国侦查实践中已经存在的犯罪嫌疑人禁止酷刑权利义务告知制度为进一步加强对被羁押人沉默权的保障提供了可能。中国《刑事诉讼法》无论是在修正之前还是在修正之后，虽然赋予了被羁押人、被告人系列诉讼权利，但是除了规定在审判阶段法官有义务告知被告人有权中止等诉讼权利，对侦查和检察人员是否有义务告知被羁押人享有何种诉讼权利则没有规定。但中国公安部门和检察机关已经确立了被羁押人诉讼权利义务告知制度，如公安部2006年《公安机关适用刑事羁押期限规定》第五条规定，对被羁押人第一次讯问开始时或者采取强制措施时，侦查人员应当向被羁押人送达《犯罪嫌疑人诉讼权利义务告知书》，并在讯问笔录中注明或者由被羁押人在有关强制措施附卷联中签收。被羁押人拒绝签收的，侦查人员应当注明。《犯罪嫌疑人诉讼权利义务告知书》还规定：对于侦查人员的提问，应当如实回答，但是对与本案无关的问题，有拒绝回答的权利。并未将被羁押人享有不被强迫自证其罪权列入《犯罪嫌疑人诉讼权利义务告知书》。

第三，中国应将犯罪嫌疑人享有不得强迫自证其罪权列入《犯罪嫌疑人诉讼权利义务告知书》。这样就等同于侦查机关告知犯罪嫌疑人享有不被强迫自证其罪权，从而可能形成具有中国特色的犯罪嫌疑人沉默权告知制度，即在告知的形式上，不是专门单独地告诉，而是笼统、综合性地告诉，在告知的内容上，不是明确地告诉被羁押人享有沉默权，而是告诉其享有不被强迫自证其罪权。

第四，中国在推进不得强迫自证其罪方面，建议立法确立了沉默权，这体现了加强禁止酷刑保障的立法精神，也符合不得强迫自证其包含沉默权的基本理论。中国 2012 年《刑事诉讼法》规定的"不得强迫任何人证实自己有罪"包含被追诉人享有沉默权之义。如前文所述,中国已经确定不得强迫自证其罪原则,不被强迫自证其罪包含沉默权,已具备立法沉默权的基础了。为保障犯罪嫌疑人、被告人在回答可能导致其自我归罪的问题时有供述的自愿性、自由性,取消"如实回答"规定较为适宜。但同时应当保留"如实供述罪行可以从宽处理"的法条规定,量刑时仅以"如实回答"为从宽情节。这样,中国不得自证其罪规则才能够摆脱尴尬的处境,并有进一步合理改进的空间,中国的刑事诉讼体制也才能更加合法、文明和科学。随着中国犯罪嫌疑人、被告人权利义务告知制度的逐步完善,立法规定的默示的沉默权将极大推进中国对禁止酷刑的保障。

二、推进以审判为中心的诉讼制度改革

如前文所述,中国 2010 年通过了《关于办理刑事案件排除非法证据若干问题的规定》以及《关于办理死刑案件审查判断证据若干问题的规定》,确立和实施非法证据排除规则。但是在中国长期司法实践中,刑事追诉活动呈现出"构罪即捕、捕后即诉、诉后即判"的现状,审判往往是以侦查阶段中查证的案件事实情况为基准,法官不会主动发现并排除非法证据,多会产生有罪预断,因此逐渐形成"侦查中心",并造成了许多冤假错案。

中国《宪法》《刑事诉讼法》《法院组织法》《检察院组织法》等都明确规定法院独立行使审判权,检察院独立行使检察权并依法对刑事诉讼实行法律监督。法院和检察机关都积极地配合公安机关破案,共同应对刑事被告人。司法和执法人员在进行案件审理的过程中,存在有罪推定的思维逻辑,不能确立程序公正的理念,而且,以侦查工作为中心的公、检、法联合办案方式使得刑事冤案的纠正极端困难,导致程序违法而追求实体公正。在中国,每起重大刑事冤案的纠正时间都比较长。

中国推进以审判为中心的诉讼制度改革,就是要通过强化法庭审判环节,充分保障辩护权利和质证权利,加强控辩双方对抗,从而树立审判在整个刑事诉讼程序中的核心地位。以审判为中心的诉讼制度改革其实质是在刑事诉讼全过程以司法审判标准为中心，意图从刑事诉讼的源头开始，就统一按照能经得起庭审检验的标准，依法开展调查取证、公诉指控等诉讼活动。最高人民法院、最高人民检察院、公安部、国家安全部、司法部2020年联合印发《关于推进以审判为中心的刑事诉讼制度改革的意见》（以下简称《意见》），从刑事诉讼的源头开始，就必须按照裁判要求和标准，全面、规范地收集、固定、审查、运用证据，确保案件裁判公平正义。对于侦查机关有如下推进意见：

第一，依法全面客观及时收集证据。《意见》要求，侦查机关应当全面、客观、及时收集与案件有关的证据，严格排除非法证据，并强调所有证据应当妥善保管，随案移送，为公正裁判奠定坚实基础。为进一步规范侦查机关取证行为，保证取证的合法性，《意见》提出探索建立命案等重大案件检查、搜查、辨认、指认等过程录音录像制度。通过对有关侦查活动过程录音录像，有效固定和还原侦查机关侦办重大案件时收集、提取证据的过程，进一步增强相关证据的证明力和说服力，促使办案人员规范取证。此外，《意见》对建立健全符合裁判要求、适应各类案件特点的证据收集指引，完善技术侦查证据的移送、审查、法庭调查和使用规则，统一司法鉴定标准和程序以及完善见证人制度等提出了要求。第二，完善讯问制度。严格按照有关规定要求，在规范的讯问场所讯问被羁押人。严格依照法律规定对讯问过程全程同步录音录像，逐步实行对所有案件的讯问过程全程同步录音录像。为严防刑讯逼供，《意见》还提出探索建立重大案件侦查终结前对讯问合法性进行核查制度。第三，保障当事人、辩护人的诉讼权利。健全当事人、辩护人和其他诉讼参与人的权利保障制度；在案件侦查终结前，被羁押人提出的无罪或者罪轻的辩解，辩护律师提出的被羁押人无罪或者依法不应追究刑事责任的意见，侦查机关应当依法予以核实。

以审判为中心的诉讼制度改革的核心在于强调以审判活动为中心的证据裁判原则的全面落实，通过落实证据裁判原则将刑事诉讼中的主要制度串联起来，以带动整个司法构造的合理化，使得审判活动不仅对诉讼结果具有终局意义，亦会对审判活动形成制约。以审判为中心的诉讼制度改革的背景下，证据裁判规则要更加深入地渗透进侦查工作中。

三、加强检察机关独立行使检察权

1990年联合国《关于检察官作用的准则》第15条规定：检察官应适当注意对公务人员所犯的罪行，特别是贪污腐化滥用权力、严重侵犯人权、国际法公认的其他罪行的起诉，以及依照法律授权或当地惯例对这种罪行的调查。《禁止酷刑公约》第11条规定：每一缔约国应经常有系统性地审查对在其管辖的领土内遭到任何形式的逮捕、扣押或监禁的人进行审讯的规则、指示、方法和惯例以及对他们的拘留和待遇的安排，以避免发生任何酷刑事件。刑事诉讼中的酷刑通常是为了取得口供，而取得口供是通过讯问得到的，所以对讯问必须加以规范。

检察机关是唯一一个职能贯穿刑事诉讼始终的国家机关、司法机关，而且是法律监督机关，不仅要参与刑事诉讼的整个过程，而且负有对刑事诉讼过程的监督职责。没有制约的权力容易被滥用已成为千古不变的经验，侦查机关、检察机关自侦部门拥有强大的侦查权力，而对于侦查权力的制约，主要由检察机关进行。由于司法体制的原因，检察机关制约的力度并不大，也就是说侦查机关对有关限制剥夺公民基本权益的事项拥有最终决定的权力。同时由于侦查机关和检察机关共同行使控诉职能，缺少中立的第三方即人民法院参与。中国侦查中的司法控制是通过检察机关的法律监督来实现的。检察机关监督侦查活动的途径有两个：一个是先审查批捕，另一个是审查起诉。审查起诉是侦查终结依法移送起诉后进行的，对侦查的司法控制具有明显的事后性，其缺陷不言而喻。检察机关对刑事诉讼的立案、侦查、审判以及执行活动进行监督，尽早发现刑事追诉过程中的实体性和程序性错误，起到对酷刑存在的及时纠正作用。检察机关应当突出"相互制约"，加强独立行使检察权。

一是确立检察机关调查权。检察机关是法定的法律监督机关，对案件侦办过程中可能出现的刑讯逼供现象进行监督，是检察机关应尽的职责，也是体制内约束一个不可或缺的环节。《刑事诉讼法》第十四条规定：人民法院、人民检察院和公安机关应当保障犯罪嫌疑人、被告人和其他诉讼参与人依法享有的辩护权和其他诉讼权利。诉讼参与人对于审判人员、检察人员和侦查人员侵犯公民诉讼权利和人身侮辱的行为,有权提出控告。《人民检察院刑事诉讼规则》规定:检察院发现侦查人员在侦查活动中存在严重违法行为,甚至构成犯罪的,有权进行审查,并报请检察长决定是否立案侦查。

对于发生的被羁押人员的酷刑现象都只能是一种事后的查处,而不是事前的控制。这种事后的查处,必须建立在监督者掌握有充分的证据基础之上。但是,目前检察机关的监督权常常得不到完全落实,检察机关的知情权不够,对刑事侦查中出现的刑讯逼供现象不能及时发现,对于诉讼参与人的投诉不能及时调查,检察机关在对被监管人员的酷刑行为进行事后查处时,便面临着难以收集充分确凿的证据的困境。

因此,为了能够及时发现违法证据,检察机关必须进行独立调查。建议检察机关对监狱刑罚执行和监管活动中酷刑行为应该有调查的职能,这样既能保证检察权的完整性,也能有效发挥检察监督职能。检察机关调查权,包括有权要求被调查的机关和人员提供有关的文件、卷宗等材料;暂予扣留、封存文件、卷宗等材料;要求相关人员就检察事项涉及的问题作出解释和说明等。[①]检察机关发现公职人员在刑罚执行和监管活动中的违法行为,检察机关有确认违法和提出检察建议的权利,向主管机关发出给予有关责任人员行政处分的检察建议。

目前,检察机关在侦查监督过程中即使发现侦查人员有非法侦查行为也缺乏有效的制裁措施,导致监督的刚性不足,损害检察监督的权威性和严肃性。为此,有必要严格加强对违法侦查行为的程序性制裁措施,强化对违法侦查人员的惩戒,还需要强调被监督机关接受检察监督的义务,更有必要明确违反和不配合监督所引发的制裁性后果,从而形成威慑力,增强监督效果。

二是强化对监管场所检察。看守所、监狱等监管场所相对封闭,容易引起监管执法权力的异化,检察机关对监狱、看守所的监督,是主要监督手段,

---

① 最高人民检察院"监狱监督制度比较研究"课题组. 我国监狱监督制度存在的问题与完善[J]. 法学, 2011 (4): 129-142.

大陆法系大多数国家赋予了检察官指挥行刑并监督监狱刑罚执行的职权，检察官可以随时视察监狱，听取犯人的控告、申诉。① 中国《监狱法》第六条规定：人民检察院对监狱执行刑罚的活动是否合法，依法实行监督。在《看守所条例》也有同样的接受检察机关监督的规定。但是法律并没有明确规定对刑罚执行和监管活动监督的方式，2008 年最高检发布《人民检察院监狱检察办法》《人民检察院看守所检察办法》《人民检察院劳教检察办法》《人民检察院监外执行检察办法》等。中国对监管场所检察监督的方式主要有两种：一种是派驻检察。检察机关在监管场所专门设立驻所检察室。二是巡回检察。派驻检察方式只针对小型的监管场所。

派驻检察是中国检察机关对监管场所实行法律监督的主要方式。监所检察的监督对象都是围绕监管场所和被羁押人员进行的，检察机关是现有内部职能部门中唯一能行使全部刑事检察权的。中国对监狱、看守所等监管场所的检察已基本全覆盖。以河北为例，2011 年河北省先后组建唐山市冀东地区检察机关、石家庄市石门地区检察机关、保定市冀中地区检察机关三个派出检察院，分别作为唐山市、石家庄市、保定市检察机关的派出机构，行使县一级检察机关的职权，对本辖区应由市检察机关履行监督职责的监管场所实施法律监督。② 这有效地解决了检察机关与监管单位之间级别不对等的问题，实现了同级派驻、对等监督的要求，对刑罚执行和监管活动实现日常监督、同步监督，对入所（狱）、出所（狱）、刑罚变更执行、羁押期限、监管活动、监外执行进行全过程监督。③ 这是对被羁押人禁止酷刑有效的途径，对强化派驻检察机构的基础性作用具有重大意义。

目前对监管场所检察监督的方式最主要的弊端是驻所检察人员容易被监管单位同化。产生同化的原因主要有：一是物质保障的依赖性，二是两者作

---

① 最高人民检察院"监狱监督制度比较研究"课题组. 我国监狱监督制度存在的问题与完善[J]. 法学，2011（4）：129-142.

② 李学勤. 河北省被羁押人及家属权利保障现状[J]. 河北公安警察职业学院学报，2012（12）：30-34.

③ 同上。

为行使追诉职能的部门，往往存在着必然的内在联系，加之长期共同工作等，使得监管场所检察不到位，甚至与狱警相互包庇隐瞒。

因此，建议强化对监管场所的检察，强化对监管场所的监督范围、监督职权、监督手段等，实现对监管场所实时动态监督，还可以赋予检察长对羁押场所的监督权，这也是比较有效的通行做法。例如法国的检察官监督刑罚执行，检察官和总检察长可视察监狱，必要时随时视察听取犯人的申诉；对于执行法官作出的决定，检察官可以提出抗诉或者上诉至本地法院的上诉庭。日本检察官负有指挥并监督裁判执行的职能，可以指挥停止执行刑罚，巡视刑事设施，受理被收容人员的申诉或控告以保障其权利。[1]这有利于发挥出检察机关对羁押场所的监督职能。

四、建立有效的司法纠错机制

刑事诉讼程序虽有设置一定的避免刑讯逼供的机制，但是由于刑讯逼供等导致的错案是无法避免的，是否司法不公应该从最后纠正的结果看。现有的刑事诉讼程序是不足以完全避免错判的，所能做的就是继续按照程序正义标准，以此尽量减少冤案的发生率。因为错案具有不可避免性，因此，除继续完善定罪的法定程序之外，建立完善的纠错机制更加重要。如湖北佘祥林案件中，在整个诉讼程序中侦查机关提交的证据材料存在明显疑点，检察机关也多次退回补充侦查，审判机关也发回重审，但是案件结果还是作出有罪判决。

中国的刑事诉讼法虽然规定了申诉程序，但是由于侦查机关、检察机关、审判机关相互"重配合、轻制约"，尤其还涉及办案人员的切身利益，加之申诉案件受理条件非常苛刻，而且对案件的实质性再审一般发生在再审前的立案审查阶段，而这一阶段并不公开，仍然属内部程序而非公开程序。以上诸多因素导致受理申诉的部门对一些明显具有合理性的长期申诉也予以忽视，纠错主体只能是提起公诉的检察院和作出终审判决的法院，但是这一事后纠错机制效果也不明显。目前，中国几乎所有错案都提出过申诉，但因当事人

---

[1] 最高人民检察院"监狱监督制度比较研究"课题组．我国监狱监督制度存在的问题与完善[J]．法学，2011（4）：129-142．

的申诉而主动启动申诉程序的很少,大部分错案都是因极其偶然的因素在获得社会广泛关注以后才得以纠正。最为典型的是浙江张高平、张辉叔侄强奸案,此案中的叔侄俩,服刑期间不断申诉,但在法院的电脑里根本就没有录入,直至入狱后十年,媒体曝光,以及警方认定被害人指甲里检出的DNA与另一人吻合后,才引起浙江省委政法委重视,启动复查。最高院设立巡回法庭,审理跨行政区域重大案件及刑事申诉案件。

国外经实践证明更为有效的纠错机制是引入独立的错案审查机构。1997年,英国成立了错案复查委员会,这是独立于行政和司法的机构,包括100多名律师、学者和普通民众,每年均复查上千起案件,从中发现近百起潜在的冤案,提交上诉法院复审。一旦提交,法院就必须启动再审程序,根据统计,该委员会提交的案件中大多数都获得改判。[1]

中国基于现有司法体制,应健全申诉立案审查机制,规范刑事申诉案件立案审查标准和程序,畅通执行程序,发现错案后启动审判监督程序机制;还应该将司法程序内办理审查案件作为发现错案的渠道,同时畅通外部监督渠道,自觉接受当事人监督、人大监督和民主监督,依法接受检察机关诉讼监督,包括将舆论反映错案线索作为审判监督的有效途径等,以此来完善司法纠错机制。

五、完善禁止酷刑救济机制

没有设置救济规则的制度是不完善的,权利与救济是相互紧密联系的。对于遭受酷刑的人,司法部门能够提供及时、适当、有效的救济尤为重要,可以使施以酷刑的行为人得到应有的处罚,及时地矫正严重侵犯人权的酷刑行为,使受害者的身心得到慰藉和恢复,并弥补其遭受的损害,积极追究酷刑施害人的责任。同时赋予酷刑被害人司法救济权利具有预防新的酷刑行为发生的作用,在维护社会基本价值和个人权利方面具有极为重要的意义。[2]因此,对于被羁押人而言,加强对侦查程序的监督最重要的途径莫过于赋予被

---

[1] 叶竹盛. 冤案难昭雪的制度性障碍 [J]. 南风窗, 2013 (10): 28-30.

[2] 王沛. 禁止酷刑国际刑事司法准则研究 [D]. 大连:大连海事大学, 2012.

羁押人充分的异议权和申请救济权,通过异议权和救济权来纠正酷刑行为。

正如前文所述,中国为了禁止酷刑准则采取多项措施及制度,强大而完善的司法救济体制是禁止酷刑落实的关键。进一步完善中国的禁止酷刑机制,真正落实禁止酷刑受害人司法救济权利是制度构建的必要环节。

同时,也要看到为经济困难的被追诉人提供法律援助也是联合国《律师行为准则》的基本要求。中国2002年《刑事诉讼法》扩大了法律援助的适用案件范围,将法律援助律师介入诉讼的时间提前到侦查阶段。2013年至2016年,中国法律援助经费总额达到73亿元,共办理法律援助案件500多万件,受援群众超过557万人。①

2022年《法律援助法》颁布施行,根据第五十七条规定,司法行政部门应当加强对法律援助服务的监督,制定法律援助服务质量标准,通过第三方评估等方式定期进行质量考核。第五十九条也明确规定要督促法律援助人员提升服务质量。但由于中国法律援助的经费保障不足,以及从事法律援助的律师的业务能力参差不齐,导致刑事法律援助对于禁止酷刑受害者权利维护不足。首先,司法行政机关推动落实《法律援助法》中法律援助业务的经费保障,推动建立多层次的经费保障机制,加强法律援助经费保障,确保经费保障水平适应开展刑事案件律师辩护全覆盖试点工作需要。包括协调财政部合理确定、适当提高办案补贴标准并及时足额支付;有条件的地方可以由政府购买法律援助服务。其次,根据案件难易和参与案件程度,合理确定法律援助补贴标准,严格案件质量评估标准,规范案件评估程序,依据律师承办刑事案件成本、基本劳务费用、服务质量、案件难易程度等因素,提高办案补贴标准,严格经费管理,及时足额支付。最后,还要解决律师资源不足、律师资源分布不均的问题,建立健全法律服务资源依法跨区域流动机制,采取对口支援等方式,建立完善律师资源动态调配机制。

因此,中国对于法律援助经济困难的被追诉人的程序性权利以及实体性权利还需要加强。为加强禁止酷刑的保障,应进一步提高法律援助的质量和效果。

---

① 中华人民共和国国务院新闻办公室.中国人权法治化保障的新进展白皮书[M].北京:人民出版社,2017.

六、加强禁止酷刑中刑事辩护的作用

有控诉就有辩护,辩护权是被指控的人所享有的一项基本权利,辩护权贯穿于刑事诉讼的始终,这体现程序参与原则,即与案件的处理结果有直接利害关系的主体应当有充分的机会参与到程序当中,以自己的行为对裁决的结果发挥有效的影响和作用。《公民权利和政治权利公约》第 14 条第 3 款第乙项规定:"嫌疑人、被告人有相当时间和便利准备他的辩护并与自己选择的律师联合。"尤其是被采取限制人身自由的强制措施,环境具有封闭性,必须通过加强辩护权,与地位极其强大的侦查权相平衡,才能有效地禁止酷刑。中国已颁布多项法律法规,以此来切实保证辩护律师的辩护权,包括会见、阅卷、调查取证和庭审中发问、质证、辩论权利,并且强调审判机关对于被告人及其辩护人提出的辩解辩护意见和提交的证据材料,应当在裁判文书中说明采纳与否的理由。

中国的《刑事诉讼法》确立了律师在侦查阶段的辩护人身份,律师在侦查阶段的会见权有了进一步的保障,规定检察机关在审查批准逮捕时,辩护律师提出要求的,应当听取辩护律师的意见;在案件侦查终结前,侦查机关应当听取律师提出的要求和意见,并且将律师的书面意见附卷。

如前文所述,最高院、司法部先后印发《关于深化律师制度改革的意见》《关于依法保障律师执业权利的规定》《关于建立健全维护律师执业权利快速联动处置机制的通知》《关于进一步做好保障律师执业权利相关工作的通知》《关于开展刑事案件律师辩护全覆盖试点工作的办法》《关于刑事案件律师辩护全覆盖试点工作方案》等文件,对律师执业权利保障规定了多层次的措施。推进刑事案件律师辩护全覆盖,提高刑事案件律师辩护率,强化律师辩护权,是强化律师辩护制度改革的实际步骤,发挥在刑事案件中的辩护职能作用,对有效避免冤假错案发生起到了重要作用。截至 2017 年 3 月,中国 31 个省级律师协会维权中心全部建成,大部分设区的市建立了维权中心,基本实现全覆盖。[①] 这是中国人权司法保障的重大进步,彰显了法治文明进步。但是还

---

① 中华人民共和国国务院新闻办公室 . 中国人权法治化保障的新进展白皮书 [M]. 北京:人民出版社,2017.

需要进一步提升律师在刑事诉讼中的地位、作用和辩护质量、效果。

刑事案件律师辩护进一步推进和深化，也是推进以审判为中心的刑事诉讼制度改革的关键之一，强化律师辩护权，是实现证据出示在法庭、事实查明在法庭、控辩意见发表在法庭等的重要保障。律师充分行使辩护权，有利于控辩双方有效开展平等对抗。为了刑事辩护律师行使辩护对禁止酷刑发挥实质性作用，主要有以下建议。

（一）明确辩护律师在侦查阶段具有调查取证权

从整体来审视《刑事诉讼法》关于辩护律师权利的规定，依据体系解释的方法，完全可以得出辩护律师侦查阶段的调查取证权。调查取证是辩护律师有效履行辩护职能应该具备的基本权利，但由于《刑事诉讼法》规定不够明确，导致侦查机关对辩护律师的调查取证持否定态度，司法实践中律师依旧很少调查取证。中国可以吸收《律师法》中关于自行调查取证的规定，即律师自行调查取证的，凭律师执业证书和律师事务所证明，可以向有关单位或者个人调查与承办法律事务有关的情况。不需要特别强调律师调查取证时，需要经过对方的同意和许可，以减少律师调查取证的阻力。对于检察机关、审判机关随意拒绝辩护律师申请调查取证或申请调取证据的，应给予相应的程序性制裁。检察院应当及时把根据被羁押人、被害人等的申请收集调取的证据告知申请人，必要时可以通知申请人或者其律师到场。

（二）确立侦查讯问时律师在场权

侦查讯问时律师在场，可以监督侦查机关讯问行为的合法性，避免刑讯逼供等非法取证行为。为了监督侦查机关讯问行为的有效性，避免刑讯逼供或者变相的刑讯逼供行为，应考虑先确定狭义的律师在场，即侦查阶段讯问嫌疑人时，应通知辩护律师到场。考虑侦查阶段的保密需要，中国的侦查技术和侦查手段还较为落后，律师的介入可能会给案件的侦破带来困难。因此，当侦查人员讯问嫌疑人时，可以考虑律师在听不见但看得见的情况下在场，主要目的在于对侦查人员讯问过程实施监督。

（三）确保辩护律师意见的听取和采纳

听取和采纳正确的辩护律师意见可以实现保障程序公正和避免刑讯逼供

的双重功效。公安部门应转变"轻辩护"的观念,正确认识律师在刑事诉讼中的作用,重视刑事诉讼中的禁止酷刑保障,保障辩护权的行使,认真听取律师意见,采纳合理的辩护意见。检察机关审查批捕和审查起诉时应积极听取和采纳辩护律师意见,辩护律师要求口头提供意见的,应安排听取辩护意见的时间和场所。审判阶段保障律师充分发表辩护意见,同时应保障律师有效质证,辩方有异议的关键证人证言,审判人员应通知证人到庭当面接受辩方的质证,增强判决书的说理性。死刑复核阶段应保障辩护律师享有完整的辩护权,明确辩护律师参与死刑复核时有阅卷、会见等基本权利,最高院应给辩护律师发表辩护意见提供必要的条件,包括时间、场所等。对于律师提出的排除非法证据申请,检察机关和审判机关应进行积极调查并作出相应的处理,或不能排除证据系非法取得的,应排除非法证据,不得将其作为定案的根据。

(四)完善律师会见在押犯的规定

中国加入的另一国际公约,即《关于律师作用的基本原则》中也有明确细致的规定。比如该公约第8条规定:遭逮捕、拘留或监禁的所有的人应有充分机会、时间和便利条件,毫无迟延地、在不被窃听、不经检查和完全保密的情况下接受律师来访和与律师联系协商。这种协商可在执法人员能看得见但听不见的范围内进行。第16条规定:各国政府应确保律师(a)能够履行其所有职责而不受到恫吓、妨碍或不适当的干涉;(b)能够在国内以及国外旅行并自由地同其委托人进行磋商;(c)不会由于其按照公认的专业职责、准则和道德规范所采取的任何行动而受到或者被威胁会受到起诉或行政、经济或其他制裁。被羁押人包括服刑人员会见律师、侦查、起诉、审判,最后的执行阶段不能把律师排除在外。

2007年司法部出台《律师会见监狱在押罪犯暂行规定》,规定律师可以会见在押犯,这项规定是一种进步,但是该规定同时要求律师会见必须是"接受在押服刑人员委托",且有"委托书"才行,这就造成实践中服刑人员获取律师帮助仍然十分困难。"对于涉及国家秘密或者重大、复杂案件的在押服刑人员,由监狱作出批准会见或者不批准会见的决定。"在现行监所管理体制下，在中国特别是中国欠发达地区很难落实。多地监狱管理局出台罪犯申诉处理规定，中国服刑人员获取律师帮助权的保障相对滞后，使被羁押人尤其是服刑人员在其权利受到侵害时往往难以申诉，无法获得及时的司法救济。各地对该规定的理解和执行情况不尽一致，造成律师会见服刑人员困难很大，律师会见正在服刑的被代理人，要经监狱批准，并在会见的及时性、会见次数、会见时间等方面受到限制。

（五）切实保障刑事辩护律师对执业中的监狱酷刑有更为完善的检举途径

在司法实践中刑事辩护律师在其执业中发现的案件存在刑讯逼供或体罚等现象，没有相应的控告申诉的机制。要发挥律师对执法活动进行监督的作用，还要改革现有监所管理体制，强化监狱系统对合法的律师会见活动的保证，避免随意不办理等情况的存在。

通过以上措施强化律师在刑事辩护中的作用。推动更多的律师为被羁押人、被告人提供辩护，以及对监狱系统的被羁押人员进行权利救济，以此促进以审判为中心的诉讼制度的建立，从而更加有效地防范冤假错案。

第四节　国际层面加强交流合作

中国采取积极有效的立法、司法、行政措施推进国内的禁止酷刑工作，在国际层面倡导构建人类命运共同体，积极参与国际人权法治体系建构，认真履行国际人权义务。中国重视国际人权文书对促进和保护人权的重要作用，及时向相关条约机构提交履约报告，与条约机构开展建设性对话，并充分考虑条约机构提出的建议与意见，结合中国国情对合理可行的建议加以采纳和落实。就人权领域的国际人权合作开展了广泛的对话，在平等和相互尊重的基础上开展人权交流和合作，推动构建国际禁止酷刑体系。2020年10月，中国在第75届联合国大会2021—2023年度人权理事会成员选举中，再次当选。[①] 中国在历届具有资格时，均参选并高票当选人权理事会成员。中国的当

[①] 联合国大会每年改选人权理事会47个议席中1/3左右的理事会成员，获选理事会成员每届任期3年，最多可连任一次，所以连任两届后须间隔一年方可寻求新任期。

选，说明国际社会对中国人权事业的巨大成就的认可，是对中国在国际人权交流与合作中影响力的充分肯定。

2006年8月12日，中欧"遏制酷刑"合作项目的仪式启动，"中欧'禁止酷刑公约及附加议定书'国际研讨会"在北京召开，表明中国与国际司法界为反对酷刑、防止刑讯逼供所作的努力，有助于中国禁止酷刑法律法规的进一步完善。"中欧人权研讨会"由中国人权研究会于2015年创立，是中欧在人权领域深层次交流对话的机制化平台。中国和欧洲通过"中欧人权研讨会"加强在人权议题上的相互沟通，拓展国际人权交流合作。自2017年由中国国务院新闻办公室和外交部在北京共同主办"南南人权论坛"，共举办3期，围绕南南合作和人权发展进行深入交流，探讨推动构建人类命运共同体的有效路径。

中国在近年来接待了一些联合国禁止酷刑专家访华。这是中国方面首次同意联合国酷刑问题特别报告员前往中国调查，2005年11月21日联合国禁止酷刑委员会酷刑问题特别报告员曼弗雷德·诺瓦克访华。以诺瓦克的特别报告员身份来看，这次仍然算是"历史性的访问"。诺瓦克获准用两周时间考察中国北京、西藏以及新疆的监狱情况。诺瓦克为访问中国的第一位联合国酷刑特使。他在结束为期12天的中国之行时召开了新闻发布会。会上诺瓦克表示，在中国期间，他同一些高层的律师及司法人员进行了会谈。

2017年1月，习近平主席在日内瓦万国宫出席"共商共筑人类命运共同体"高级别会议，并发表题为《共同构建人类命运共同体》的主旨演讲。"构建人类命运共同体"理念被联合国大会、安全理事会、人权理事会等载入相关决议，标志着这一理念成为国际人权话语体系的重要组成部分，拓宽了国际人权保障视野，为推进全球人权治理朝着公正合理的方向发展发挥了重要作用。

2022年5月23日至28日，应中国政府邀请，联合国人权事务高级专员巴切莱特对中国进行了访问。这是时隔17年后中国再次接待联合国人权高专访华。习近平主席于5月25日以视频方式会见巴切莱特。国务委员兼外交部部长王毅同巴切莱特会见，双方就全球人权治理、多边人权工作、中国同高专办合作以及其他共同关心的问题交换了意见。最高院、最高检院、外交部、国家民族事务委员会、公安部、人力资源和社会保障部、全国妇联等相关部门负责人分别同她会谈。巴切莱特还在广州等地进行了实地参访。

一、中国以更加开放的态度进行国际交流合作

从中国对国际法的态度来看，由于在近代国际法传入中国之后的100多年里，中国几乎一直在被迫接受和适用不平等的国际法规则。由于"二战"后国际上长期存在的"冷战"局面，使得国际法成为国家进行政治斗争的工具，国际法的法律性和进步性在中国实践和理论中都曾受到质疑。直到20世纪70年代末期，中国对国际法的态度开始逐渐变得开放和积极起来。从中国对禁止酷刑的态度来看，受历史和现实多种因素的影响，中国在逐渐参与国际社会的禁止酷刑工作。中国政府在进一步完善有关禁止酷刑的国际法与国内法的适用衔接机制，禁止酷刑委员会非常关切禁止酷刑公约在中国国内的适用情况。

大量国际条约没有体现中国话语权，主要原因是这些条约是在中国恢复在联合国的席位之前签署的。中国政府的观点没有反映在这些国际条约之中，对条约提出保留最多的部分是有关强制解决争端的规定，这与中国一贯主张的通过外交途径以谈判、协商方式解决国际争端的立场是一致的。[1] 中国在加入国际条约之后，中国政府有权参与国际条约修改，可以改变国际条约签署时因中国没有参加而导致的主张不能体现的不足，同时有利于中国增加在国际社会的威望和影响。根据《公民权利与社会权利公约》第51条第1款规定：公约的任何缔约国有权提出对公约的修正案，并将其提交联合国秘书长。秘书长应立即将提出的修正案转知本公约各缔约国，同时请它们通知秘书长是否赞成召开缔约国家会议以审议这个提案并对其进行表决。在至少有三分之一缔约国家赞成召开这一会议的情况下，秘书长应在联合国主持下召开此会议。会议上出席投票的多数缔约国家所通过的任何修正案，应提交联合国大会批准。

在全球一体化的趋势下，各个文化共同体之间在交互影响下的趋同化必

---

[1] 万鄂湘. 国际条约法 [M]. 武汉：武汉大学出版社，1998.

将日趋深刻,这一过程是缓慢而多样的。在这一过程中,逐渐减弱的是相对性,逐步加强的则是普遍性。在当前全球化背景下进行禁止酷刑建设和研究,就必须加强沟通与对话,不能把联合国的禁止酷刑活动同对国家的主权干涉等同起来。各国在禁止酷刑保障的法律制度构建中的趋同性体现得愈发明显。禁止酷刑国际刑事司法准则是联合国通过国际法律文件,体系完善,具备制定、实施以及执行的程序。

中国的刑事司法理念逐渐转向人权保障演进的过程。在现有禁止酷刑的立法和实践的基础上,中国必须按照国际禁止酷刑刑事司法标准,努力建立一个更为全面、更符合中国国情的法律体系。值得注意的是,在中国刑事司法改革的下一阶段,在借鉴或移植国际禁止酷刑刑事司法标准时,必须正确处理国际禁止酷刑刑事司法标准与中国刑事司法改革的关系,努力协调国际化与本土化的关系,充分发挥国际禁止酷刑刑事司法标准的作用,在有效利用和改造中国现有刑事司法资源的基础上,使中国禁止酷刑的工作更加国际化。

因此,中国更应该在平等和相互尊重的基础上,反对将人权问题政治化、工具化,反对"双重标准"和以人权为借口干涉国家内政,开展国际禁止酷刑交流与合作,推动国际禁止酷刑事业健康发展。中国应采取更加积极的态度,重视禁止酷刑领域的国际交流与合作,向世界表明中国认同禁止酷刑国际标准的态度。采取更开放的态度,开展与联合国日内瓦办事处、人权事务高级专员办事处、禁止酷刑委员会合作的行动。

中国应更加主动地参与国际禁止酷刑领域工作,表达中国的禁止酷刑主张,全面参与联合国禁止酷刑机制工作,继续推进中国专家竞聘机制;在平等和相互尊重的基础上与有关国家开展禁止酷刑对话,加强与金砖国家、发展中国家的禁止酷刑合作,向有需要的发展中国家提供禁止酷刑技术援助;支持和推动民间组织参与国际禁止酷刑机构交流与合作,与各方开展建设性对话,落实合理建议,为推动国际禁止酷刑事业健康发展作出贡献。

二、中国禁止酷刑的缔约国报告应发挥更大作用

中国对缔约国报告义务的履行持积极态度,按照禁止酷刑委员会规定的

时间提交报告。中国是幅员辽阔、人口众多、国情比较复杂的发展中大国，定期撰写、准备全国性的国家履约报告，并非易事。相比联合国人权机制中长期存在的条约缔约国迟交、不交国家履约报告，不重视与人权条约机构在审议程序中的对话的现象，中国表现出积极、负责任和建设性的态度。中国出席禁止酷刑委员会会议的代表团代表在会议上的发言，使禁止酷刑委员会委员能更具体、全面地了解中国对《禁止酷刑公约》的履行情况。此外，中国代表团代表对禁止酷刑委员会委员在会议上口头提出的问题，以不逃避的态度作了全面、详细的答复。《禁止酷刑公约》缔约国报告制度在国家决策中发挥重要作用，与禁止酷刑委员会的建设性的对话会促进中国禁止酷刑的发展。

然而，中国政府提交的缔约国报告内容不详细，侧重于列举禁止酷刑方面的相关立法，而缺乏详细的司法、行政措施和实践资料，没有相关的实际数据可供证明。例如，以前的司法和行政问题与解决办法、影响《禁止酷刑公约》执行的因素和困难等部分。一份全面的报告不仅应包括缔约国禁止酷刑的法律框架，而且还应提供资料，说明该国为禁止酷刑而采取的措施、立法和实践的进展情况、在履行《禁止酷刑公约》义务方面遇到的困难和障碍等。

禁止酷刑委员会在对中国第三期报告的审议中指出"委员会密切关注与酷刑和其他残忍、不人道或有辱人格的待遇或处罚有关的详尽信息以及按性别分类的统计资料之不足"，建议中国"在下一个定期报告中对委员会在目前审议中提出的问题做出回答，并分门别类提供详尽统计资料，特别是要按地区和性别分类"①。禁止酷刑委员会就在审议中国所提交的第四、五次合并报告时指出："尽管委员会在先前的结论和建议中要求缔约国向其提供统计资料，但是缔约国没有提供，委员会对此感到遗憾。"

中国可以成立一个向联合国禁止酷刑事务委员会以及禁止酷刑委员会提交报告的专门机构，履行中国所加入的国际禁止酷刑条约规定的报告义务。②

---

① Committee Against Torture：China，May 9，2000，A/55/44，para.12 and para.25.
② 《公民权利和政治权利国际公约》《经济、社会、文化权利公约》《消除一切形式妇女歧视公约》《消除一切形式种族歧视公约》《儿童权利公约》都规定了强制性的缔约国报告制度。该专门机构可负责所有中国所加入的国际禁止酷刑公约的缔约国报告。

如前文所述,中国没有专门性的机构负责禁止酷刑调查国内的禁止酷刑现象,也没有专门的人员负责起草提交给禁止酷刑委员会的报告,这些因素都间接导致了中国政府向禁止酷刑委员会提交的报告存在内容不翔实、缺乏实践统计数据等问题。建议在全国人大常委会设置专门的禁止酷刑机构,对禁止酷刑以及其他各种侵犯禁止酷刑以及违法情形进行独立于执法机关的察访、监督活动,增进中国禁止酷刑实践的公开性与监督的有效性,以提高缔约国报告的可信度和说服力。

三、积极参与禁止酷刑委员会的工作

中国对《禁止酷刑公约》中的国家间指控制度、个人来文制度以及调查制度等条款还未加入,建议可以考虑适时接受。

禁止酷刑委员会在审查中国提交的报告后,一直建议"中国撤销对《禁止酷刑公约》第 20 条调查制度的保留,并恳请中国声明接受《禁止酷刑公约》第 21 条规定的国家间指控制度和第 22 条个人来文制度"[①]。对于禁止酷刑委员会给出的建议,是否接受调查制度、国家间指控制度和个人来文制度,重点应放在接受这三种制度后所产生的积极和消极因素上。

调查制度在《禁止酷刑公约》中是一项任择性条款,调查制度的开始需要征得缔约国的同意,禁止酷刑委员会进入缔约国境内进行调查也要征得缔约国的同意。总之,在调查制度的各个阶段都需要寻求有关缔约国的合作。从实践来看,调查制度是一个十分低效的制度。中国政府撤销对调查制度的保留,不仅能进一步表明其打击酷刑的决心,而且能够更好地防止酷刑。

国家间指控制度通过缔约国之间的相互监督,来达到禁止酷刑的目的。国家间的指控主要可能涉及缔约国国内立法是否与《禁止酷刑公约》的规定相一致和行政执法、司法实践是否有违反《禁止酷刑公约》规定的行为两个方面的问题。关于第一个问题,中国的立法没有违反《禁止酷刑公约》。关于后一点,事实上,缔约国在执法和司法中都可能存在与《禁止酷刑公约》不一致的行为,某缔约国指控另一国违反《禁止酷刑公约》规定的义务,很可能导致另

---

① Committee Against Torture:China,A/51/44、A/55/44.

一国对指控国提出新的指控，导致影响国家间的关系。因此，国家间指控制度在实践中的应用效率不高，中国政府是否明确声明接受国家间指控制度，对中国影响有限。因此，国家间指控制度可能会带给中国的负面影响也是非常有限的，中国可以考虑对国家间指控制度作出声明接受。[①]

《禁止酷刑公约》第22条设立了个人来文制度，主要是中国目前没有专门的机构负责处理禁止酷刑委员会个人来文的通知，只会增加现有部门的工作压力；同时，如果有大量的个人来文被禁止酷刑委员会所认定，会对中国的国际形象造成非常不利的影响，其中个人申诉制度可以对国内的司法进行很好的监督，但禁止酷刑委员会可能会收到对中国提出的大量个人申诉。所以要对个人申诉制度进行深入研究，国内专门机构要在有效的协作基础之上采取谨慎的态度。

中国应有更多专家加入禁止酷刑委员会。中国一直积极推荐专家在禁止酷刑委员会机构中出任委员，但在该机构中国的参与度和影响力还不足，与中国的大国身份极不相称，也不利于中国的文化安全和国家利益。建议中国注重培养禁止酷刑方面的具有国际影响力的专家，参与禁止酷刑委员会条约机构监督机制的工作。除直接参与外，禁止酷刑方面的研究和间接参与国际禁止酷刑实施机制也要进一步加强。

中国在签署《禁止酷刑公约》第20条约文和第30条约文时提出了保留，同时对公约中规定的相关的任何争端提交国际法院或仲裁方式不予以接受，中国的主要国际监督机制是《禁止酷刑公约》中的缔约国报告制度，应积极回应酷刑委员会对缔约国报告发表的意见。

酷刑委员会作为条约机构对缔约国报告所发表的一般性意见及一般性建议都具有重要的条约解释功能和辅助造法功能。为增加此种意见或建议的民主性、科学性和被广泛接纳度，条约机构近年来推出了一项新举措，即在此种意见正式发表前，先将一般性意见、建议草案在联合国禁止酷刑高专办网站上公布，方便并鼓励各缔约国和广大的利益攸关方提出意见、评论或反馈。

---

① 赵珊珊.《禁止酷刑公约》研究[D]. 北京：中国政法大学，2011.

其后，条约机构将组织对所有相关意见、评论或反馈进行磋商，最后才就一般性意见、建议的内容是否通过作出决定。对此，中国政府和禁止酷刑学术界应加以高度重视，积极参加编写一般性意见、建议的磋商流程，及时查阅一般性意见、建议草案，积极组织研讨，并提出自己的意见、评论或反馈。因为，迄今的实践表明，这种参与几乎等同于参加国际立法。条约机构的一般性意见或一般性建议正式发布后，往往被国际社会广泛接受，视为国际禁止酷刑标准的一部分，遍布世界各地的缔约国履行核心国际禁止酷刑条约义务都不得不以此为指导和标准，条约机构也以此为标准监督和指导各缔约国的履约实践。所以，如果有反对或不同意见不及时提出，便会错失制定国际规则的良机，将自己置于十分被动的全盘接受欧美禁止酷刑标准的地位。

结合通行的国际政治和法律实践，中国的禁止酷刑统计数据库需要设置保密级别，对关系国家安全和重大利益的数据资料依法保密，确保非保密数据资料的透明度和公开审查。若条约机构对保密范围有异议，中国可建议条约机构新增保密信息审议板块，这样可以平衡条约机构的监督职能和国家主权安全这一对矛盾。

中国应积极参与条约机构体系的改革，将自己的利益、主张和声音反映其中，更大限度地发挥自己的影响力和引导力，否则那些主张肆意扩张条约机构职能的势力便会得逞，这对整个国际社会格局和中国国家利益十分不利。积极参与条约机构体系的改革不仅有利于树立中国开明、务实和善意履行国际义务的大国形象，又有利于适度减轻中国践行缔约国报告制度的繁重负担和技术难度，帮助中国更好、更便捷地在国内实施《禁止酷刑公约》。

四、加入《禁止酷刑公约任择议定书》

《禁止酷刑公约任择议定书》旨在通过建立一个由独立的国际和国家机构定期查访拘留场所的制度来防止酷刑，倡议缔约国建立羁押场所巡视制度。迄今为止，中国尚未加入该议定书。根据《禁止酷刑公约任择议定书》第17条的规定：每一缔约国最迟在本议定书生效或其批准或加入一年后应保持、指定或设立一个或多个独立的国家防范机制，负责在国内一级防范酷刑。独立机制的通常理解是独立于政府机构之外的。议定书目的在于建立国家级的独立的酷刑防范监控机构。《禁止酷刑公约任择议定书》规定的联合国防范小组委员会定期查访被剥夺自由者地点的制度，包括要解决联合国防范小组委员会的入境、工作语言、需要的相关资料、不受限制查访、与国内相关机构对话问题等。

中国目前没有接受这一任择议定书，目前羁押违法行为由检察机关负责。中国一方面要完善改革司法体制内检察机关的监督机制，另一方面要探索建立司法体制外的监督机制。中国对公众监督羁押场所制度的探索，如1997年公安部发布《关于主动接受人大、政协对看守所工作检查监督问题的通知》，人大、政协派出的视察、检查团、组，随时可以视察看守所、听取工作汇报，同民警座谈、检查监督室、查阅人犯档案、检查人犯的生活卫生等，对要求上诉、申诉、控告和诉说冤屈、超期羁押的人犯，可以谈话询问。

公安部自2009年在全国逐步推行看守所对社会开放，同时要求三级以上看守所必须对社会开放，2010年公安部监所管理局大力推进公安监管场所对社会开放的力度和决心，先后发布《关于公安机关强制隔离戒毒所开展向社会开放活动的通知》《关于全面推开看守所对社会开放工作的通知》以及《关于全面深化拘留所收容教育所对社会开放工作的通知》，全国范围内继续推动看守所对社会开放工作，邀请社会各界人士亲身体会拘留所、看守所、强制隔离戒毒所管理的文明程度和规范水平，并作出评价。真正将狱所执法及管理透明化，置于公众监督之下。2011年公安部下发了《看守所特邀监督员巡查监督工作规定》，全国的公安监管部门基本建立特邀监督员巡视制度。对照1992年最高院、最高检、公安部《关于依法文明管理看守所在押人犯的通知》规定的"未经批准，任何人不准到看守所采访、参观和进行宣传报道活动"有实质性的进步。截至2016年，全国看守所均建立了在押人员投诉处理机制，有2489个看守所聘请了特邀监督员。[①]

这些表明中国已初步建立起羁押场所巡视制度，制度接近于《禁止酷刑

[①] 中华人民共和国国务院新闻办公室.中国人权法治化保障的新进展白皮书[M].北京：人民出版社，2017.

任择议定书》中要求缔约国建立由独立国际机构或者国家机构来对被剥夺自由者的地点进行查访的制度，这可以认为是对羁押场所巡视的一个积极尝试，羁押场所向社会公开的举措以及监所特邀监督员巡查制度的构建，打破了羁押场所长期以来封闭与排外的局面，是中国羁押场所内防止酷刑发生的有力改革举措。① 这表明，中国有加入议定书的条件和基础，这一制度对中国防止酷刑也起到了积极的作用。

虽然中国公安监管部门已普遍建立特邀监督员巡视制度，但是应当看到，中国目前的特邀监督员巡视制度或者羁押场所巡视制度与《禁止酷刑公约任择议定书》要求设立的国家防范机制还是有相当大区别的，存在制约因素。

第一，中国现行的羁押场所巡视制度仅是在看守所范围内实行。按照《禁止酷刑公约任择议定书》的规定，剥夺自由是指任何形式的拘留或监禁，或将某人置于公共或私人羁押环境之中，根据司法、行政或其他公共权力机构的命令，该人不得随意离开该地。这些被剥夺自由的地点包括监狱、警察局、收容中心、军事监禁区域、青少年羁押中心、精神病医院和国际机场的拘留中心等。目前中国的羁押巡视制度仅限于看守所，而对监狱、拘留所、劳动教养场所、拘役所、精神病医院、强制戒毒所的监督巡视制度基本是缺失的。②

第二，中国现行的羁押场所巡视员的选择方式存在一定的局限性。看守所聘请的特邀监督员主要构成为人大、政协或者党政机关、法律从业人员，就其构成而言不具有广泛性，同时在能力和专业方面不足，尤其在其客观及公正性方面欠缺。建议借鉴中国人民陪审员选任方法，符合担任巡视员条件的公民，可以由其所在单位或者户籍所在地的基层组织向当地人大常委会推荐，或者本人提出申请，由人大常委会进行审查确定巡视员的人选。③

第三，中国现行拘留场所巡视制度的具体程序设计没有充分体现科学性

---

① 王沛. 禁止酷刑国际刑事司法准则研究 [D]. 大连：大连海事大学，2012.
② 赵珊珊. 加入《禁止酷刑公约任择议定书》势在必行 [N]. 法制日报，2012-05-02.
③ 李学勤. 河北省被羁押人及家属权利保障现状 [J]. 河北公安警察职业学院学报，2012（12）：30-34.

和客观性。根据《禁止酷刑公约任择议定书》进行的巡视防止酷刑的目标应当由定期不定期访问、事先通知和突击结合，其中还应包括观察和访谈，特别是巡视员有权利与任意挑选的人员私下交流。中国现在的巡视方式在不事先告知，与被羁押人不受限制地谈话；对检举、控告和建议、意见等事项的跟进方面还和议定书有一定差距。至于巡视员的选任，应该更具广泛性。

第四，羁押场所开放的区域和信息基本都由监所决定，并且是事先安排或通知的，不利于自己的信息则较少公开，甚至不公开。部分地方开放内容仅限于参观监所设施情况和被监管人员的生活情况，对于被羁押是否受到刑讯逼供、体罚虐待很难客观全面了解。①

第五，羁押场所巡视员在巡视中与被巡视人私下串通案情、传递口信与物品。这是西方国家相对忽略但在中国必须慎重考虑的一个问题。有必要制定严格的规章制度，包括要求巡视人员对案件和被拘留者无利害关系，严格遵守看守所相关制度，对其所获得的信息保密等。

第六，中国多数羁押场所面临财政拨款严重不足的限制。

可见，中国虽然已具备加入该议定书、构建禁止酷刑程序外监督机制的条件与基础，但是需要制定出能够更加广泛使用的查访制度，以有利于中国形成符合国际标准规范化的看守所全民监督机制。该机制可以全面地涵盖禁止酷刑、不人道或者有辱人格的待遇与处罚。

综上，期待中国对监所开放进行系统和全面规范形成常态化的立法，推进批准《禁止酷刑公约任择议定书》的进程。需要解决的问题有以下几方面。

首先，羁押场所监督巡视员由检察机关、公安局报请同级人大批准，在人大、政协中产生，还可以在检察机关的人民监督员中产生，组织相应的工作培训，并考虑在不同的地方进行试点，完善羁押场所查访制度。

其次，基于《禁止酷刑公约任择议定书》第17条所指的独立机构，即非政府机构从事羁押场所查访，目前似乎还没有任何一个非政府组织能担当查访羁押场所的任务。同时成立一个全国性独立的羁押场所的查访机构，负责

---

① 李学勤. 河北省被羁押人及家属权利保障现状 [J]. 河北公安警察职业学院学报，2012（12）：30-34.

制定适用于全国的查访的规章制度、协调各方面的关系。在这个机构成立之后，可以与国际防范小组建立合作关系，例如国际防范机构可以委托国内查访机构进行查访。这样，国际和国内的防范查访机构都能更方便快捷地发挥作用，参加议定书的困难也将大为减少。①

中国是联合国的重要成员，积极参与联合国人权和刑事司法体系是承担国际事务的重要内容。中国对禁止酷刑始终秉持积极态度，一直认真履行条约义务，这让中国加入该议定书成为可能。《国家人权行动计划（2021—2025年）》也强调：加强对刑事立案和侦查活动的监督；加强对剥夺、限制人身自由强制措施的监督；完善刑事执行监督机制。

羁押场所巡视制度作为一种程序外的机制，与监所检察制度、录音录像、值班律师等程序内禁止酷刑机制不同，其监督成本低，不受经济发展程度、执法人员数量等的制约，而社会公信力却很强。在中国，羁押场所的运行状况依然具有较强的保密性，推进羁押场所公开化、透明化对于时下禁止酷刑的完善极具针对性。期待中国对监所开放进行系统和全面规范形成常态化的立法，这将对中国禁止酷刑工作有积极的作用。中国基于现有的司法体制、经济条件、传统观念，研究加入《禁止酷刑公约任择议定书》的可行性，并依据议定书的要求开展试点工作。

中国更加切实履行国际人权条约义务，积极将国内法律和政策与条约义务相衔接，及时提交中国缔约国履约报告，在平等和互信的基础上，更加广泛地开展国际人权交流与合作，注重与禁止酷刑的相关人权条约机构开展建设性对话，落实合理建议，要继续保持开放的心态积极参与，发挥中国在国际人权规则制定过程中的作用，展现负责的大国形象，推动禁止酷刑工作的开展。

第五节　推动禁止酷刑文化建设

《禁止酷刑公约》第10条规定："每一缔约国应保证在可能参与拘留、审

---

① 杨宇冠.国际视野下对羁押场所查访的可行性途径[N].检察日报，2009-02-10.

讯或处理遭到任何形式的逮捕、扣押或监禁的人的民事或军事执法人员、医务人员、公职人员及其他人员的训练中，充分列入关于禁止酷刑的教育和资料；每一缔约国应将禁止酷刑列入所发关于此类人员职务的规则或指示之中。"

禁止酷刑首先是一个禁止酷刑意识提升问题，其次才是如何不受酷刑的技术问题。禁止酷刑的目的是维护个人的权利，而使用酷刑与追求国家利益相关，受传统国家本位思想的影响，总是将国家利益放在首位。因此，强化禁止酷刑意识是非常重要的方面。禁止酷刑的实现最终要依赖国家自身，也是一个涉及政治、经济、法律和意识形态等多方因素的错综复杂的过程。国际社会成员在文化价值观念、政治社会制度、法律意识以及经济发展水平方面的差异性和多样性自然会在禁止酷刑宗旨的实现过程中留下自己的印记。①

禁止酷刑的保障不是简单地与制度建设等同，应该看到这之后的文化建设的重要性。"没有实定法背后能够普及到执法者意识深处的法文化或者法思想，没有法文化强调人的价值——人的尊严、体面、人道、人性、人格和生命的神圣等等，单纯实在法对禁止酷刑的维护只能是机械的、功能主义的，而不是理性主义的。"②

禁止酷刑教育在禁止酷刑中的重要作用已经被国际社会所认识。禁止酷刑观念具有相对稳定性，"处于不同文化背景下的各个民族，将本民族在人类文明的过程中所创造的法律思想和法律价值加以积累，在人们的心理中凝聚，经过世代相传而取得比较稳固的地位，形成该民族一种超稳定性的民族心理……它并不伴随社会变化而立即发生变化，它的变化总是很缓慢的，长时间的"③。酷刑在很大程度上源于禁止酷刑保护意识欠缺，尤其是在发展中国家。一方面公民的禁止酷刑意识淡薄，不能维护自己的基本禁止酷刑；另一方面国家公职人员依法行使职权的意识不强，滥用权力。禁止酷刑教育就要面向全体国民，

---

① 万鄂湘，陈建德.论国际人权条约的准司法监督机制[J].武汉大学学报（哲学社会科学版），1997（11）：19-24.

② 刘作翔.法律文化论[M].西安：陕西人民出版社，1992：244.

③ 同上。

这样才能形成遏制酷刑的社会基础，但更重要的是加强对执法人员，特别是警察的禁止酷刑教育被提到重要的位置。只有让执法人员了解国际禁止酷刑标准及其范围，才能监督他们遵循这些标准并避免施行酷刑。

禁止酷刑培训更主要的是要面向特定职业群体。应该说，加强特定职业群体的人权教育是防止酷刑的重要手段。对执法人员进行禁止酷刑教育在许多国家已经转化为国内的实践。公民权利和政治权利公约要求成员国的报告应提供信息说明联合国制定和通过监狱管理与罪犯待遇方面的标准和规则是否组成监狱工作人员培训内容的一部分，联合国禁止酷刑委员会在对中国的报告中就建议"鼓励有关缔约国继续并进一步加强对执法官员进行国际禁止酷刑标准方面的培训"。中国外交部向联合国禁止酷刑委员会提交的第三次报告中谈到："司法部将联合国禁止酷刑方面的规定规章等文件和中国的有关法律、法规汇编成册，发给每一位警察，要求他们认真学习和掌握，严格依法办事。"[①]

中国人权教育经过多年发展已经取得了极大的进步，人权研究院、所、中心等机构已经广泛设立，各类研讨会议及交流活动也在定期开展，这些都充分反映了中国人权教育取得较大成就。早在《国家人权行动计划（2009—2010年）》中就指出："有重点地开展针对公职人员的人权教育培训，特别是针对公安、检察院、法院、监狱、城管、行政执法机构等特定执法机构和人员的人权教育培训。各执法部门根据自己的工作特点制定人权教育培训计划，加大对人权保护方面的法律法规的宣传教育，推动人权知识教育常态化、经常化、制度化。组织专家编写人权培训专门教材。选取一些有条件的国家机关和城市作为人权教育培训的示范单位，进行跟踪监测。"

《国家人权行动计划（2012—2015年）》强调："将人权教育纳入公务员培训计划。强化对公务人员的人权教育培训。支持人权研究机构编写人权培训教材，参与人权培训工作。"

《国家人权行动计划（2016—2020年）》再次明确强调："落实《关于完

---

① Committee AgainstTorture：China，A/55/44.

善国家工作人员学法用法制度的意见》，把人权教育作为加强国家工作人员学法用法工作重要内容。将人权知识纳入党委（党组）的学习内容，列入各级党校、干部学院、行政学院的课程体系，列为法官、检察官、警察等公职人员入职、培训必修课。"

《国家人权行动计划（2021—2025年）》指出：在公共部门和企事业单位开展禁止酷刑知识培训，形成尊重和保障禁止酷刑的职场文化。强化公职人员禁止酷刑知识培训。将禁止酷刑知识培训作为公务员考试、初任培训和任职培训的重要内容，并在年度培训中结合工作实际开展禁止酷刑培训。把禁止酷刑法治教育作为国家工作人员学法用法工作的重要内容。编写出版禁止酷刑知识培训教材。探索建立禁止酷刑教育培训示范单位。

中国建立人权教育机构是履行国际条约人权义务的重要保障之一，这不仅反映了中国作为负责任的大国，认真履行国际人权法律义务的严肃态度，提高全体国民的人权意识，同时也是进一步完善中国人权制度的强大动力。自2011年以来，中国已分三批在有关高校累计设立14家国家人权教育与培训基地。① 人权教育与培训基地的建设目标是，充分整合利用高校的人才、学科、研究和基础条件等资源，通过开展教育和培训、科学研究和社会服务，努力推进中国的人权普及教育和理论研究工作，促进中国人权事业的发展。基地的主要任务包括，推动大学人权教育和理论研究，开展中小学人权教育及方式方法的研究实验，编写教材，组织师资培训和各类相关社会培训，为社会提供咨询，特别是向国家有关部门定期提供咨询报告，以及开展人权领域的国际交流与合作等。②

2005年10月18日，在长沙举办了全国地方新闻办干部人权知识培训班，这是中国首次举办新闻系统人权知识培训班。培训内容以《人权知识干部读

---

① 这14家国家人权教育与培训基地分别是：南开大学人权研究中心、中国政法大学人权研究院、广州大学人权研究与教育中心、中国人民大学人权研究中心、复旦大学人权研究中心、武汉大学人权研究院、山东大学人权研究中心、西南政法大学人权教育与研究中心、北京理工大学科技与人权研究中心、东南大学人权研究院、华中科技大学人权法律研究院、吉林大学人权研究中心、西北政法大学人权研究中心、中南大学人权研究中心。

② 李步云. 愿把一生献给中国的人权研究和教育培训事业 [J]. 中国社会科学报，2011（6）：5.

本》①为主。截至 2019 年，中宣部人权事务局、最高院研究室、中宣部人权发展和交流中心专门针对审判一线的法官举办共 24 期人权知识培训班，这是落实《国家人权行动计划（2016—2020 年）》关于加强人权教育和培训的规定，增强全社会尊重和保障人权意识的一项重要举措。②

同时，中国在培训公务人员方面已经做了大量的工作，尤其是在侦查、检察、审判机关已经建立了非常正规和配套的人权教育、培训体系基地。但是，对于中国这样的一个大国来说，它需要的国家司法工作人员的基数很大，目前中国禁止酷刑专门的培训基地和设施还很不足。必须把禁止酷刑看作是某种内在价值，是维护法治和秩序的促进剂，形成这样的思维模式之后，才会抵制和减少酷刑事件发生。

在长期的监管工作过中，看守所监管人员容易主观认定被羁押人为罪犯，甚至一些经济发展不平衡的地区的监管模式更为落后。在防范酷刑方面缺乏执法理念，以及主观的有罪判断，形成监管人员的惯性思维和惯性做法。看守所监管人员对被羁押人的恐吓、威胁以及直接或变相体罚也成为习惯，造成被羁押人身体和精神上的双重酷刑。中国应保证参与侦查、逮捕、审讯、扣押、监禁的执法人员、医务人员和其他公职人员的训练中充分列入机制酷刑的资料。有关人权的国际公约，特别是《禁止酷刑公约》，应当由最高院或者由其会同司法部、外交部印发执行通知，以达到得到有关部门和人员重视的目的。

近年来，有关警察和禁止酷刑方面的培训资料的数量有所增加。联合国和欧洲理事会都已经编辑了警察和禁止酷刑方面的培训资料。联合国手册《禁止酷刑与执法人员》，包括国际和区域禁止酷刑文件，文件内容有具体方法的基本资料和详细建议，即酷刑案件和研讨会。近年来，联合国禁止酷刑高级专员办事处一直在努力培训执法人员，其课程包括与酷刑有关的犯罪。但是该手册的缺点是，没有关于禁止酷刑各国国内的法律规定，同时对于各国基于不同的法律制度和文化传统的适应性也不足。为了有效执行联合国禁

---

① 蔡武. 人权知识干部读本 [M]. 北京：党建读物出版社，1970.
② https://www.humanrights.cn/html/2019/1_0927/45741.html.

止酷刑委员会在其关于执法人员培训的报告中提出的建议，有必要在国际材料的基础上，进一步制定更有利于各国执行的国内培训材料。

基于此，中国应按照《禁止酷刑公约》的有关要求，将禁止酷刑等内容作为特定执法人员培训的内容。应该包括对《禁止酷刑宣言》《公民权利和政治权利国际公约》《禁止酷刑公约》《保护所有遭受任何形式拘留或监禁的人的原则》《执法人员行为守则》等国际禁止酷刑文件的学习，尤其是《禁止酷刑公约》的培训尤为重要。培训应该真正落实到特定执法人员的录用、考核的制度中，在特定执法人员尤其是警察的培训中，应着重提倡尊重人的尊严的理念，把禁止酷刑看作是某种内在价值。形成了这样的思维模式之后，就会在以后的执法工作中，自觉树立起禁止酷刑保护意识，抵制和减少侵害禁止酷刑的事件发生。

中国由于历史客观条件的限制，比较系统地了解或熟悉国际法的人还为数不多，能够知悉联合国某个专门条约或文件具体要求的人数则更加有限。中国加强对国际禁止酷刑标准的培训固然重要，但是在培训中还应该结合相关的国内的法律和法规，考虑到国家的基本司法理念，因为这些理念往往是国际禁止酷刑能够得以实施的基础，这样才能够适应中国的历史传统和模式。

结论　中国推动非法言词证据排除任重道远

非法言词证据排除规则具有制衡国家机关权力的功能，国家机关及其人员只能在法律允许的范围内行使权力。如果对侦查机关没有限制，则个人的合法权利得不到保障，国家所提倡的司法公正也得不到实现。非法言词证据排除体现对人的尊重，即对作为刑事司法中的嫌疑人或被告人权利的尊重，非法言词证据排除是人类文明进步的标志，而这其中禁止酷刑就是司法文明的底线。酷刑严重侵害了人的生命、健康和尊严，是对人类文明的挑战和背弃。彻底根除酷刑是世界性难题，酷刑的存在有其长期的、牢固的、历史性的因素。禁止酷刑已经成为不可逆转的历史潮流，越来越受到推崇和重视，并在国际社会达成共识。

《禁止酷刑公约》作为联合国第一个专门针对酷刑和残忍、不人道或有辱人格的待遇或处罚的公约，对酷刑进行了定义，并设置禁止酷刑的国际机构——禁止酷刑委员会，这在人类禁止酷刑的历史上具有划时代的意义。《禁止酷刑公约》对酷刑权的概念得到普遍接受，实施监督机制主要包括禁止酷刑委员会、缔约国报告制度、调查制度、国家间指控制度、个人来文制度。其中禁止酷刑委员会作为公约中唯一的实施监督机构发挥着重要作用，它以实施监督制度为基础，监督各个缔约国对公约的履行情况，从国际层面的外在压力预防酷刑现象的发生，促进世界人权的进步。

《禁止酷刑公约》所形成的国际刑事诉讼司法准则代表了人类文明的自我觉醒与自我修正，禁止酷刑国际刑事诉讼司法准则之所以在现代社会蓬勃发展并成熟起来，源于其深厚的理论基础、程序正义原理，因此，禁止酷刑国际司法准则才会受到世界大多数国家的认可和遵循，也对各国的刑事司法改革具有重要的指导作用和借鉴意义。但是，酷刑的存在有其长期的、历史性的因素和传统，彻底根除酷刑是个世界性难题，遏制酷刑犯罪应当是个系统工程，世界各国刑事司法面临艰巨的任务。缔约国家有义务采取有效的立法、行政、司法或其他措施，防止在其管辖的任何领土内出现酷刑的行为。

中国加入《禁止酷刑公约》近30年以来刑事司法的实践表明，中国正在以一个负责任的大国形象逐步推动禁止酷刑方面的制度建设、观念革新与人员培养等工作。禁止酷刑的工作已经取得了巨大的进步，在禁止酷刑委员会建议下对国内法以禁止酷刑为目的进行了很多方面的修改、补充和完善。2004年"尊重与保障人权"写入中国《宪法》，这对于进一步保障人权、遏制刑讯逼供、非法证据排除规则有了更加明确的规定。中国共产党第十八届中央委员会第四次全体会议2014年10月23日通过的《中共中央关于全面推进依法治国若干重大问题的决定》指出，加强人权司法保障；强化诉讼过程中当事人和其他诉讼参与人的知情权、陈述权、辩护辩论权、申请权、申诉权的制度保障；健全落实罪刑法定、疑罪从无、非法证据排除等法律原则的法律制度；完善对限制人身自由司法措施和侦查手段的司法监督，加强对刑讯逼供和非法取证的源头预防，健全冤假错案有效防范、及时纠正机制。

经国务院批准，授权国务院新闻办公室公布《国家人权行动计划（2021－2025年）》，这是在中国政府各有关部门和社会各界广泛参与下制定的，是中国政府促进和保障人权的阶段性政策文件。中国还在平等和相互尊重的基础上开展国际交流与合作，更加重视发展中国家关注的经济、社会、文化和发展权力等全面发展。这都是中国厉行禁止酷刑原则的体现，中国在禁止酷刑各方面取得的成绩是举世瞩目的。

中国加入《禁止酷刑公约》积极履行了自己的条约义务，中国的禁止酷刑事业取得了举世瞩目的成就与公认的进步，但是由于在中国的文化中缺失禁止酷刑的传统，以及刑事司法的功利理论的存在，禁止酷刑工作的重点是立法和司法方面的禁止酷刑工作与国际标准接轨的问题。中国作为《禁止酷刑公约》的缔约国、联合国安理会的常任理事国，在禁止酷刑的方面担负着重要的责任。继续促进禁止酷刑普遍尊重、保护和实现是中国政府的一项长期、艰巨而神圣的使命。

《禁止酷刑公约》确定了国际刑事诉讼标准，但是任何国家都有其历史发展的必然性与偶然性。中国有不同于西方国家的历史发展轨迹，有自己的历史文化传统、思想观念、法律制度等，中国应根据历史传统与司法文明发展选择实施禁止酷刑国际准则，禁止酷刑国际刑事诉讼准则更应该落实在推动中国法治文明的发展上。中国的禁止酷刑事业中还存在相当多体制构建方面的问题，禁止酷刑机制的构建与禁止酷刑国际刑事司法准则尚存在一定的距离。中国一贯坚定不移地主张禁止酷刑原则，更好履行禁止酷刑国际义务，但中国的禁止酷刑与联合国《禁止酷刑公约》国际准则还有差距。中国政府将在全面推进依法治国战略的进程中，进一步全方位加强禁止酷刑工作。中国应努力做好国际化与本土化的协调，在中国现有的刑事司法制度资源的基础上与国际禁止酷刑的刑事诉讼司法制度相容。

中国推动非法言词证据排除规则并不是一项独立的、可割裂的规则，其本身与许多刑事诉讼制度密切相关，共同起着规范非法取证行为、保障人权的作用，因此，要确立完善的非法证据规则。中国作为一个发展中国家，发展不平衡、不协调、不可持续等问题仍较突出，仍面临诸多挑战。中国提出构建相互尊重、公平正义、合作共赢的新型国际关系，构建人类命运共同体，为推动国际人权事业健康发展提供了中国方案。中国越来越以一个世界大国的形象影响着整个世界。中国在合理借鉴和参考国际刑事诉讼司法准则的基础上，定会全面推进非法言词证据排除规则的落实。

参 考 文 献

一、著作

[1] 王林彬. 国际司法程序价值论 [M]. 北京：法律出版社，2009.

[2] 王光贤. 禁止酷刑的理论与实践：国际和国内监督机制相结合的视角 [M]. 上海：上海人民出版社，2007.

[3] 陈云生. 禁止酷刑：当代中国的法治和人权保护 [M]. 北京：社会科学文献出版社，2000.

[4] 程味秋，杨诚，杨宇冠. 联合国人权公约和刑事司法文献汇编 [M]. 北京：中国法制出版社，2000.

[5] 赵秉志，陈弘毅. 国际刑法与国际犯罪专题探索 [M]. 北京：中国人民公安大学出版社，2003.

[6] 曾令良，于敏友. 全球化时代的国际法：基础，结构与挑战 [M]. 武汉：武汉大学出版社，2005.

[7] 江国青. 演变中的国际法问题 [M]. 北京：法律出版社，2002.

[8] 陈瑞华. 程序性制裁理论 [M]. 北京：中国法制出版社，2010.

[9] 杨宇冠. 人权法：《公民权利和政治权利国际公约》研究 [M]. 北京：中国人民公安大学出版社，2003.

[10] 刘海. 《经济，社会和文化权利国际公约》研究 [M]. 北京：中国法制出版社，2005.

[11] 李玉蛾. 罪犯权利实现研究 [M]. 北京：中国政法大学出版社，2018.

[12] 徐显明. 人权研究（第二卷）[M]. 济南：山东人民出版社，2002.

[13] 陈光中, 等. 司法改革问题研究 [M]. 北京: 法律出版社, 2018.

[14] 孙长永. 侦查程序与人权: 比较法考察 [M]. 北京: 中国方正出版社, 2000.

[15] 王启富, 刘金国. 中国人权的司法保障 [M]. 厦门: 厦门大学出版社, 2003.

[16] 朱文奇. 国际刑法 [M]. 北京: 中国人民大学出版社, 2007.

[17] 贺卫方. 司法的理念与制度 [M]. 北京: 中国政法大学出版社, 1998.

[18] 陈光中, 丹尼尔·普瑞方廷. 联合国刑事司法准则与中国刑事法制 [M]. 北京: 法律出版社, 1998.

[19] 夏勇, 莫顿·凯依若姆, 毕小青, 等. 如何根除酷刑: 中国与丹麦酷刑问题合作研究 [M]. 北京: 社会科学文献出版社, 2003.

[20] 刘海年, 李林, 莫尔顿·克耶若姆. 人权与司法: 中国-丹麦司法中的人权保障学术研讨会文集 [C]. 北京: 中国法制出版社, 1999.

[21] 李步云. 论法治 [M]. 北京: 社会科学文献出版社, 2008.

[22] 王家福, 刘海. 中国人权百科全书 [M]. 中国大百科全书出版社, 1998.

[23] 中国-欧盟人权学术网络指导委员会. 中国人权刊（第一卷）[C]. 北京: 社会科学出版社, 2003.

[24] 邱兴隆. 关于惩罚的哲学: 刑法根据论 [M]. 北京: 法律出版社, 2000.

[25] 徐立. 我国刑事法治重大理论问题研究 [M]. 北京: 北京大学出版社, 2009.

[26] 白桂梅. 法治视野下的人权问题 [M]. 北京: 北京大学出版社, 2003.

[27] 彭锡华. 缔约国报告制度: 人权事务委员会的理论与实践 [M]. 长春: 吉林人民出版社, 2005.

[28] 陈兴良. 刑事法评论 [M]. 北京: 中国政法大学出版社, 2000.

[29] 崔敏. 新编刑事诉讼法学教程 [M]. 北京: 中国人民公安大学出版社, 1996.

[30] 贺卫方. 司法的理念与制度 [M]. 北京: 中国政法大学出版社, 1998.

[31] 陈卫东. 中欧遏制酷刑比较研究 [M]. 北京: 北京大学出版社, 2008.

[32] 张旭. 人权与国际刑法 [M]. 北京：法律出版社，2004.

[33] 公丕祥. 当代中国的司法改革 [M]. 北京：法律出版社，2012.

[34] 王炎. 宪政主义与现代国家 [M]. 北京：生活·读书·新知三联书店，2003.

[35] 王利明. 司法改革研究 [M]. 北京：法律出版社，2000.

[36] 杨宇冠. 联合国人权公约机构与经典要义 [M]. 北京：中国人民公安大学出版社，2005.

[37] 中国监狱学会，中国人权研究会. 中国监狱人权保障：全国监狱人权保障理论研讨会论文集 [C]. 北京：法律出版社，2003.

[38] 尹生. 缔约国报告制度发展趋势研究 [M]. 北京：中国政法大学出版社，2017.

[39] 陈泽宪. 人权领域的国际合作与中国视角 [M]. 北京：中国政法大学出版社，2017.

[40] 郭曰君，马玉丽，等. 国际人权法实施机制研究：以经济，社会和文化权利为中心 [M]. 北京：中国政法大学出版社，2018.

[41] 王沛. 禁止酷刑国际刑事司法准则研究：兼论中国反酷刑机制的构建 [M]. 北京：法律出版社，2012.

二、译著

[1][意] 贝卡利亚. 论犯罪与刑罚 [M]. 黄风，译. 北京：中国大百科全书出版社，1993.

[2][英] 奈杰尔·S 罗德雷. 非自由人的人身权利：国际法中的囚犯待遇 [M]. 毕小青，赵保庆，译. 上海：上海三联书店，2006.

[3][美] 艾伦·德肖微茨. 最好的辩护 [M]. 唐交东，译. 北京：法律出版社，1994.

[4][美] 布瑞安·伊恩斯. 人类酷刑史 [M]. 李晓东，译. 长春：时代文艺出版社，2004.

[5][奥] 曼弗雷德·诺瓦克. 民权公约评注 [M]. 毕小青，孙世言，译. 北京：

生活·读书·新知三联书店，2003.

[6] [英]米尔恩.人的权利与人的多样性：人权哲学[M].夏勇，张志铭，译.北京：中国大百科全书出版社，1995.

[7] [瑞典]格德门德尔·阿尔弗雷德松，[挪威]阿斯布佐恩·艾德.《世界人权宣言》：努力实现的共同标准[M].中国人权研究会组织，译.成都：四川人民出版社，1999.

[8] [美]罗尔斯.正义论[M].何怀宏，等译.北京：中国社会科学出版社，1988.

[9] [英]奈杰尔·罗德雷.非自由人的人身权利：国际法中的囚犯待遇[M].毕小青，赵宝庆，等译.北京：生活·读书·新知三联书店，2006.

[10] [加]约翰·汉弗莱.国际人权法[M].庞森，等译.北京：世界知识出版社，1992.

[11] [加]威廉·A夏巴斯.国际刑事法院导论[M].黄芳，译.北京：中国人民公安大学出版社，2006.

[12] [奥]曼弗雷德·诺瓦克.民权公约评注：联合国《公民权利和政治权利国际公约》[M].毕小青，孙世彦，译.北京：生活·读书·新知三联书店，2003.

[13] [奥]曼弗雷德·诺瓦克.国际人权制度导论[M].柳华文，译.北京：北京大学出版社，2010.

[14] [英]约翰·洛克.人权[M].郑雨，译.长春：吉林出版集团股份有限公司，2018.

三、英文参考书目

[1] R J Vincent. Human Rights and International Relations[M]. Cambridge：Cambridge University Press，1986.

[2] Dinah Shelton. Remedies in International Human Rights Law[M]. New York：Oxford University Press，1999.

[3] Franciso Forrest Martin，et al. International Human Rights Law and

Practice[M]. Kluwer Law International，1997.

[4]Bamforth，Nicholas. Human Rights Law：Text，Cases & the Materials[M]. New York：Oxford University Press，2005.

[5]L Henkin. International Law：Politics and Values[M]. Leiden：Martinus Nijhoff Publishers，1995.

[6]Muhammad Zamir. Human Rights Issues and International Law[M]Dhaka：University Press Limited，1990.

[7]Thomas Buergenthal. The Human Rights Committee，in Philip Alston，The United Nations and Human Rights[M]. New York：Oxford University Press，2000.

四、论文

[1] 谢佑平，任蓉. 从野蛮到文明：《反对酷刑公约》的机理与要求 [J]. 复旦学报，2006（6）：105-110.

[2] 黄庆芳. 也谈制止刑讯逼供：从制约讯问权的角度 [J]. 国家检察官学院学报，2002（2）：81-86.

[3]M 凯依若姆，L 伊尔凯尔，任进，等. 国际禁止酷刑工作的新动向 [J]. 环球法律评论，2001，23（3）：355-365.

[4] 戴长林. 非法证据排除规则司法适用疑难问题研究 [J]. 人民司法,2013(9)：22-31.

[5] 曾令良. 联合国人权条约实施机制：现状、问题和加强 [J]. 江汉论坛，2014（7）：9.

[6] 王光贤."酷刑"定义解析 [J]. 国家检察官学院学报，2002（2）：13-18.

[7] 陈光中. 联合国《公民权利与政治权利国际公约》与中国刑事诉讼 [J]. 法制与社会发展，1999（5）：56-60.

[8] 王秀梅. 关于酷刑罪的思考 [J]. 现代法学，2001（4）：82-86.

[9] 屈学武. 反酷刑公约及中国反酷刑述论 [J]. 中国刑事法杂志，2002（1）：113-126.

[10] 冯军. 我国刑事诉讼制度改革的宏观思考 [J]. 中国律师，2009（10）：51-52.

[11] 孔武. 以人为本与宪政中国 [J]. 理论导刊，2005（3）：32-34.

[12] 李英. 以人权视角谈人民警察权 [J]. 郑州大学学报，2005（2）：118-121.

[13] 徐双敏. 论我国的人权入宪与人权实现 [J]. 社会主义究，2005（2）：98-101.

[14] 杨宇冠. 论刑事诉讼人权保障 [J]. 中国刑事法杂志，2002（4）：3-13.

[15] 赵姗姗. 禁止酷刑公约研究 [D]. 北京：中国政法大学，2011.

[16] 王夏炜. 阻碍我国监狱服刑人员医疗保障进程的因素分析 [J]. 法学研究，2012（8）：1.

[17] 陈瑞华. 审前羁押的法律控制：比较法角度的分析 [J]. 政法论坛，2010（4）：97-110.

[18] 王振川. 贯彻宪法原则切实尊重和保障人权 [J]. 人民检察，2005（1）：15-17.

[19] 张旭. 刑事司法中的人权保护：以我国为视角的思考 [J]. 吉林大学社会科学学报，2003（9）：18-23.

[20] 陈光中，张小玲. 论非法证据排除规则在我国的适用 [J]. 政治与法律，2005（1）：100-110.

[21] 韩红兴. 我国刑事侦查程序中律师辩护权能的构建 [J]. 中国律师，2005（5）：19-21.

[22] 李英. 以人权视角谈人民警察权 [J]. 郑州大学学报（哲学社会科学版），2005（2）：118-121.

[23] 徐双敏. 论我国的人权入宪与人权实现 [J]. 社会主义研究，2005（2）：98-101.

[24] 戴瑞君. 我国对国际人权条约的司法适用研究 [J]. 人权，2020（1）：135-154.

[25] 陈瑞华. 刑事司法改革的重大突破 [J]. 人民法院报，2010（6）：68.

[26] 赵珊珊. 从惩罚走向预防：中国政府加入禁止酷刑公约任择议定书相关

问题研究 [J]. 政法论坛，2012（5）：107-119.

[27] 龚刃初.《禁止酷刑公约》在中国的实施问题 [J]. 中外法学，2016（4）：955-970.

[28] 尹生. 核心国际人权条约缔约国报告制度：困境与出路 [J]. 中国法学，2015（3）：204-221.

[29] 马玉丽. 联合国人权公约缔约国报告制度评析 [J]. 武汉公安干部学院学报，2012（2）：52-56.

[30] 戴瑞君."2020 评估"：联合国人权条约机构体系的未来走向 [J]. 国际法研究，2019（6）：60-73.

[31] 张红虹. 禁止酷刑委员会的实践及其对禁止酷刑公约实施的影响 [J]. 人权研究，2020（3）：100-112.

[32] 郭曰君，杨彦会. 论国际人权法中的调查程序 [J]. 人权，2016（3）：90-108.

五、网站

[1] 联合国网站 http//www.un.org

[2] 联合国人权高级专员办公室网站 http//ohchr.org

[3] 中华人民共和国外交部网站 https：//www.fmprc.gov.cn/

[4] 中华人民共和国最高人民法院网站 https：//www.court.gov.cn/

[5] 中华人民共和国最高人民检察院网站 https：//www.spp.gov.cn/

[6] 中华人民共和国公安部网站 https：//www.mps.gov.cn/

[7] 中华人民共和国司法部监狱管理局网站 http：//www.moj.gov.cn/jgsz/jgszjgtj/jgtjjyglj/

[8] 中国人权网站 https：//www.humanrights.cn/

附　录

附录一　禁止酷刑和其他残忍、不人道或有辱人格的待遇或处罚公约

联合国大会 1984 年 12 月 10 日第 39/46 号决议

通过并开放供签署、批准和加入

生效：按照第 27（1）条，于 1987 年 6 月 26 日生效。

本公约缔约各国，考虑到根据《联合国宪章》宣布的原则，承认人类大家庭一切成员具有平等与不可剥夺的权利是世界自由、公正与和平的基础，认识到上述权利起源于人的固有尊严，考虑到根据《宪章》尤其是第五十五条的规定，各国有义务促进对人权和基本自由的普遍尊重和遵守，注意到《世界人权宣言》第 5 条和《公民权利和政治权利国际盟约》第 7 条都规定不允许对任何人施行酷刑或残忍、不人道或有辱人格的待遇或处罚，并注意到大会于 1975 年 12 月 9 日通过的《保护人人不受酷刑和其他残忍、不人道或有辱人格的待遇或处罚宣言》，希望在全世界更有效地开展反对酷刑和其他残忍、不人道或有辱人格的待遇或处罚的斗争，兹协议如下：

第一部分

第 1 条

1. 为本公约的目的，"酷刑"是指为了向某人或第三者取得情报或供状，为了他或第三者所作或涉嫌的行为对他加以处罚，或为了恐吓或威胁他或第

三者，或为了基于任何一种歧视的任何理由，蓄意使某人在肉体或精神上遭受剧烈疼痛或痛苦的任何行为，而这种疼痛或痛苦是由公职人员或以官方身份行使职权的其他人所造成或在其唆使、同意或默许下造成的。纯因法律制裁而引起或法律制裁所固有或附带的疼痛或痛苦不包括在内。

2. 本条规定并不妨碍载有或可能载有适用范围较广的规定的任何国际文书或国家法律。

第2条

1. 每一缔约国应采取有效的立法、行政、司法或其他措施，防止在其管辖的任何领土内出现酷刑的行为。

2. 任何特殊情况，不论为战争状态、战争威胁、国内政局动荡或任何其他社会紧急状态，均不得援引为施行酷刑的理由。

3. 上级官员或政府当局的命令不得援引为施行酷刑的理由。

第3条

1. 如有充分理由相信任何人在另一国家将有遭受酷刑的危险，任何缔约国不得将该人驱逐、遣返或引渡至该国。

2. 为了确定这种理由是否存在，有关当局应考虑到所有有关的因素，包括在适当情况下，考虑到在有关国家境内是否存在一贯严重、公然、大规模侵犯人权的情况。

第4条

1. 每一缔约国应保证将一切酷刑行为定为刑事罪行。该项规定也应适用于施行酷刑的企图以及任何人合谋或参与酷刑的行为。

2. 每一缔约国应根据上述罪行的严重程度，规定适当的惩罚。

第5条

1. 每一缔约国应采取各种必要措施，确定在下列情况下，该国对第4条所述的罪行有管辖权：

a 这种罪行发生在其管辖的任何领土内，或在该国注册的船舶或飞机上；

b 被控罪犯为该国国民；

c 受害人为该国国民，而该国认为应予管辖。

2. 每一缔约国也应采取必要措施，确定在下列情况下，该国对此种罪行有管辖权：被控罪犯在该国管辖的任何领土内，而该国不按第8条规定将其引渡至本条第1款所述的任何国家。

3. 本公约不排除按照国内法行使的任何刑事管辖权。

第6条

1. 任何缔约国管辖的领土内如有被控犯有第4条所述罪行的人，该国应于审查所获情报后确认根据情况有此必要时，将此人拘留，或采取其他法律措施确保此人留在当地。拘留和其他法律措施应合乎该国法律的规定，但延续时间只限于进行任何刑事诉讼或引渡程序所需的时间。

2. 该缔约国应立即对事实进行初步调查。

3. 按照本条第1款被拘留的任何人，应得到协助，立即与距离最近的本国适当代表联系，如为无国籍人，则与其通常居住国的代表联系。

4. 任何国家依据本条将某人拘留时，应立即将此人已被拘留及构成扣押理由的情况通知第5条第1款所指的国家。进行本条第2款所指的初步调查的国家，应迅速将调查结果告知上述国家，并说明是否有意行使管辖权。

第7条

1. 缔约国如在其管辖领土内发现有被控犯有第4条所述任何罪行的人，在第5条所指的情况下，如不进行引渡，则应将该案提交主管当局以便起诉。

2. 主管当局应根据该国法律，以审理情节严重的任何普通犯罪案件的同样方式作出判决。对第5条第2款所指的情况，起诉和定罪所需证据的标准决不应宽于第5条第1款所指情况适用的标准。

3. 任何人因第4条规定的任何罪行而被起诉时，应保证他在诉讼的所有阶段都得到公平的待遇。

第8条

1. 第4条所述各种罪行应视为属于缔约各国间现有的任何引渡条约所列的可引渡罪行。缔约各国保证将此种罪行作为可引渡罪行列入将来相互之间缔结的每项引渡条约。

2. 以订有条约为引渡条件的缔约国，如收到未与其签订引渡条约的另一缔约国的引渡请求，可将本公约视为对此种罪行要求引渡的法律根据。引渡必须符合被请求国法律规定的其他条件。

3. 不以订有条约为引渡条件的缔约国，应在相互之间承认此种罪行为可引渡罪行，但须符合被请求国法律规定的各种条件。

4. 为在缔约国间进行引渡的目的，应将此种罪行视为不仅发生在行为地，而且发生在按照第 5 条第 1 款必须确定管辖权的国家领土内。

第 9 条

1. 缔约各国在就第 4 条所规定的任何罪行提出刑事诉讼方面，应尽量相互协助，其中包括提供它们所掌握的为诉讼所必需的一切证据。

2. 缔约各国应依照它们之间可能订有的关于相互提供司法协助的条约履行其在本条第 1 款下的义务。

第 10 条

1. 每一缔约国应保证在可能参与拘留、审讯或处理遭到任何形式的逮捕、扣押或监禁的人的民事或军事执法人员、医务人员、公职人员及其他人员的训练中，充分列入关于禁止酷刑的教育和资料。

2. 每一缔约国应将禁止酷刑列入所发关于此类人员职务的规则或指示之中。

第 11 条

每一缔约国应经常有系统地审查对在其管辖的领土内遭到任何形式的逮捕、扣押或监禁的人进行审讯的规则、指示、方法和惯例以及对他们的拘留和待遇的安排，以避免发生任何酷刑事件。

第 12 条

每一缔约国应确保在有适当理由认为在其管辖的任何领土内已发生酷刑行为时，其主管当局立即进行公正的调查。

第 13 条

每一缔约国应确保凡声称在其管辖的任何领土内遭到酷刑的个人有权向该国主管当局申诉，并由该国主管当局对其案件进行迅速而公正的审查。应采取步骤确保申诉人和证人不因提出申诉或提供证据而遭受任何虐待或恐吓。

第 14 条

1. 每一缔约国应在其法律体制内确保酷刑受害者得到补偿，并享有获得公平和充分赔偿的强制执行权利，其中包括尽量使其完全复原。如果受害者因受酷刑而死亡，其受抚养人应有获得赔偿的权利。

2. 本条任何规定均不影响受害者或其他人根据国家法律可能获得赔偿的任何权利。

第 15 条

每一缔约国应确保在任何诉讼程序中，不得援引任何业经确定系以酷刑取得的口供为证据，但这类口供可用作被控施用酷刑者刑讯逼供的证据。

第 16 条

1. 每一缔约国应保证防止公职人员或以官方身份行使职权的其他人在该国管辖的任何领土内施加、唆使、同意或默许未达第 1 条所述酷刑程度的其他残忍、不人道或有辱人格的待遇或处罚的行为。特别是第 10、第 11、第 12 和第 13 条所规定义务均应适用，惟其中酷刑一词均以其他形式的残忍、不人道或有辱人格的待遇或处罚等字代替。

2. 本公约各项规定不妨碍任何其他国际文书或国家法律中关于禁止残忍、不人道或有辱人格的待遇或处罚、或有关引渡或驱逐的规定。

第二部分

第 17 条

1. 应设立禁止酷刑委员会以下简称委员会，履行下文所规定的职责。委员会应由具有崇高道德地位和公认在人权领域具有专长的十名专家组成，他们应以个人身份任职。专家应由缔约国选举产生，同时考虑到公平地区分配和一些具有法律经验的人员参加的好处。

2. 委员会成员应从缔约国提名的名单中以无记名投票方式选举产生。每一缔约国可从本国国民中提名一人。缔约国应考虑到从根据《公民权利和政治权利国际公约》成立的人权事务委员会委员中提名愿意担任禁止酷刑委员会成员的人是有好处的。

3. 委员会成员的选举应在由联合国秘书长召开的两年一期的缔约国会议上进行。这些会议以三分之二缔约国的出席为法定人数，获票最多且占出席并参加表决的缔约国代表所投票数的绝对多数者，即当选为委员会成员。

4. 委员会的第一次选举应在本公约生效之日起六个月以内进行。联合国秘书长应在委员会每次选举之日前至少四个月，以书面邀请本公约缔约国在三个月内提出委员会成员候选人名单。秘书长应将经提名的所有人选按字母顺序开列名单，注明提名的缔约国，并将名单送交本公约缔约国。

5. 委员会成员当选后任期应为四年。如经再度提名，连选可连任。但首次当选的成员中有五名成员的任期应于两年届满；首次选举后，本条第3款所指会议的主席应立即以抽签方式选定这五名成员。

6. 如委员会成员死亡，或辞职，或因任何其他原因不能履行其在委员会的职责，提名他的缔约国应从其国民中任命另一名专家补足其任期，但须获得过半数缔约国的同意。在联合国秘书长通知提议的任命六个星期内，如无半数或半数以上缔约国表示反对，这一任命应视为已获同意。

7. 缔约各国应负担委员会成员履行委员会职责时的费用。

第18条

1. 委员会应选举其主席团，任期两年。连选可连任。

2. 委员会应自行制定其议事规则，但该规则中除其他外应规定：

a 六名成员构成法定人数；

b 委员会的决定应以出席成员的过半数票作出。

3. 联合国秘书长应提供必要的人员和设施，供委员会有效履行本公约规定的职责。

4. 根据本公约设立的委员会的委员应按照大会可能规定的条件从联合国资源中领取津贴。

5. 联合国秘书长应召开委员会的首次会议。首次会议以后，委员会应按其议事规则规定的时间开会。

第19条

1. 缔约国应在本公约对其生效后一年内，通过联合国秘书长向委员会提交关于其为履行公约义务所采措施的报告。随后,缔约国应每四年提交关于其所采新措施的补充报告以及委员会可能要求的其他报告。

2. 联合国秘书长应将这些报告送交所有缔约国。

3. 每份报告应由委员会加以审议,委员会可以对报告提出它认为适当的一般性评论,并将其转交有关缔约国。该缔约国可以随意向委员会提出任何说明,作为答复。

4. 委员会可以斟酌情况决定将它按照本条第3款所作的任何评论,连同从有关缔约国收到的这方面的说明,载入其按照第24条所编写的年度报告。应有关缔约国的请求,委员会还可在其中附载根据本条第1款提交的报告。

第20条

1. 如果委员会收到可靠的情报,认为其中有确凿迹象显示在某一缔约国境内经常施行酷刑,委员会应请该缔约国合作研究该情报,并为此目的就有关情报提出说明。

2. 委员会考虑到有关缔约国可能提出的任何说明以及可能得到的其他有关情报,如果认为有正当理由,可以指派一名或几名成员进行秘密调查并立即向委员会提出报告。

3. 如果是根据本条第2款进行调查,委员会应寻求有关缔约国的合作。在该缔约国的同意下,这种调查可以包括到该国境内访问。

4. 委员会审查其成员按照本条第2款所提交的调查结果后,应将这些结果连同根据情况似乎适当的任何意见或建议一并转交该有关缔约国。

5. 本条第1至第4款所指委员会的一切程序均应保密,在程序的各个阶段,均应寻求缔约国的合作。这种按照第2款所进行的调查程序完成后,委员会在与有关缔约国协商后,可将关于这种程序的结果摘要载入其按照第24条所编写的年度报告。

第21条

1. 本公约缔约国可在任何时候根据本条,声明承认委员会有权接受和审议某一缔约国声称另一缔约国未履行本公约所规定义务的来文。但须提出此种来文的缔约国已声明本身承认委员会有此权限,委员会方可按照本条规定的程序接受和审议此种来文。如来文涉及未曾作出此种声明的缔约国，则委员会不得根据本条规定加以处理。根据本条规定所接受的来文应按下列程序处理：

a 某一缔约国如认为另一缔约国未实行本公约的规定，可用书面通知提请后者注意这一问题。收文国在收到通知后三个月内应书面向发文国提出解释或任何其他声明以澄清问题，其中应尽量适当地提到对此事已经采取、将要采取或可以采取的国内措施和补救办法；

b 如在收文国收到最初来文后六个月内，未能以有关缔约国双方均感满意的方式处理这一问题，任何一方均有权以通知方式将此事提交委员会，并通知另一方；

c 委员会对根据本条提交给它的事项，只有在已查明对该事项已依公认的国际法原则援引和用尽一切国内补救办法时，方可予以处理。但补救办法的施行如发生不当稽延，或违反本公约行为的受害者不可能得到有效救济，则此一规则不适用；

d 委员会根据本条审查来文时，应举行非公开会议；

e 在不违反c项规定的情况下，委员会应对有关缔约国提供斡旋，以便在尊重本公约所规定的义务的基础上，友好地解决问题。为此，委员会可于适当时设立一个特设调解委员会；

f 委员会对根据本条提交的任何事项均可要求b项所指有关缔约国提供任何有关的资料；

g 委员会审议事项时，b项所指有关缔约国应有权派代表出席并提出口头和（或）书面意见；

h 委员会应在收到b项规定的通知之日起十二个月内提出报告：

（一）如能按e项规定解决，委员会的报告应限于简单叙述事实和所达成的解决办法；

（二）如不能按e项规定解决，委员会的报告应限于简单叙述事实；有关缔约国的书面意见和口头意见记录应附于报告之后。关于上述每种事项的报告均应送交有关缔约国。

2. 在本公约五个缔约国根据本条第 1 款作出声明后，本条规定即行生效。缔约国应将这种声明交存于联合国秘书长，秘书长应将声明副本分送其他缔约国。此类声明可随时通知秘书长予以撤销。这种撤销不得妨碍对根据本条已发文书中所载任何事项的审议。秘书长在收到任何缔约国通知撤销的声明后，不应再接受其根据本条所发的其他来文，除非有关缔约国已作出新的声明。

第 22 条

1. 本公约缔约国可在任何时候根据本条，声明承认委员会有权接受和审议在该国管辖下声称因该缔约国违反本公约条款而受害的个人或其代表所送交的来文。如来文涉及未曾作出这种声明的缔约国，则委员会不应予以接受。

2. 根据本条提出的任何来文如采用匿名方式或经委员会认为滥用提出此类文书的权利或与本公约规定不符，委员会应视为不能接受。

3. 在不违反第 2 款规定的前提下，对于根据本条提交委员会的任何来文，委员会应提请根据第 1 款作出声明并被指称违反本公约任何规定的本公约缔约国予以注意。收文国应在六个月内向委员会提出书面解释或声明以澄清问题，如该国已采取任何补救办法，也应加以说明。

4. 委员会应参照个人或其代表以及有关缔约国所提供的一切资料，审议根据本条所收到的来文。

5. 委员会除非已查明下述情况，不应审议个人根据本条提交的来文：

a 同一事项过去和现在均未受到另一国际调查程序或解决办法的审查；

b 个人已用尽一切国内补救办法；但在补救办法的施行已发生不当稽延或对违反本公约行为的受害者不可能提供有效救济的情况下，本规则不适用。

6. 委员会根据本条审查来文时，应举行非公开会议。

7. 委员会应将其意见告知有关缔约国和个人。

8. 在本公约五个缔约国根据本条第 1 款作出声明后，本条规定即行生效。缔约国应将这种声明交存于联合国秘书长，秘书长应将声明副本分送其他缔约国。此类声明可随时通知秘书长予以撤销。这种撤销不得妨碍对根据本条已发文书中所载任何事项的审议。秘书长在收到任何缔约国通知撤销的声明后,不应再接受个人或其代表根据本条所发的其他来文,除非有关缔约国已作出新的声明。

第 23 条

委员会成员和根据第 21 条第 1 款 e 项任命的特设调解委员会成员,根据《联合国特权和豁免公约》有关章节的规定,应享有为联合国服勤的专家的便利、特权和豁免。

第 24 条

委员会应根据本公约向缔约国和联合国大会提交一份关于其活动的年度报告。

第三部分

第 25 条

1. 本公约对所有国家开放签字。

2. 本公约需经批准。批准书应交存于联合国秘书长。

第 26 条

本公约对所有国家开放加入。一旦加入书交存于联合国秘书长,加入即行生效。

第 27 条

1. 本公约在第二十份批准书或加入书交存于联合国秘书长之日起第三十天开始生效。

2. 在第二十份批准书或加入书交存后批准或加入本公约的国家,本公约在其批准书或加入书交存之日起第三十天对该国开始生效。

第 28 条

1. 各国在签署或批准本公约或在加入本公约时,可声明不承认第 20 条所规定的委员会的职权。

2. 按照本条第 1 款作出保留的任何缔约国,可随时通知联合国秘书长撤销其保留。

第 29 条

1. 本公约任何缔约国均可提出修正案，并送交联合国秘书长。然后由秘书长将这一提议的修正案转交缔约各国，并要求它们通知秘书长是否同意举行一次缔约国会议以便审议和表决这一提案。如在来文发出之日起四个月内至少有三分之一的缔约国同意召开这样一次会议，秘书长应在联合国主持下召开这次会议。由出席会议并参加表决的缔约国过半数通过的任何修正案应由秘书长提请所有缔约国同意。

2. 当本公约三分之二的缔约国通知联合国秘书长，它们已按照本国的宪法程序同意这一修正案时，按照本条第 1 款通过的修正案即行生效。

3. 修正案一经生效，即应对同意修正案的国家具有拘束力，其他国家则仍受本公约条款或以前经其同意的修正案的拘束。

第 30 条

1. 两个或两个以上缔约国之间有关本公约的解释或适用的任何争端，如不能通过谈判解决，在其中一方的要求下，应提交仲裁。如果自要求仲裁之日起六个月内各方不能就仲裁之组织达成一致意见，任何一方均可按照国际法院规约要求将此争端提交国际法院。

2. 每一国家均可在签署或批准本公约或加入本公约时，宣布认为本条第 1 款对其无拘束力。其他缔约国在涉及作出这类保留的任何国家时，亦不受本条第 1 款的拘束。

3. 按照本条第 2 款作出保留的任何缔约国，可随时通知联合国秘书长撤销其保留。

第 31 条

1. 缔约国可以书面通知联合国秘书长退约。秘书长收到通知书之日起一年后，退约即行生效。

2. 这种退约不具有解除缔约国有关退约生效之日前发生的任何行为或不行为在本公约下所承担的义务的效果。退约也不得以任何方式妨碍委员会继续审议在退约生效前已在审议的任何问题。

3. 自一个缔约国的退约生效之日起，委员会不得开始审议有关该国的任何新问题。

第 32 条

联合国秘书长应将下列事项通知联合国所有会员国和本公约所有签署国或加入国：

a. 根据第 25 条和第 26 条进行的签署、批准和加入情况；

b. 本公约根据第 27 条生效日期；任何修正案根据第 29 条生效日期；

c. 根据第 31 条退约情况。

第 33 条

1. 本公约的阿拉伯文、中文、英文、法文、俄文和西班牙文文本具有同等效力，应交存于联合国秘书长。

2. 联合国秘书长应将本公约的正式副本转送给所有国家

注：联合国大会 1984 年 12 月 10 日第 39/46 号决议通过，并开放供签署、批准和加入，按照第 27（1）条，于 1987 年 6 月 24 日生效，中国 1986 年 12 月 12 日批准该公约，1988 年 10 月 4 日对中国生效，中国对公约第 20、30（1）条提出了保留。

附录二　国家人权行动计划（节选）（2021—2025年）

中华人民共和国国务院新闻办公室

2021年9月

目录

导言

一、经济、社会和文化权利

（一）基本生活水准权利

（二）工作权利

（三）社会保障权利

（四）财产权益

（五）健康权利

（六）受教育权

（七）文化权利

二、公民权利和政治权利

（一）生命权

（二）人身权利

（三）个人信息权益

（四）宗教信仰自由

（五）选举权和被选举权

（六）知情权和参与权

（七）表达权和监督权

（八）获得公正审判的权利

三、环境权利

（一）污染防治

（二）生态环境信息公开

（三）环境决策公众参与

（四）环境公益诉讼和生态环境损害赔偿

（五）国土空间生态保护修复

（六）应对气候变化

四、特定群体权益保障

（一）少数民族权益

（二）妇女权益

（三）儿童权益

（四）老年人权益

（五）残疾人权益

五、人权教育和研究

（一）学校人权教育

（二）人权研究

（三）人权知识培训

（四）人权知识普及

六、参与全球人权治理

（一）履行国际人权条约义务

（二）深度参与联合国人权机构工作

（三）开展建设性人权对话与合作

（四）为全球人权事业作出中国贡献

七、实施、监督和评估

导　言

自2009年以来，中国先后制定实施了三期国家人权行动计划，人民的生活水平持续提升，各项权利得到更加切实保障，保护特定群体权益的政策和法律措施更加完善，人权法治保障进一步加强，全面参与全球人权治理，为世界人权事业发展作出了重要贡献。

2021—2025年是中国在全面建成小康社会、实现第一个百年奋斗目标之后，乘势而上开启全面建设社会主义现代化国家新征程、向第二个百年奋斗目标进军的第一个五年。

全面建设社会主义现代化国家是中国人权事业发展的新起点。中国已经进入高质量发展阶段，中国人权事业发展具备了多方面的优势和条件。同时，社会主要矛盾已经转化为人民日益增长的美好生活需要和不平衡不充分的发展之间的矛盾，人民对美好生活的向往更加强烈，对人权保障的要求不断提高。当今世界正经历百年未有之大变局，叠加全球新冠肺炎疫情大流行，国际环境日趋复杂，不稳定性不确定性明显增强，中国和世界人权事业发展面临新挑战。

在总结前三期国家人权行动计划执行情况和实施经验的基础上，依据国家尊重和保障人权的宪法原则，遵循《世界人权宣言》和有关国际人权公约精神，结合《中华人民共和国国民经济和社会发展第十四个五年规划和2035年远景目标纲要》，立足促进人权事业全面发展，中国政府制定《国家人权行动计划（2021—2025年）》（以下简称《行动计划》），确定2021—2025年尊重、保护和促进人权的阶段性目标和任务。

制定和实施《行动计划》的指导思想是：坚持以习近平新时代中国特色社会主义思想为指导，坚持以人民为中心的发展思想，坚持人民幸福生活是最大的人权，将促进人的全面发展、全体人民共同富裕作为人权事业发展的出发点和落脚点，发展全过程人民民主，维护社会公平正义，着力解决人民群众急难愁盼问题，使全体人民的各项人权得到更高水平的保障，不断增强人民对于人权保障的获得感、幸福感、安全感。

制定和实施《行动计划》的基本原则是：依法推进，将人权事业纳入法治轨道；协调推进，使各项人权全面协调发展；务实推进，把人权的普遍原则与中国实际相结合；平等推进，充分保障所有社会成员平等参与、平等发展的权利；合力推进，政府、企事业单位、社会组织共同促进人权事业的发展；智慧推进，充分利用数字技术拓展所有人自由全面发展的空间。

制定和实施《行动计划》的目标是：

——将促进全体人民的自由全面共同发展作为人权事业发展的总目标。坚持以人民为中心，将满足人民对人权保障的新需求作为奋斗方向。坚持人民主体地位，坚持发展为了人民，发展依靠人民，发展成果由人民共享，增进人民的获得感、幸福感、安全感。

——充分保障人民的经济社会文化权利，不断实现人民对美好生活的向往，为人的全面发展创造更加有利的经济社会文化条件。

——切实保障公民权利和政治权利，促进人民有效社会参与，为实现人的全面发展提供更为坚实的民主法治基础。

——坚持绿水青山就是金山银山理念，坚持尊重自然、顺应自然、保护自然，促进人与自然和谐共生，推进生态文明建设，建设美丽中国，为全人类和子孙后代共享发展创造可持续条件。

——加强对特定群体权益的平等保护和特殊扶助，促进所有人平等分享发展成果，为实现所有人全面发展提供政策支持。

——广泛开展人权教育、研究、培训和知识普及，营造全社会尊重和保障人权的文化氛围。

——积极参与全球人权治理，深度参与联合国人权机制工作，推动建设更加公平公正合理包容的全球人权治理体系，共同构建人类命运共同体。

《行动计划》由国务院新闻办公室和外交部牵头编制，经国家人权行动计划联席会议机制审核同意，现授权国务院新闻办公室发布。

……

二、公民权利和政治权利

扩大公民自主参与和自由发展空间，完善人身权利、个人信息权益、财产权利和宗教信仰自由权利保障制度，加强人权法治保障，提升选举权和被选举权、知情权和参与权、表达权和监督权保障水平，切实尊重和保障公民权利和政治权利。

（一）生命权

保护公民的生命安全和生命尊严在常态和应急状态下均不受非法侵害。

——全面提高公共安全保障能力。完善和落实安全生产责任制，加强安全生产监管执法，有效遏制重特大安全事故。提高安全生产水平，加强生物安全风险防控。

——完善应急状态下生命权保障体系。修改突发事件应对法，构建系统完备、科学规范、运行有效的应急管理法律体系，加强应急管理标准化工作。健全应急救助体系，提升自然灾害防御工程标准，加强应急物资保障体系建设，提高应急救助水平和物资保障能力。

——严格慎重适用死刑。强化死刑复核程序，规范死刑复核监督程序，严格落实死刑案件报备和审查机制。细化死刑案件法律适用标准和诉讼程序规则，确保死刑只适用于极少数罪行极其严重的犯罪分子。

（二）人身权利

在立法、执法和司法中充分尊重和保障公民的各项人身权利，坚持依法惩治犯罪与保障人权相统一。

——依法保障人格权利。实施人格权侵害禁令制度，制定相关指导意见或者司法解释，使人格权得到及时有效的保护。

——依法惩处"软暴力"犯罪。禁止采取跟踪贴靠、滋扰纠缠、聚众造势等侵害人身权利的手段实施"软暴力"。

——严禁非法拘禁。对有组织地多次短时间非法拘禁他人的，以非法拘禁罪定罪处罚。加大力度查处国家机关工作人员利用职权实施非法拘禁等侵犯公民人身权利的犯罪。

——降低审前羁押率。落实社会危险性条件证明制度，对无社会危险性或者采取非羁押性强制措施足以防止社会危害性的依法不捕。健全羁押必要性审查机制，推进延长羁押期限实质化审查，规范和完善取保候审等非羁押监管措施。

——严禁刑讯逼供。严禁刑讯逼供和以威胁、引诱、欺骗以及其他非法方法收集证据，不得强迫任何人证实自己有罪。落实执法全过程记录机制。全面覆盖各类执法活动，实现不同执法环节、不同记录方式有机衔接，各类执法记录资料闭环管理。

——健全监督机制。加强对刑事立案和侦查活动的监督。加强对剥夺、限制人身自由强制措施的监督。完善刑事执行监督机制。

——保障被羁押人、罪犯合法权利。完善看守所管理制度，加强被羁押人权利保障。严禁体罚、虐待、侮辱、殴打罪犯或纵容他人殴打罪犯。加强监所医疗卫生专业化建设，提升医疗救治能力，保障被羁押人的生命和健康。

——实施社区矫正法。维护社区矫正对象合法权益。充分发挥社会力量的作用，加强对社区矫正对象的教育帮扶。

——保障戒毒人员合法权利。落实禁毒法和戒毒条例，完善自愿戒毒、社区戒毒、强制隔离戒毒、社区康复等多种措施相互补充的戒毒康复工作体制。加强教育戒治工作体系，提升教育矫治、戒毒医疗、生活卫生、安全管理水平，提高教育戒治质量。

（三）个人信息权益

加强个人信息保护，完善有关法律制度、监管执法和宣传，切实维护网络和数据安全。

——完善个人信息保护法律制度。制定个人信息保护法，明确处理个人信息应遵循的原则，细化、完善个人信息处理规则，严格限制处理敏感个人信息，明确个人在个人信息处理活动中的权利，强化个人信息处理者的合规管理义务，设置严格的法律责任。制定出台个人信息保护配套法规、标准及司法解释，不断完善个人信息保护制度体系。

——深入开展个人信息保护监管执法和宣传。加强个人信息保护监管执法工作，通过开展系列专项行动严格查处违法收集、使用个人信息行为，建立个人信息侵权投诉举报制度，加强执法队伍能力和执法水平建设，不断提高执法水平。通过国家网络安全宣传周以及报刊、广播、电视、网络、新媒体等，多渠道、多形式开展个人信息保护普法宣传、教育，推动公民个人信息保护意识的提升。

——维护网络和数据安全。加强网络安全法、数据安全法等法律实施工作,落实网络安全和数据安全保护相关制度措施,保障网络免受干扰、破坏或者未经授权的访问,防止网络数据泄露或者被窃取、篡改,加强网络和数据安全风险监测,及时处置安全事件,严厉打击窃取网络数据、非法买卖个人信息等违法犯罪活动,切实保障网络数据和个人信息安全。

(四)宗教信仰自由

贯彻宗教信仰自由政策,依法保障公民宗教信仰自由,促进宗教关系和谐,依法管理宗教事务,坚持独立自主自办原则,积极引导宗教与社会主义社会相适应,保障宗教界人士和信教群众的合法权益。

——贯彻落实宗教信仰自由政策。完善宗教事务管理制度体系,制定出台《宗教事务条例》配套规章,依法规范政府管理宗教事务的行为,保障宗教界人士和信教群众的合法权益。开展法治宣传教育,引导宗教界和信教群众增强法治观念,依法维护合法权益,在法律范围内开展活动。开展宗教活动场所法人登记,加大宗教活动场所合法权益的保障力度。大力支持宗教团体办好宗教院校,健全宗教人才培养体系。

——维护和保障宗教界合法权益。维护佛道教界合法权益,支持佛道教界提升信仰建设、文化建设,维护佛道教活动场所清净庄严氛围。保障穆斯林群众合法权益,支持中国伊斯兰教协会组织穆斯林群众赴沙特朝觐。加大对天主教、基督教神学思想建设及成果转化的支持和保护。支持和鼓励各宗教依法依规开展公益慈善活动。

——开展宗教领域国际交流。支持和鼓励各宗教在独立自主、平等友好、相互尊重的基础上开展对外交流,建立、发展、巩固同海外宗教界的友好关系。

——抵制宗教极端主义。反对宗教极端思想,帮助信教群众抵御极端思想侵害。依法惩治冒用宗教名义从事暴力恐怖和民族分裂活动的违法犯罪行为。

(五)选举权和被选举权

保障公民依法行使选举权和被选举权。采取直接选举和间接选举相结合的方式,选举产生全国人民代表大会代表和地方各级人民代表大会代表。

——完成五级人民代表大会换届选举。严格落实选举法,最广泛动员和组织全国10亿多选民参加选举，直接选举产生200多万名县乡两级人大代表，并逐级选举产生设区的市级人大代表、省级人大代表、全国人大代表。

——增加基层人大代表数量。保证各级人大代表中有适当数量的工人、农民、专业技术人员基层代表。依照2020年修改的选举法，重新确定县乡人大代表名额，新增县乡人大代表名额向基层群众、社区工作者等倾斜。

——保障流动人口的选举权和被选举权。为流动人口参选创造便利条件。放宽流动人口特别是已经取得居住证的流动人口在现居住地参选的条件。

（六）知情权和参与权

保障公民、法人和其他组织依法获取政府信息，保证人民依法通过各种途径和形式管理国家事务、经济文化事业和社会事务，切实保障公民的知情权和参与权。

——加强基层政务公开标准化规范化建设。全面推进基层政务决策公开、执行公开、管理公开、服务公开、结果公开。建设全国统一的基层政务公开标准体系。加强和改善信息无障碍服务环境，为老年人、残疾人等网上获取政务信息、办理服务事项、享有公共服务提供便利。

——加强突发事件信息发布。健全公共安全、重大疫情、灾害事故应急报道机制，及时准确发布权威信息，主动回应社会关切。

——全面推进司法公开。完善审判公开、检务公开的内容、程序和方式并动态调整。各级检察机关设立新闻发言人，健全新闻发布常态化机制，落实重大案件信息发布制度。

——完善公民对立法、监督工作的参与机制。完善法律法规规章制定、国民经济和社会发展规划纲要编制等重大公共决策的公众参与机制。法律草案公开征求意见，完善公众意见采纳情况反馈机制。发挥全国人大常委会法工委基层立法联系点、预算工委基层联系点作用，充分听取人民群众对相关工作的意见建议。

——推动协商民主广泛、多层、制度化发展。统筹推进政党协商、人大协商、政府协商、政协协商、人民团体协商、基层协商以及社会组织协商。全国政协通过双周协商座谈会、提案办理协商、网络议政、远程协商、对口协商、界别协商等形式，拓展协商广度和深度。健全城乡社区协商制度，拓宽群众参与基层治理的制度化渠道。

——完善基层群众自治制度。推进基层直接民主制度化、规范化、程序化。鼓励制定居民自治章程、居民公约、村规民约、村民自治章程。落实村（居）务公开制度。

——健全企事业单位民主管理制度。深入推进厂务公开，规范民主程序，保障职工知情权、参与权、表达权和监督权，有效参与企事业单位民主管理。发挥职工代表大会在涉及职工福利及社会保险制度政策落实过程中的积极作用。企业制定、修改或者决定直接涉及劳动者切身利益的规章制度或者重大事项方案，必须提交职代会审议，并向职工公开。

——鼓励社会力量参与社会治理。发挥群团组织和社会组织在社会治理中的作用，畅通和规范市场主体、新社会阶层、社会工作者和志愿者等参与社会治理的途径。

（七）表达权和监督权

依法保障公民的表达权和监督权，丰富表达手段，畅通公民诉求表达渠道，发挥公民监督在监督体系中的作用。

——依法保障和规范网络表达。依法建好用好互联网，为公民通过网络反映问题、表达诉求、建言献策提供充分的便利。运用大数据、云计算、人工智能等技术手段，全面收集、及时回应民众的意见建议。

——完善信访制度。完善和落实信访制度，依法及时就地解决群众合理诉求。推进诉访分离和分类处理工作，将信访纳入法治化轨道。构建汇集社情民意工作平台，健全人民建议征集制度，及时了解民情、听取民意、汇集民智。完善网上受理信访制度，有序推进信访信息系统互联互通、信息共享。健全集中解决信访突出问题长效机制，落实信访工作责任制，加大解决信访问题的力度，切实维护公民合法权益。

——完善人大监督制度。加强宪法实施和监督，落实宪法解释程序机制，推进合宪性审查，建立健全涉及宪法问题的事先审查和咨询制度，完善备案审查制度。

——加强对行政权力的监督。研究起草行政程序法，修改行政复议法，加大对行政行为的监督纠错力度。保障公民和社会组织通过申请行政复议、提起行政诉讼对行政机关进行监督的权利。

——强化社会监督。鼓励媒体和公民通过新闻报道和舆论进行社会监督。完善人民监督员监督制度。细化保护检举控告人情形的法律规定，明确界定打击报复行为及其法律后果。

——加强基层监督。建立健全村（居）务监督委员会，促进村级事务公开公平公正，切实保障村（居）民合法权益和村（居）集体利益。编制村级小微权力清单，建立健全小微权力监督制度，形成群众监督、村务委员会监督、上级党组织和有关部门监督与会计核算监督、审计监督等全程实时、多方联网的监督体系。

（八）获得公正审判的权利

全面落实司法责任制，推进审判体系和审判能力现代化，保障当事人获得公正审判的权利，努力让人民群众在每一个司法案件中感受到公平正义。

——全面落实司法责任制。确保人民法院依法独立公正行使审判权，健全司法履职保障和违法审判责任追究机制。构建公正高效的检察权运行机制和公平合理的司法责任认定、追究机制，强化检察机关法律监督职能。

——完善执法司法制约监督体系改革和建设。推进公安机关受立案制度改革，切实落实执法过错责任追究制度。加强检察机关对刑事立案、侦查、审判活动的监督。

——深化以审判为中心的刑事诉讼制度改革。保护当事人诉讼权利。严格执行庭前会议、非法证据排除、法庭调查三项规程，推进庭审实质化。完善对证人、鉴定人、被害人、报案人等的保护措施。完善认罪认罚从宽制度。

——加强律师执业权利保障。推进刑事案件律师辩护全覆盖。保障刑事辩护律师依法执业权利。加强和改进看守所律师会见工作，进一步增加律师会见室数量，完善预约会见机制。

——促进和规范法律援助工作。制定法律援助法。向经济困难公民和符合法定条件的其他当事人无偿提供法律咨询、代理、刑事辩护、值班律师法律帮助等法律服务。落实刑事诉讼法及相关配套制度关于法律援助规定，提升刑事法律援助服务的可及性和实效性。

——推进人民陪审员制度改革。实施人民陪审员法，落实人民陪审员选任新机制，完善人民陪审员参审和管理保障机制，强化人民陪审员实质参审能力，细化人民陪审员参审案件范围。

——加强诉讼服务体系建设。努力提供普惠均等、便捷高效、智能精准的诉讼服务。探索建立民生案件"绿色通道"，对涉及弱势群体和基本民生的案件实行快立、快审、快结、快执。

——推进智慧诉讼服务建设。研发智能辅助软件，为当事人提供诉讼风险评估、诉前调解建议、自助查询咨询、业务网上办理等服务，切实减轻人民群众诉累。

——完善公益诉讼法律制度。拓展公益诉讼案件范围，探索建立生态环境、食品药品安全领域民事公益诉讼惩罚性赔偿制度。

——完善国家赔偿和司法救助制度。完善国家赔偿和司法救助制度，加强国家赔偿审判工作，依法维护赔偿请求人合法权益。建立健全司法救助与社会救助的衔接机制。

……

五、人权教育和研究

将人权教育纳入国民教育体系，开展人权研究，加强人权培训，普及人权知识，增强全社会尊重和保障人权的意识。

（一）学校人权教育

在各级各类学校开展生动活泼、形式多样的人权教育，使学生牢固树立人权意识。

——加强中小学人权教育。将有关珍惜生命、平等意识、保护隐私、未成年人权益等人权知识融入中小学相关课程，丰富教育方式手段，拓展教育实践活动，以生动活泼的形式促进人权知识在中小学的普及。

——鼓励高校开展人权通识教育和专业人才培养。持续支持高等院校开设人权相关专业课和通识课，编写人权相关教材。加强人权学科建设和人才培养。探索在师范类院校建立人权师资培训中心。

——支持国家人权教育与培训基地的建设。加强国家人权教育与培训基地建设,再增加3家。依托国家人权教育与培训基地探索建设人权国际教育交流中心。

(二)人权研究

立足中国人权实践,加强人权研究能力建设,不断推出优秀人权研究成果。

——开展人权研究。鼓励高校、研究机构开展人权理论、制度、政策研究,结合中国和世界人权发展实践,不断丰富发展人权理论。定期编写出版《中国人权事业发展报告》蓝皮书。

——支持人权机构建设。支持在社科院、党校(行政学院)系统建立国家人权研究机构,新设3家国家人权研究基地。

——支持人权学术出版物。支持人权学术期刊建设,鼓励人权研究者发表高质量学术研究论文。加大国家社科基金等对人权理论和政策研究的资助力度。支持出版人权研究专著、论文集,奖励优秀人权研究成果。

——支持举办人权研讨会。鼓励举办多种形式的人权理论和政策研讨会,在国内外开展广泛的人权学术交流。

(三)人权知识培训

在公共部门和企事业单位开展人权知识培训,形成尊重和保障人权的职场文化。

——强化公职人员人权知识培训。将人权知识培训作为公务员考试、初任培训和任职培训的重要内容,并在年度培训中结合工作实际开展人权培训。把人权法治教育作为国家工作人员学法用法工作的重要内容。编写出版人权知识培训教材。探索建立人权教育培训示范单位。

——支持企事业单位人权知识培训。鼓励企事业单位建立常设性的人权培训制度,在人力资源培训中增加人权内容,形成尊重和保障人权的企事业文化,加强对海外中国企业的人权知识培训。探索评设人权培训示范企业。

(四)人权知识普及

运用多种形式,广泛传播、普及人权知识,形成尊重和保障人权的社会氛围。

——以多种形式普及人权知识。在博物馆、科技馆、图书馆、文化馆等公共活动场所开展人权专题展览、讲座等活动,运用报刊、广播、电视、网络新媒体等渠道向民众普及人权知识。鼓励中国人权网等网站介绍人权动态,提供人权类文献数据资源。

——加强人权议题新闻发布。围绕中国人权事业发展和国际人权热点举行新闻发布会、吹风会、新闻茶座,发表白皮书和专题报告,及时提供权威信息。发布涉及人权司法保障的典型案例。

六、参与全球人权治理

认真践行国际承诺,深度参与国际人权事务,推动完善全球人权治理体系,构建人类命运共同体。

(一)履行国际人权条约义务

及时向相关人权条约机构提交履约报告,与条约机构开展建设性对话,结合中国国情采纳和落实条约机构合理可行的建议。

——参加联合国经社文权利委员会审议中国执行《经济、社会及文化权利国际公约》第三次履约报告。

——撰写《禁止酷刑和其他残忍、不人道或有辱人格的待遇或处罚公约》第七次履约报告,并提交联合国禁止酷刑委员会审议。

——撰写《儿童权利公约》第五次、第六次合并报告(包括《〈儿童权利公约〉关于买卖儿童、儿童卖淫和儿童色情制品问题的任择议定书》《〈儿童权利公约〉关于儿童卷入武装冲突问题的任择议定书》相关内容),并提交联合国儿童权利委员会审议。

——撰写《消除一切形式种族歧视国际公约》第十八至二十次合并履约报告,并提交联合国消除种族歧视委员会审议。

——参加联合国残疾人权利委员会审议中国执行《残疾人权利公约》第二、三次合并履约报告。

——撰写中国执行《消除对妇女一切形式歧视公约》第九次履约报告,

并提交联合国消除对妇女歧视委员会审议。

——鼓励和支持国内社会组织积极参与中国执行相关人权条约履约审议准备工作。

（二）深度参与联合国人权机构工作

深度参与联合国人权机构工作，发挥引领性和建设性作用，维护国际人权事业健康可持续发展。

——在联合国人权理事会等多边人权机构提出中国倡议和主张。推动同等重视经济、社会、文化权利和公民、政治权利，以公正、客观和非选择性方式开展工作，反对将人权问题政治化。竞选2024-2026年度人权理事会成员。进一步发挥中国社会组织作用，积极参与联合国人权理事会等多边人权机制活动。

——参加联合国人权理事会国别人权审议。认真落实中国在人权理事会第三轮国别人权审议中接受的建议，积极参与第四轮国别人权审议。鼓励和支持国内社会组织参与第四轮国别人权审议相关工作。

——继续参与联合国人权条约机构改革进程。推动条约机构在公约授权范围内客观、公正、独立开展工作。

（三）开展建设性人权对话与合作

继续在平等和相互尊重的基础上，开展国际人权交流与合作，促进相互理解，增进人权共识。

——积极拓展与联合国人权事务高级专员办公室交流与合作。继续与人权理事会特别机制开展合作，认真答复特别机制来函。根据接待能力，邀请有关特别机制访华。继续推荐中国专家竞聘特别机制。

——稳步推进人权对话与交流。继续在平等和相互尊重基础上与有关国家开展人权对话，增进了解，相互借鉴。加强与发展中国家和集团人权磋商与合作，向有需要的发展中国家提供人权技术援助。继续举办"南南人权论坛"，参与亚欧非正式人权研讨会等区域、次区域人权交流活动。在求同存异、相互尊重、互学互鉴的基础上与各国政党就人权议题开展交流。

——鼓励和支持国内社会组织积极参与国际人权交流合作。继续举办北京人权论坛、中欧人权研讨会、中美司法与人权研讨会、中德人权研讨会等国际会议。

（四）为全球人权事业作出中国贡献

倡导和平、发展、公平、正义、民主、自由的全人类共同价值，促进全球人权治理更加公平、公正、合理、包容，推动构建人类命运共同体。

——全面落实联合国2030年可持续发展议程。继续将2030年可持续发展议程纳入国家中长期发展规划，全面推进国内落实工作。继续分享落实经验，深化务实合作。帮助其他发展中国家做好2030年可持续发展议程的落实工作，为保护和促进发展权作出更大贡献。

——积极参与国际人权规则制定和议程设置。完善全球人权治理，推动构建公平正义、合理有效的国际人权体系，为国际人权事业发展贡献中国智慧和方案。

——继续帮助发展中国家提升发展能力。提供发展援助，开展人道主义援助，以合作促发展，以发展促人权，在维护世界和平与发展、保护促进发展权等方面作出贡献。加大对非洲国家特别是非洲最不发达国家援助力度，深化南南合作，减少贫困、改善民生、促进共同发展。

——构建人类卫生健康命运共同体。积极应对重大公共卫生事件，支持世卫组织在全球抗疫合作中发挥应有作用。加强"一带一路"卫生（含中医药）合作，共建"健康丝绸之路"。积极落实"中非公共卫生合作计划"，共同应对重大突发性疾病挑战，支持非洲公共卫生防控和救治体系建设。建立30个中非对口医院合作机制，加快建设非洲疾控中心总部，助力非洲提升疾病防控能力。

——促进全球供应链中的负责任商业行为。促进工商业在对外经贸合作、投资中，遵循《联合国工商业与人权指导原则》，实施人权尽责，履行尊重和促进人权的社会责任。建设性参与联合国工商业与人权条约谈判进程。

七、实施、监督和评估

完善国家人权行动计划联席会议机制，强化《行动计划》实施与监督，完善第三方评估机制，全方位、多层次保障《行动计划》的全面落实。

——各级地方政府、中央和国家机关各有关部门应高度重视，结合各部门工作职责和各地区特点，制定并细化《行动计划》实施方案，采取切实有效的措施，确保顺利完成各项目标任务。

——国家人权行动计划联席会议机制开展阶段性调研、检查、监督和评估，逐步完善第三方评估机制，开发并建立量化评估指标体系，及时公布评估报告。

——将《行动计划》作为人权教育、研究、培训和知识普及的重要内容，使各级党政干部充分认识《行动计划》的重要性，切实提高实施工作的自觉性和主动性。

——鼓励新闻媒体在《行动计划》的宣传、实施、监督和评估等方面发挥积极作用。